高中生生涯规划指南

编著
江苏省青少年科技教育协会
沃得生涯研究院

南京大学出版社

图书在版编目（CIP）数据

高中生生涯规划指南 / 江苏省青少年科技教育协会，沃得生涯研究院编著 . -- 南京 : 南京大学出版社，2024.7

ISBN 978-7-305-27673-6

Ⅰ . ①高… Ⅱ . ①江… ②沃… Ⅲ . ①高中生 – 职业选择 – 指南 Ⅳ . ① G635.5-62

中国国家版本馆 CIP 数据核字（2024）第 026726 号

出版发行 南京大学出版社
社　　址 南京市汉口路 22 号　　　邮　编 210093

书　　名 **高中生生涯规划指南**
GAOZHONGSHENG SHENGYA GUIHUA ZHINAN
编　　著 江苏省青少年科技教育协会　沃得生涯研究院
责任编辑 范阳阳　　　编辑热线 025-83595840

照　　排 南京新华丰制版有限公司
印　　刷 南京新世纪联盟印务有限公司
开　　本 880 mm × 1230 mm　1/16 开　印张 21　　字数 448 千
版　　次 2024 年 7 月第 1 版　2024 年 7 月第 1 次印刷
ISBN 978-7-305-27673-6
定　　价 198.00 元

网址：http://www.njupco.com
官方微博：http://weibo.com/njupco
官方微信号：njupress
销售咨询热线：（025）83594756

本书编委会

总策划　江苏省青少年科技教育协会

沃得生涯研究院

统　筹　邹晓冬

主　审　沈雪萍

主　编　管永星

编　者　（以姓氏笔画为序）

朴佳奇　李许贝　张文妍

张秀宝　陈　鑫　胡春露

康怡宁　彭　欢　颜　雪

前言

高中，是每一个有梦想的高中生追求卓越的新起点。

规划，是每一个有智慧的高中生实现梦想的加速器。

在这个瞬息万变的时代，生涯规划已成为每个人追求幸福人生的必备技能和重要途径。对于正在成长的高中生来说，生涯规划不仅关乎他们对当下高中生活的认知适应、对选考科目的选择，还关乎以后理想大学和心仪专业的报考，更关乎个人未来的职业选择和职场发展。为此，我们倾心打造了这本《高中生生涯规划指南》，希望为高中生提供一份贴心且实用的生涯规划指引，助力高中适应、选科选课、志愿填报、职业选择等各个方面，为家长了解新高考改革、招生考试等政策变化和帮助孩子做好人生关键抉择提供有益的参考，为生涯教育同行和高中班主任等开展高中生生涯规划、高考志愿填报辅导等工作提供有价值的帮助。

本书紧贴新高考改革最新趋势，聚焦高中生生涯发展实际，着力倡导“面向未来、理性规划、自主发展”的生涯规划理念，旨在引领高中生树立正确的生涯规划观念，掌握有效的生涯规划方法，明确自己的职业目标和发展方向，为个人未来职业发展奠定坚实基础。同时，结合丰富的生涯故事和实践案例，为高中生提供切实可行、操作性强的生涯规划建议和策略。

我们认为，“面向未来、理性规划、自主发展”的高中生生涯规划，理应包含“两线三层”，即以初、高中衔接为起点线，重点在于强化高中认知、增强高中适应；以大学启航、职业发展为未来线，重点在于关注未来职业发展、注重生涯目标引领；中间的“三层”分别是探索层、决策层、执行层（或称为实现层），其中探索层包含“内”“外”探索，如对个人兴趣、能力、性格等方面的自我认知，以及对大学、专业、职业等方面的外部探索；决策层包括做好高考选考科目、高考升学路径、挑大学选专业等三个

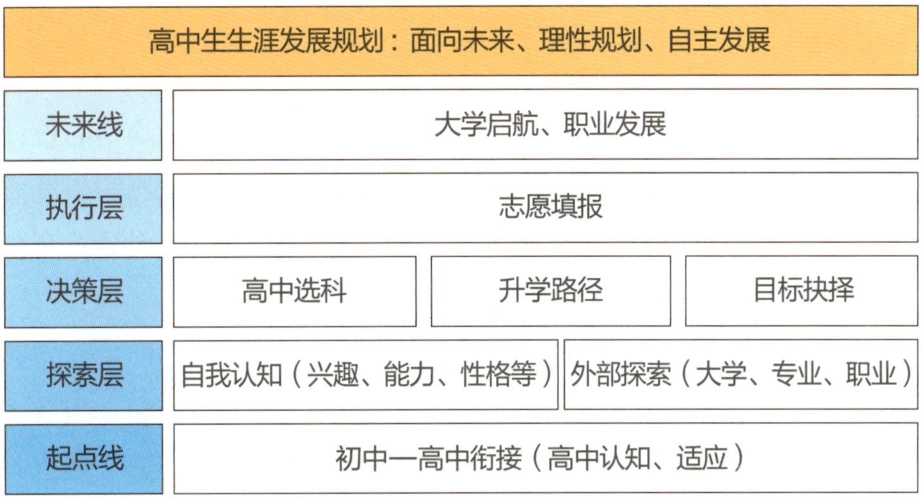

高中生生涯发展规划

重要方面的决策；执行层，又可称为“实现层”，是指高考志愿填报的具体实施阶段，更是高中三年努力成果以及个人大学专业理想的实现阶段。实践表明，“两线三层”的高中生生涯规划体系能够有效促进高中生理清高中生涯规划的重点和关键、明确自身发展的阶段目标和任务。

从整本书的具体展开逻辑来说，本书包含了七大篇章、十三个模块的内容，分别是生涯之问（生涯规划）、生涯萌发（你好高中、高中愿景）、自我探索（自我认知）、外部探索（大学寻访、专业探究、职业探索）、生涯决策（高中选科、升学路径）、志愿规划（目标抉择、志愿填报）、生涯启航（大学启航、职业发展）。每个模块都包括“生涯格言”“关键词”“思维导图”“我的生涯困惑”“生涯故事”“生涯点拨”“生涯实践”“生涯小结”“生涯展望”“生涯资讯”十个环节，对应着模块主题、课程重点、整体思路、学生困惑、案例导入、课程内容、实践练习、课程总结、课后思考和课程资源。

全书在内容上注重生涯规划的系统性、针对性、实践性和实用性，在风格上力求以生动、有料、有趣、实用为特点：通过“讲故事”，营造与学生、家长的互动感以及角色的代入感；通过“讲问题”，剖析高中生不同生涯发展阶段面临的机遇和挑战；通过“讲方法”，实实在在为学生和家长提供可以对照参考和实践操作的解决方案，形成了如下几个特色：

第一，问题导向，情境导入。本书提供了大量有关高中生生涯发展的真实案例、现实情境，这些生涯故事反映了高中生经常遇到、急需解决的疑难困惑，让家长和学生能够更好地找准问题关键，启发和引导学生深入思考并寻找解决之道。

第二，通俗易懂，生动形象。本书以生涯规划理论作为科学依据，与读者平等对话，采用娓娓道来的叙事语气，避免生涩的理论堆砌、居高的颐指说教，配合图片、表格等形式让教材内容一目了然、入脑入心，以期给予学生更为亲和流畅的自主阅读和思考体验。

第三，实践操练，举一反三。本书在每节“生涯点拨”之后均精心设计了生涯实践环节，总共提供了近百个生涯实践的相关练习，介绍了大量经典的生涯实践工具和方法，呈现了若干主题的生涯选择实践方案和应对策略，以完全引导式和贴心化的实操和演练，为高中生生涯决策提供有力支撑。

第四，紧贴政策，与时俱进。本书不仅是生动的生涯案例库、生涯实践库，更是丰富的生涯政策库。每个模块不仅精心挑选与主题相关的影音视频、生涯图书，还专门提供了教育部、工信部、人社部等国家部委有关高考招生考试改革、新兴产业发展、职业分类大典等方面的最新的政策、文件、通知等，为考生和家长把握最新政策资讯提供便利。

需要提及的是，本书中还采纳了不少与历年高考相关的政策、数据、资讯等，这些信息来源于国家部委、省（市）考试院、高校官网等官方平台，十分权威可信。尽管如此，由于高考相关政策资讯每年都会依据国家和省（市）招生考试政策有所调整变化，敬请考生和家长以当年官方权威渠道发布的信息为准。

本书由江苏省青少年科技教育协会、沃得生涯研究院策划和发起，是“沃得生涯”多年从事生涯规划教育理论研究和实践探索的结晶。谨向所有关心支持本书编写的朋友们致以诚挚的谢忱。衷心感谢在本书编写过程中辛勤付出的专家和编委，是你们的全力支持和全情投入，成为本书顺利付梓的最大底气。南京航空航天大学管永星老师主编了本书，并对全书进行了统稿和初审。各个模块撰写者如下：模块一、模块二由管永星编写，模块三由李许贝编写，模块四由张秀宝编写，模块五由张文妍、管永星编写，模块六、模块九由管永星等编写，模块七、模块十由陈鑫、管永星编写，模块八由胡春露、管永星编写，模块十一由颜雪、朴佳奇、管永星编写，模块十二由彭欢编写，模块十三由康怡宁编写。本书得到了南京航空航天大学生涯研究中心的大力支持，生涯研究中心主任沈雪萍教授对全书进行了审定。

沃得生涯规划（http://www.wodecareer.com）作为专业的中学生生涯规划机构，希望联合中学和家长、考生一起，竭力在学生的生涯规划和高考志愿方面给出参考和建议，帮助考生圆梦理想的大学，成就美好的人生！

编者

二〇二四年七月

目录

第一篇

生涯之问

模块一

生涯规划——高中不可或缺的必修课

【生涯格言】

教育者，非为已往，非为现在，而专为将来。

——蔡元培

【关键词】

生涯规划的“元认知”

【思维导图】

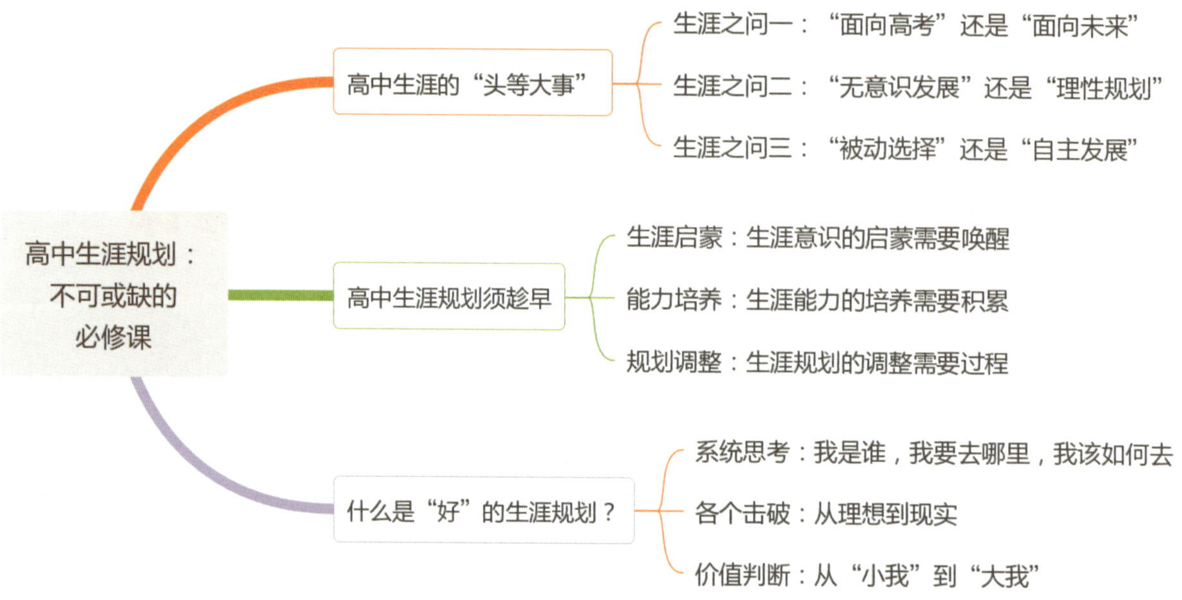

【我的生涯困惑】

在表格中写下你在生涯规划方面遇到的困难、疑惑，或者是你目前遇到的问题、难点。待我们学完本模块课程内容后再来回顾：这些困惑或难题都解决了吗？

序号	我的生涯困惑	紧迫程度
1		☆☆☆☆☆
2		☆☆☆☆☆
3		☆☆☆☆☆
4		☆☆☆☆☆
5		☆☆☆☆☆

紧迫程度：最紧迫程度为五颗星，可以根据实际情况将☆填满颜色。

第一节 为什么说生涯规划是高中阶段的“头等大事”？

【生涯故事】

“回炉高考”为哪般？

某大学校园内，小艾时常在专业课上发呆。学医并不是他的所爱，但因为不想违背父母的意愿，他还是决定报考了这个专业。进入大学后，他不得不每天听着对他来说无比乏味的医学名词。在苦熬了三个月后，小艾选择了退学重读，最终如愿被录取至自己喜欢的文科专业。

小杰被某“双一流”高校录取，大家都为他感到高兴。进入大学后，大一学的是基础课，他的成绩排名一直稳居在年级前十。但到了大二开始接触专业课时，他发现这个专业和自己的兴趣实在相差很远，越学越没有劲头，于是在身边人都劝他坚持的情况下，还是向学校提交了退学申请。经过一年的复读，他最终考上了理想的专业。

【生涯点拨】

生涯规划是高中阶段“头等大事”？是的，你没看错。可能不少人都会认为，高中生活如此紧张，哪里还有时间花在其他地方？不过，看完上述真实发生的生涯故事，你是否对“生涯规划”有了一点动心？

一、生涯之问一：“面向高考”还是“面向未来”

进入高中，我们几乎每时每刻都在“学海”中冲浪，“海里”有很多竞泳者，每个人都想及早“上岸”。海上弥漫着茫茫的大雾，星星点点的船灯让人眼前一亮，于是大家奋力划行追赶“亮光”。等到了跟前，才发现此“彼岸”非真“彼岸”。这其实一定程度上代表了不少参加高考的同学，甚至是家长的心态。正如有家长说，高中好好努力，考上大学就轻松了。事实上大学真如所言那样轻松吗？其实，这背后体现的都是“面向高考”的思维逻辑。我们要知道，高考乃至大学都是一个人成长中特定的阶段，努力考取高分、上好大学、读好专业，只是我们实现人生理想的重要节点。千万不要将这些短期目标或阶段目标当成我们的终极目标，而是要立足当下谋长远，借助高考谋未来。让我们的思考更深邃些，让我们的眼光更前瞻些，静下心来认真思考我们未来想做什么、未来想成为什么人、未来想要怎样的生活……以面向未来的视野和勇气，去实现更加长远的职业生涯发展目标。

二、生涯之问二："无意识发展"还是"理性规划"

提到生涯规划，很多高中生和家长会觉得比较陌生。有的同学会说，我只要好好学习，将来考上好的大学，还需要规划什么呢？也有的家长会说，孩子刚从初中上来，每天都要学习，哪有时间去规划？其实，孩子暂时没有规划意识，这或许可以理解，但是如果家长认为孩子没有必要规划，不能很好地引导孩子规划，这就容易与现实社会脱节了。早在 2017 年，教育部就出台《普通高中课程方案》，明确了高中教育的"新定位"，即促进学生全面而有个性的发展，为学生适应社会生活、适应高等教育、适应职业发展作准备，为学生的终身发展奠定基础。"三个适应"正是从社会发展、大学生活、职业发展三个维度对高中生涯规划提出了明确要求。这也就意味着，从进入高中的那一刻起，我们就需要树立生涯意识，结合自身特质和实际需求，围绕社会、大学、职业认真思考并做出规划。

三、生涯之问三："被动选择"还是"自主发展"

《普通高中课程方案》指出，普通高中的培养目标除了"提升学生综合素质，发展核心素养，使学生具有理想信念和社会责任感，具有科学文化素养和终身学习能力"，还包括提高"两种能力"——生涯规划能力和自主发展能力。当前，新高考改革的一系列举措赋予了高中生更加多元、综合、个性的选择空间。具体来说，新的招生考试制度要求"增加学生的选择性"，实现了从"选拔"到"选择"的变化，明确"由考生根据报考高校要求和自身特长进行自主选择"，从"招分不招人"转向"尊重学生的个性爱好"[①]。高中课程改革带来的选课走班也促使学生将学业选择与未来职业进行强关联，学生在选择科目方面有了充分的自主权，从高一开始就要形成三年完整的学业修习计划，并参考大学各专业招生所指定的科目进行专业选择。新高考的"新"带来了上述全方位的选择体验，自主发展能力已经成为高中学段发展的刚性需求，是高中生适应新高考改革的必备技能。可以说，谁掌握了生涯规划能力和自主发展能力，

①《中国教育报》2019 年 11 月 14 日第 2 版。

谁就掌握了通向未来发展的“密钥”。

【生涯实践】

◎我的生涯探索一

“高考考学生，志愿考家长”？

长期以来，社会上流行着一种值得我们思考的观点：“高考考学生，志愿考家长。”也有人说：“志愿是人生的第二次高考。”作为影响个人未来发展的一次重要抉择，高考和高考志愿填报的重要性不言而喻。但是“高考考学生，志愿考家长”让人仿佛听出了一点“弦外之音”——难道是“孩子负责考，家长负责报”？有的家长会认为孩子成天埋头苦学也不知道喜欢什么，对什么专业“有前途”并不了解，想要充分利用家长的阅历和家庭的资源去“帮助”孩子填报志愿。当然，也有的家长干脆不管，孩子喜欢哪个城市、哪所大学就去哪儿。

想一想：

1. 你会把“志愿的难题”完全交给家长吗？

2. 在填报志愿时，考生个人和家长应该承担什么样的角色？谁应该对考生的未来负责？

3. 你会为志愿的选择和未来的发展做哪些准备呢？

◎我的生涯探索二

“自主发展能力”有何价值？①

自主发展能力对于学生的意义，并不仅限于学习是否积极主动的问题，更关涉学生一生能否奋发有为、能否可持续发展、能否为人生找到心灵港湾。

自主发展能力为人的发展提供动力。人们常说：能干事 + 想干事 = 干成事。如果一个人不想干事，那么他纵使有天大本事，也难以干成事。这足以说明内在动力的重要性。

① 褚宏启：《活出自己：自主发展能力为何重要》，《中小学管理》，2018 年第 6 期，第 59-60 页。

自主发展能力是其他能力发展的基础。它是一种原发性能力，能够引发牵动其他多种能力尤其是核心素养与关键能力（诸如创新能力、批判性思维、交流与合作能力）的生成与发展。

最为重要的是，自主发展能力让人做到自我超越和自我实现。其标准不是战胜别人，而是关爱、帮助与提升别人，“活出自己”，为生命找到意义。

想一想：

1. 什么是“自主发展能力”？

2. 你认为“自主发展能力”包括哪些？试从以下维度说说你理解的自主发展能力是什么样的。如果有其他维度，可以在“其他”栏中增加。

序号	维度	内涵
1	自尊自信	
2	自知自明	
3	自我规划	
4	自我调整	
5	自我控制	
6	自我提升	
其他		

第二节　为什么说高中职业生涯规划须趁早?

【生涯故事】

小山的困惑

马上高三了，小山在每日紧张的学习中突然萌生了一种想法，他觉得当初选择高考科目时可能“选错了”。选科时，身边的朋友都说选择理科将来高考选专业的范围会比较广，而且经常听人说“学好数理化，走遍天下都不怕”，于是他不假思索地选择了理科类课程。但是经过一两年的学习，他感觉自己在对课程的理解方面很费时间，甚至有点吃力，考试成绩忽高忽低。在这个时间点如果重新选课，学习时间就非常紧张，可能来不及复习迎考。于是他陷入深深的矛盾中。

【生涯点拨】

生涯规划伴随着每个人的成长与发展过程，贯穿于日常学习、生活和工作的点滴之间。当我们一直忙碌于日常事务时，可能并不觉得它是一个多么关键的技能，但是当我们静下心来感受时，才会发现生涯规划是多么不可或缺。

一、生涯启蒙：生涯意识的启蒙需要唤醒

小的时候，大人们都会问我们，你长大以后想干什么？科学家、警察、医生、老师……彼时的回答响亮有力，大人们也会竖起大拇指，连声称好。随着年级的增长，儿时的理想逐渐被隐藏。随着学习压力的不断增大，家长与孩子之间很少有机会提及个人理想、未来梦想、职业发展，接踵而来的却是各种培训班、辅导班以及铺天盖地的练习卷和作业。理想被尘封，梦想被搁置，犹如大海航行时失去了指引，代表未来的灯塔被尘封雾绕，许多人难免渐渐迷茫，迷失了前进的方向，失去了奋斗的动力。实际上，我们越是成长，越是要不断明晰自己努力前行的方向，即便再忙，也不能失去对理想信念的追寻。从现在开始，请大声说出自己的奋斗目标和生涯愿景，并为之努力奋斗吧。

二、能力培养：生涯能力的培养需要积累

生涯意识和生涯能力如同鸟之两翼、车之两轮，共同驱动引领我们个人的未来发展。一方面，生涯意识唤醒解决“要规划”和“想规划”的问题，让我们知道当下开展生涯规划的重要性和紧迫性，进而从内心激发生涯规划的主观能动性；另一方面，生涯能力培养则解决“规划好”和“好规划”的问题，推动生涯规划从理论到实践的落地、从“空想”到“科学”的蜕变。《普通高中课程方案》要求，高中生要学会“正确地认识自我，更好地适应高中阶段的学习与生活，处理好兴趣特长、潜能倾向与社会需要的关系，选择适合的发展方向”，这就要求我们系统掌握生涯规划的科学理念和实践方法，不断提高职业生涯规划能力和素养，以强烈的成长动机和自发行动促进个人自主发展。

三、规划调整：生涯规划的调整需要过程

生涯教育是一个需要长期坚持和持续完善的过程，其效果并不一定是立竿见影的，而是可能存在一定滞后效应的。要是以“西医”“中医”作比方，生涯规划的特点更似“中医”的绵绵发力、久久为功，而非“西医”的求快求准、当下见效。尽管不同学生的资质禀赋、潜能特长并不相同，每个家庭的资源条件、期望愿景各有差异，各人接触和开启生涯规划的时间点各不相同，但是，生涯发展越早规划就越能充分了解自身特质、社会需求，越早规划就能越早发挥效用。生涯规划是循序渐进的而不是一蹴而就的，只有早一步发现、早一步规划、早一步实践，才能赢得充足的调整时间，避免“不识庐山真面目，只缘身在此山中”“尾大不掉”的情况，始终以从容淡然的状态适应变化，以精准及时的调整应对未来。

【生涯实践】

◎我的生涯探索一

《0到100岁》的生涯唤醒之旅

假设我们将人的年龄从0到100岁划分成6个年龄段，分别是婴幼儿阶段（0～6岁），儿童阶段（6～12岁），青少年阶段（12～18岁），成年早期阶段（18～35岁），中年阶段（35～60岁）和老年阶段（60岁以上）。

想一想：

1. 不同年龄段最主要的发展任务是什么？
2. 每个年龄段最宝贵的是什么？
3. 你想对本年龄组或之前一个年龄组的人说些什么？

请在下表中填写相应内容。

序号	阶段	主要发展任务	最宝贵的事项
1	婴幼儿阶段（0～6 岁）		
2	儿童阶段（6～12 岁）		
3	青少年阶段（12～18 岁）		
4	成年早期阶段（18～35 岁）		
5	中年阶段（35～60 岁）		
6	老年阶段（60 岁以上）		

◎我的生涯探索二

“生涯规划能力”怎么看？

生涯规划能力是什么？你认为做好职业生涯规划应该具备哪些能力？

选一选：

请从如下表格中选取 5～8 个你认为比较关键的生涯规划能力。

序号	生涯规划能力词汇	序号	生涯规划能力词汇
1	认识自己	11	坚持不懈
2	认识环境	12	抵御挫折
3	自主学习	13	分析思考
4	果断决策	14	运用资源
5	制定计划	15	确定目标
6	获取信息	16	人际交往
7	自我管理	17	生涯意识
8	寻求帮助	18	把握趋势

续表

序号	生涯规划能力词汇	序号	生涯规划能力词汇
9	实践锻炼	19	时间管理
10	适应调节	20	感知变化
其他			

请将选出的生涯规划能力依次填到下列括号中。按照满分为5分，请你对照个人实际，对自己的生涯规划能力进行打分，并说明理由。再想一想：如何在高中阶段不断完善这些生涯规划能力？

（1）（　　　　　）：0分□　1分□　2分□　3分□　4分□　5分□

（2）（　　　　　）：0分□　1分□　2分□　3分□　4分□　5分□

（3）（　　　　　）：0分□　1分□　2分□　3分□　4分□　5分□

（4）（　　　　　）：0分□　1分□　2分□　3分□　4分□　5分□

（5）（　　　　　）：0分□　1分□　2分□　3分□　4分□　5分□

（6）（　　　　　）：0分□　1分□　2分□　3分□　4分□　5分□

（7）（　　　　　）：0分□　1分□　2分□　3分□　4分□　5分□

（8）（　　　　　）：0分□　1分□　2分□　3分□　4分□　5分□

第三节 我需要一份怎样的生涯规划？

【生涯故事】

生涯规划与个人成功

斯坦福大学的社会学家与行为学家们为了验证职业生涯规划对人生成功的影响，对数千名大学毕业生进行了历时多年的追踪调查。结果发现：有清晰生涯规划的人，不少成了社会各界的成功人士或行业领袖、社会精英；有清晰但比较短期目标的人，大都成为各行各业不可缺少的专业人才；而人生目标模糊的人，只能算是在安稳地生活与工作，但几乎没有什么特别的成就。

【生涯点拨】

如何回答“我需要一份怎样的生涯规划”？有同学肯定会脱口而出：“当然是好的啦！”那么，什么是“好的”生涯规划？这个问题可能就需要好好思考一番了。“好的生涯规划”一般应该具备以下三个特点：一是激发自己积极主动地思考个人职业生涯规划，让生涯规划更加系统全面；二是聚焦个人当下遇到的问题，并且能为未来发展提供可操作的解决方案；三是引导我们的生涯抉择既立足于个人自身，又结合社会需要，推动自己更好地适应社会发展，时时与国家和社会保持同向同行。

一、系统思考：我是谁，我要去哪里，我该如何去

生涯教育是一种“统整”教育。所谓统整，就是统筹规划和整合资源，是一种以个人全面和个性发展为目标的优势挖掘和资源配置过程。具体来说，生涯教育是这样一个全链条过程，它涵盖了生涯唤醒、生涯认知、生涯探索、生涯决策等环节，每一个环节都需要探索。在这个过程中，对内，需要挖掘自己的优势和潜力，充分发挥自己的特长；对外，需要充分调配自己所拥有的各种资源，为自己的目标实现提供支撑。我们可以把这个过程称为“统整”的过程，其实核心就是系统思考三个问题。

第一个问题，我是谁？成功的生涯规划要从了解自己开始。立足高中阶段，我们

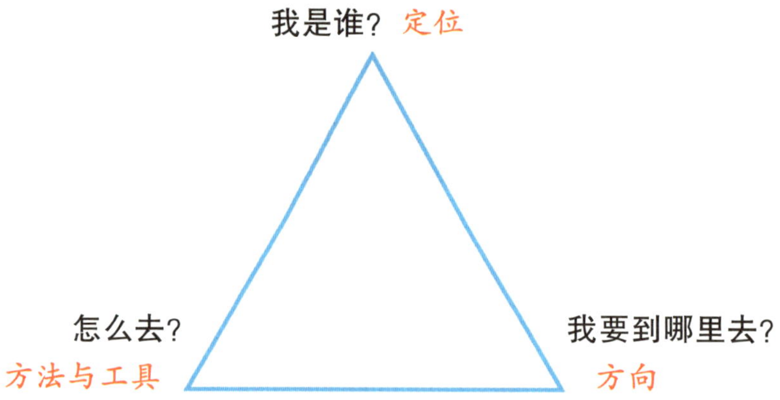

核心三问

对自己有哪些认识？俗话说，知己知彼方能百战不殆。如果我们连自己的优势特长都不了解，就好比生涯规划的“窗户”一开始就从内部紧闭了。不少高中毕业生临近高考志愿填报时都无法对自己有很明确的认识，一被问到自己的兴趣是什么、有什么能力特长、性格类型又如何，总是犹犹豫豫、不明所以。如此一来，志愿填报时就陷入十分被动的局面。其实，无论是选科选课、专业选择，还是志愿填报、未来职业发展，都需要我们深入探讨自己的兴趣、能力、性格、价值观等。

评估的方法有自我评估和他人评估，自我评估可以借助一些科学评估的方法和工具，比如霍兰德兴趣类型、MBTI性格测试等；他人评估往往是大家容易忽略的一种方式，比如，跟自己的家人朋友谈心，询问他们眼中的你是什么样的，如果大家对你的特点评价比较一致，那么也就基本上能够反映出你个人的“自画像”了。

第二个问题，我要去哪里？设定明确的生涯目标是成功规划的前提。生涯发展的目标可以是远期的、中期的以及短期的。这些目标之间是有联系的、有梯度的，远期的目标能够引领当下的行动，当下的行动又服务于远期的目标。每个人都要将自己想象成运筹帷幄的将军，尽早围绕不同梯次的生涯目标，制定实现适合自己的战略战术。

立足高中阶段，每个学生都应明确好自己的远期、中期、短期目标。从远期目标来说，你的长期职业愿景是什么？这个长期愿景所对应的年限可能是从进入高中开始的，7～10年，也就意味着你要设想自己在研究生（或本科生）毕业后进入何种行业、从事何种职业、达到什么样的职业水平。其中一定不能忽略的是对未来职业的探索、对外部世界的探索，因为这会让你清晰地认识到自己实现远期职业愿景所需要的时间、能力、资源、支撑等条件。从中期目标来说，对应年限大致为从进入高中起的3～5年，这意味着你要反复思考和不断明晰的是未来进入哪所大学、哪个专业。从短期目标来说，对应年限正好覆盖3年高中，这意味着你要重点考虑的是学业规划尤其是选科规划，它们将奠定个人未来发展的方向。

第三个问题，我该如何去？制定实际的行动计划是将目标付诸实践的关键。实现不同阶段目标，离不开所需的时间、行动、资源和支持。我们需要为每个目标制定详细的步骤，确定实现每个目标所需的具体行动，并为每个行动分配时间和资源；按照重要、紧急等维度正确评估和设定时间管理的优先级，确定哪些目标最为紧迫，需要优先投入资源加以实现。

高中阶段的时间是非常紧张的，但是对每个人都是公平的。高中阶段的较量拼实力、拼耐力，更拼时间的规划力和计划的执行力。你要定期检查自己的行动方向和计划进度，必要时及时调整计划和举措并加以改进，运用身边隐性和显性的资源，获得学校、家庭、社会等必要的支持，确保朝着自己的终极目标稳步迈进。

二、各个击破：从理想到现实

好的生涯规划要让高中生实现从“我想”到“我能”的思维转变。敢于想象、善于思考是人生成功的第一步，如果连自己未来的职业目标都没有，连自己想要考取的大学都不敢去提前锁定，高中生活的动力从何而来？有了理想的奋斗目标，我们接下来就能够围绕既定的奋斗目标进行计划的制订、完善、调整和执行。

在此过程中，既要充分发掘自己的兴趣、爱好和特质，还要反思自己是否有胜任某项工作的能力。要在全面认识自我的前提下，找到“我想”和“我能”的最佳结合点，解决好生涯规划路上的每一个“拦路虎”，让理想之光照到现实之基。

三、价值判断：从“小我”到“大我”

生涯规划中有很多值得思考的问题。有些是短期的，有些是长期的，比如目标的确定可以很简单，而目标的调整和实现并不是一朝一夕就能完成的；有些是当下能解决的，有些是需要通过循序渐进的努力一点一点去达成的，比如选科选课可以较快做出抉择，而能力提升是一项长期的系统工程。

不少家庭考虑问题往往都会立足当下的事和眼前的事，而忽略了将眼光瞄准更加长远的未来。比如，在进行学科选择和填报志愿时受到实用主义影响，考虑最多的往往是升职、加薪等现实问题，虽然当下选择了一些热门职业，殊不知眼下热门不一定代表毕业以后还热门，有可能到头来还是不甚理想，这背后的根源就是忘记了思考“小我”与“大我”的联系。

因此，高中生涯规划要立足自身，放眼长远，无论做任何选择，都不妨跳出“小我”的圈子，权衡一下职业理想与社会现实需要，权衡一下自身的主观判断与未来趋势发展，使个人能力和社会需要相统一，使“小我”和“大我”相统一。

【生涯实践】

◎我的生涯探索一

孔子的“生涯规划”

孔子在《论语·为政》中提到：“吾十有五而志于学，三十而立，四十而不惑，五十而知天命，六十而耳顺，七十而从心所欲，不逾矩。”这可以看作孔子对人的一生所做的“生涯规划”。

第一阶段：吾十有五而志于学。十五岁，是人生的第一个阶段，志于学。十五岁，正好是初中毕业。初中毕业就要开始决定要学什么东西，决定学习的方向，知道这辈子要干什么、要往哪个方向去学习，不能再犹豫了。

第二阶段：三十而立。十五岁的时候，确定自己的志向，然后朝这个方向努力十五年，到三十岁时，差不多可以确定这辈子的原则。要再过十年，根据你的原则去实践，然后看成效怎样，你才可以说，好，我这辈子大概就这么走了。

第三阶段：四十而不惑。“不惑”只是对个人自己的原则不惑，并不是说对什么都不疑惑了。一个人四十岁以后，他勉强可以说在自己要学的范围里不再犹豫，这辈子就这样坚持。四十岁，要对人生方向不惑，对人生目标不再动摇。

第四阶段：五十而知天命。一个人到了五十岁，还不知道天命，那就是跟自己过不去。你今天为什么会这样？这是你从小到大点点滴滴累积起来的成果。一个人现在的状况，是从小到大累积的结果。

第五阶段：六十而耳顺。人生最奥妙的是你永远没有办法重来。为什么要耳顺呢？因为你会碰到很多人，他根本不了解你，就在你面前指指点点讲一大堆，你听也不是不听也不是，那怎么办？耳顺。听了跟没有听一样。

第六阶段：七十而从心所欲，不逾矩。“不逾矩”就是说一个人从小到七十岁，规规矩矩，几乎已经养成生活习惯，大概不会有太大的差错，那就可以放心去做事。

（根据曾仕强《易经的奥秘》第 8 集整理，有删改）

想一想：

通过孔子的“生涯规划”，我们可以获得哪些启示呢？

◎我的生涯探索二

晒晒我的朋友圈——“致我的高中生活”

畅想一下，当你完成高中学业、实现大学梦想的时候，你一定会对高中生活有很多感慨。现在，让我们以“致我的高中生活”为主题，以九宫格的形式发一条朋友圈，请你想象这条朋友圈的文案和图片该如何编写设计。

画一画：

结合示例，在下面图框中用手绘的形式进行展示，一起留下最能代表高中印象以及个人感受的文字和图片吧。

“致我的高中生活”

【生涯小结】

1.“头等大事”并不是对高中生涯规划重要性的一味夸大，而是从根本上、动力上去客观评价生涯规划对于高中生的重要性。生涯规划可以说是个人生涯发展的“牛鼻子”，谁牵住了“牛鼻子”，谁就掌握了未来发展的先机。

2.“生涯规划须趁早”的说法有点类似于“从娃娃抓起”，事实上很多幼儿园确实也开展了类似“职业情境体验”的生涯启蒙课程。这是生涯教育启蒙的必然要求：从小就在心灵上种下类似“科学家”“医生”“教师”“工程师”的种子。高中阶段，生涯规划的这颗“种子”应该“发芽”啦！

3.“统整性”是个有点“官方”的说法。其实就像火箭发射一样，光看发射塔架那样立体而复杂的构造，我们就应该知道：火箭发射是一个系统工程。生涯规划，又何尝不是呢？至于生涯规划由哪些“分系统”构成，我们将为你一一作答。

【生涯展望】

问：你为高中生活做好准备了吗？你觉得有哪些是需要准备的？

答：______________________________

问：你之前接触过生涯规划吗？你觉得生涯规划可以为你解决什么问题呢？

答：______________________________

问：通过我们的系统介绍和学习，你期待做一份怎样的生涯规划呢？

答：______________________________

【生涯资讯】

· 图书类

汤姆·拉思《盖洛普优势识别器 2.0》

推荐理由：

管理大师彼得·德鲁克曾经说过，“大多数人都自认为知道自己擅长什么。其实不然……然而，一个人要有所作为，只能靠发挥自己的优势”。这本书可以让你充分认识和了解自己，识别个人优势，从而将优势发挥为自己的才干以获得优秀的表现，并且根据优势安排自己的生活。同时书中也提出一个观点：成功在于充分发挥自己优势的同时控制自己的弱点，而不是徒劳地弥补弱点。

· 影视类

歌曲《你鼓舞了我》(You raise me up)

推荐理由：

这是一首十分经典的歌曲，在全球广为流唱。

每当失意低落时，每当烦恼困难袭来时，这首歌都会让我们心中顿生一丝温暖：

你激励了我　故我能立足于群山之巅

你鼓舞了我　故我能行进于暴风雨的洋面

在你坚实的臂膀上　我变得坚韧强壮

你的鼓励　使我超越了自我……

这是非常振奋人心的一首歌！

视频《一分钟看尽 0 ~ 100 岁》

推荐理由：

该视频汇集了从 0 岁至 100 岁不同年龄段的各类人物影像，让人在短短的时间内深刻感受到了岁月变迁、人物变化。看完之后，我们不妨对自己的不同年龄阶段做一次回顾或憧憬，体会“过去的我”“当下的我”以及“未来的我”，让我们以更加宽广的视角去规划自己的一生。

· 政策类

教育部关于印发普通高中课程方案和语文等学科课程标准（2017 年版 2020 年修订）的通知（2020 年 5 月 11 日）

推荐理由：

文件包括新修订的《普通高中课程方案》以及语文、数学、英语、思想政治、历史、地理、物理、化学、生物学、信息技术、通用技术、艺术、音乐、美术、体育与健康、日语、俄语、德语、法语、西班牙语等 20 门学科的课程标准。

新的课程方案和课程标准内容权威而丰富，进一步强化了学科的育人功能，呈现了一些新亮点，加强了高中学科学习与高考综合改革的衔接。对于参加高考的考生及其家长来说，这份文件非常值得我们认真对照和研究，以更好地适应新高考改革，掌握各学科改革的内容要求、学业要求以及考试评价要求。

第二篇

生涯萌发

（高中认知、高中适应）

模块二

你好高中——高中是怎样的一种存在

【生涯格言】

决不要把你们的学习看成任务，而要看成一个令人羡慕的机会。
为了你们自己的欢乐和今后工作所属社会的利益，去学习。

——爱因斯坦

【关键词】

初高中差异比较

【思维导图】

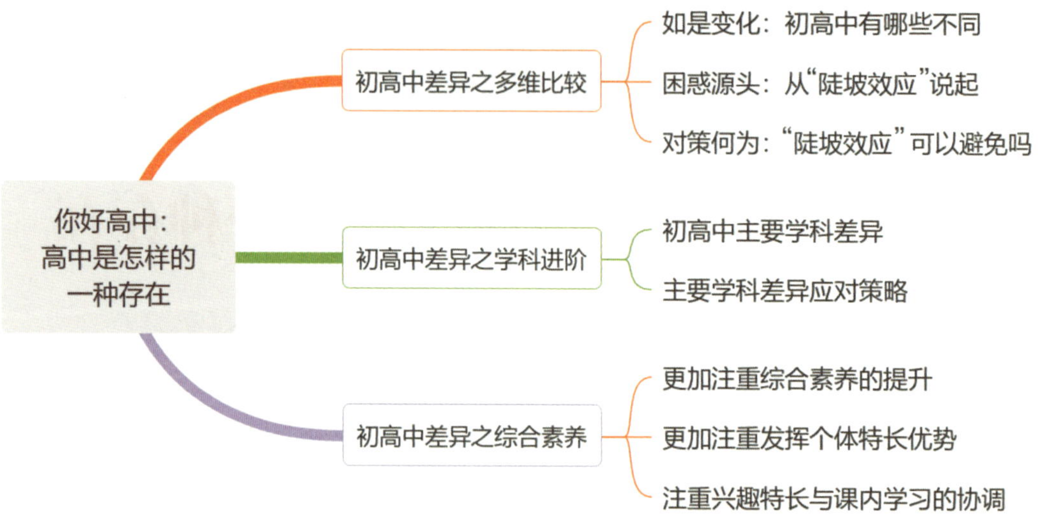

【我的生涯困惑】

在表格中写下你在高中认知方面遇到的困难、疑惑，或者是你目前遇到的问题、难点。待我们学完本模块课程内容后再来回顾：这些困惑或难题都解决了吗？

序号	我的生涯困惑	紧迫程度
1		☆☆☆☆☆
2		☆☆☆☆☆
3		☆☆☆☆☆
4		☆☆☆☆☆
5		☆☆☆☆☆

紧迫程度：最紧迫程度为五颗星，可以根据实际情况将☆填满颜色。

第一节 如何区分初、高中不同之多维比较

【生涯故事】

曾经让我措手不及的高一

在初升高的那个暑假把所有与学习相关的事抛之脑后，我跟小伙伴们一起通宵达旦、愉快玩耍，好不快活。然而踌躇满志地进入高中，却被现实给了当头一棒。

老师上课进度快，在我还没弄懂上一个知识点的时候就已经开始讲下一个知识点，我继续思考上一个会跟不上老师的节奏，而跟着老师的节奏又导致自己对很多知识点一知半解，在纠结和折磨中度过了一节又一节的课程。

由于作业增多、难度增加，我的作业无法按时完成，即便完成也是牺牲睡觉时间熬夜写完，熬夜的后果就是第二天课堂上犯困"钓鱼"，学习进度一点一点地落下。

我中考成绩尚可，也因此进入一个比较好的班级，但进入高中后每次考试却稳定在倒数前五，巨大的落差感以及绝望无助的情绪笼罩着我。

那段时间，我很压抑也很难受，晚上睡觉时只想着第二天能晚点到来，害怕上课、害怕自习、害怕作业、害怕考试。我想跟爸妈倾诉又不想让他们担心，只能埋在心里自己承受……

（某高二学生的回顾）

【生涯点拨】

对于高中和初中究竟有什么不同，很多人在进学校之前并没有认真仔细去思考，往往处于一种"不知道自己不知道"的状态。什么时候"知道自己不知道"呢？往往要等到进入高中以后，现实的学习和生活状态才促使个人"知道自己要知道"。因此，与其被动地适应和调整自己的节奏，还不如提前了解初中、高中的差异，进而掌握高中阶段学习生活的主动权。

一、如是变化：初高中有哪些不同

毋庸置疑，从初高中教育的共性角度来说，两者对于提高劳动者素质和水平起到

了举足轻重的作用。经济学家魁奈指出，“构成国家财富的是人”。这充分体现了人力资本在经济社会发展中的重要价值。初中和高中作为人力资本提高的两个重要阶段，为学生提供了基本的科学文化知识和基础的生产劳动实践技能，培养了学生的创新意识、批判性思维和解决问题的能力，推动个体形成最基本的社会生活和职业发展条件。这两个阶段都需要我们认真对待，做好知识、技能、素养的积累和储备，为个人长远发展奠定基础。

当然，从目前国家对初高中教育的定位来说，两者差异在于，初中阶段属于义务教育的高级阶段，高中阶段目前并不属于义务教育，而是进入高等教育的准备阶段。也即初中教育是提升全民知识素养的“规定动作”，高中教育则为学生进入更高水平的学习阶段积势蓄力。除此之外，初高中教育还有哪些不同呢?

不少过来人感触最深的是学习方面，初高中两个阶段的学习既有延续，又有很大区别。首先，在学习内容方面，初中的教材内容相对简单，主要涉及基础概念和基本技能，大多数需要学生了解“是什么”，而高中的知识体系和教材内容更加复杂，知识内在联系和其形成过程需要学生深入理解和学会应用，知道背后原理，即“为什么”。两个阶段的学科类别设置虽然相近，包括语文、数学、英语、物理、化学、生物、历史、政治、地理等，但高中阶段要求的知识量明显加大，理论性明显增强，系统性也有所提升，学习难度自然较初中有很大提高。其次，在学习方式方面，初中阶段主要依赖教师的讲解和辅导，学生按照老师要求做好预习、复习，在课堂做好笔记，学习方式相对简单，而高中阶段需要学生具有较强的自主学习能力和探究精神，更加注重提升学生独立思考和解决问题的能力。第三，在学习压力方面，高中阶段除了学习难度的增加、自主学习要求的提升，同学之间的学习竞争更加激烈，学生内心还承载了自身甚至是家族对考上大学的殷殷期待，压力巨大往往是不少高中生的常态。

高中和初中的区别

初中的时候：

一节课教你和面，作业是和面；

一节课教你擀皮儿，作业是擀皮儿；

直到教会你包饺子，考试就是包饺子。

高中的时候：

一节课教你包饺子，作业是回家包包子；

考试的时候，考的是烙馅儿饼。

你要学会举一反三，找到相同和不同的规律。

从生活方面来说，从家庭生活过渡到集体生活，对高中生独立生活能力是一个不小的挑战。不少高中为学生提供了全封闭的学习模式，较以往初中阶段衣食住行由家长照顾、基本不用自己操心而言，高中生大多是集中住校，学校统一管理。这种模式有利于节省学校与家庭之间的通勤时间，避免不必要的外界打扰，能够让高中生全身心地投入紧张的复习备考中。这个阶段尤其需要高中生学会自行安排学习和生活，学会与身边的同学、老师和谐相处。高中住宿的集体生活是规律的，甚至是有些艰苦的，但是经过高中集体生活的锻炼，高中生的独立性、自主性以及集体意识会有较大的提高。

谈到高中生的人际社交，很多人会认为，高中的时间如此宝贵，应该集中精力搞好学习，哪来时间在无关紧要的“社交”上去浪费？其实这种想法是失之偏颇的。人际社交是人的基本的社会需求，尤其是在高中紧张忙碌的学习状态之下，能够通过社交缓解自身压力和情绪，是一种值得鼓励的行动。初中阶段压力小，学生之间的交流可以天马行空，交流时间可以充裕自由，而高中生的交流却略显紧张单调，但是这不代表高中生的社交需求不甚强烈。相反，高中学生开始接触更多的社交圈子和人群，人际关系变得更加复杂，需要更多的沟通和适应。这些社交具体体现在几个方面，如与班主任和任课老师的沟通，要更加主动地去寻求老师的帮助，包括学习内容、学习方法、学习困难的答疑解惑，以及思想、生活、人际方面的问题；如与身边同学的交流，要与身边的同学结成学习和生活上的互助小队，发挥集体的力量，彼此激励、共同进步也不失为一种上选的学习策略；如与宿舍管理员的交流，他们不仅是学校管理规章制度的执行者，更是离高中生最近的“大管家”，我们可以把他们当成能够信赖和依靠的长辈，彼此在日常交流中互相给予一些家的温暖。

除了以上提及的这些初高中的差异，高中生在心理成长、情绪管理等方面与初中相比也有很多的不同，需要我们用心感受和发现，找到合适的应对方法，为更好地适应高中生活奠定基础。

二、困惑源头：从“陡坡效应”说起

尽管不少家长和学生可能对初高中的差异有所了解，但是通常还会出现一种让大家都比较困惑的现象，久而久之似乎还变成了一种不成文的“规律”，很多高中生都有可能“中招”。这种让不少高中生避之不及的现象就是“陡坡效应”。

什么是“陡坡效应”？一般是指初中到高中的过渡阶段，由于没有充分准备，学生在学习和心理上出现超出预期的陡然落差，形成高壁深垒般的“陡坡”。很多遭遇“陡坡效应”的学生往往认为初中到高中的过渡是顺其自然的。在他们看来，一般来说初中学习能力和学习成绩都不差的人，到了高中也肯定能够照样从容应对。然而实际情况是，一些初中成绩比较优秀的学生进入高中后也同样会遭遇“陡坡效应”。往往直到发现进入高中后的状态尤其是考试、测验等评价结果偏离自己的预期设想，这个时候大家才会思考为什么会出现这样不尽如人意的结果。

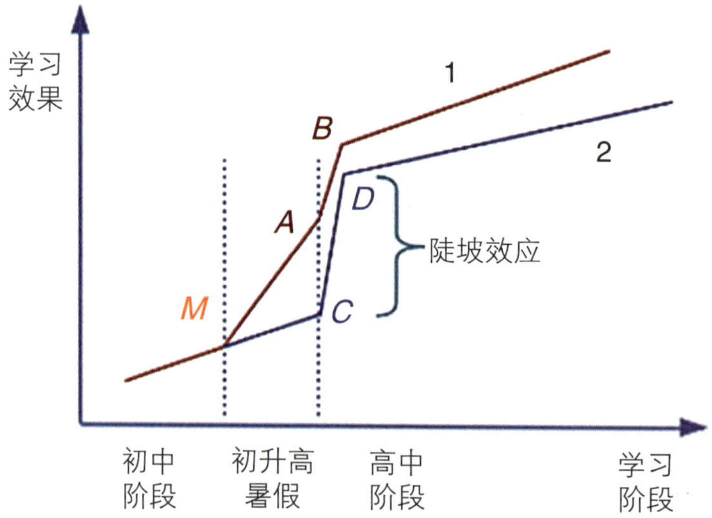

“陡坡效应”示意图

我们可以用一张示意图来加深对“陡坡效应”的理解，其中折线 1 表示初中到高中阶段学生学习的理想状态，折线 2 表示现实状态。从图中可以看出，“陡坡效应”一般会发生在高中阶段的初期（线段 *AB* 和线段 *CD* 所示），如果倾斜程度小（如线段 *AB*），则代表初中到高中的接续比较平稳，高中生活的适应较为顺利；如果倾斜程度大（如线段 *CD*），则代表进入高中后的学习难度陡增，适应难度较大，学习效果往往不甚理想，同伴之间的差距就可能会一点一滴逐渐拉大。那么为什么会产生“陡坡效应”？大致有如下四个原因。

一是认知不够清晰。不少学生在初中毕业那一刻起，有可能放松了对学业的规划和安排，原因在于对初高中衔接的认识不够清晰，忽略了利用假期提前了解高中阶段学习生活的机会，在主观上没有做好充分的准备。

二是学习态度不同。面对学习，有的同学是主动学习，有的是被动学习。这两种态度在初中阶段不一定能看出来什么影响，但是到了高中阶段就会产生明显差别。严于自律、主动学习的同学能够从容面对学习的进阶要求，科学合理地安排学习进度，而被动学习或靠家长督促的同学在面对难度大、进度快的高中学习时很可能就感觉力不从心。

三是学习能力不同。高中阶段相较于初中阶段，更侧重于培养学生独立思考、举一反三、解决问题的思维方式和学习方法，考查在新的情境下分析问题、解决问题的能力和素养。那些依赖死记硬背、机械刷题的学生可能会出现“水土不服”的情况，如果不能及时调整学习方式、思维习惯，提升思维能力，学习成绩就会下降。

四是心理韧性不同。从小学到初中，再到高中，是一个从“金字塔”底部向塔尖进军的过程，越往上就会与更多不同的优秀同学接触，同时也会面临更多的竞争和压力。在面对重新“洗牌”的背景下，有些学生就会因为“心理落差”大而产生问题，出现厌学甚至休学、退学的情况，而心理韧性很强的学生，即便面临很大压力，也总能及时调整，成绩会稳步提升。

三、对策何为：“陡坡效应”可以避免吗?

“陡坡效应”应当引起家长和学生的足够重视，虽然其产生不是必然的，但可能是日积月累的，需要我们在日常学习、生活中及早预见，尽可能去避免。下面是一些预防“陡坡效应”的方法。

一是重视初高中衔接。很多过来人都一致认为，中考结束后的暑假是高中的“黄金预备期”，巩固复习和提前预习这两个环节至关重要。巩固复习，就是回顾初中知识基础，对一些基础概念、常用公式、做题方法进行梳理，对初中学过的知识进行深入强化，保持一定良好的“学习惯性”。提前预习，就是对高中新知识提前了解，从体系上对高中阶段的学习有所认知，特别是要对高一新知识进行学习，把对知识的“新鲜感”留在假期，如此在开学之后的学习过程中，对新知识的掌握将会更加快速和扎实。“陡坡效应”示意图中，线段 *MA* 和线段 *MC* 体现了对初高中衔接重视程度不同的学生的学习状态，如果学生重视初高中衔接并且充分利用暑假进行提升，那么进入高中后的起始学习状态较好，有助于避免“陡坡效应”的发生。

二是更新学习观念。不同年龄阶段的学习内容和重点各有区别，并没有所谓“一招鲜，吃遍天”的学习方法。从“准高中”阶段开始，要充分提高学习的自觉性和积极性，及时调整学习观念和方法，这样才能更好地把握高中学习的主动权。要注重学习方法的实用性和可操作性，尤其要形成与自己的学习能力和节奏相匹配，并且科学合理的学习模式。一些良好的学习习惯和方法如“变被动为主动”“强化自主性学习”“注重探究性学习”“培养归纳总结能力”等，要用到实践中而不能光停留在口头上。要不断探索并形成属于自己的学习方法，如果不主动去调整和优化、形成合适的学习方法，就往往会陷入越学越难的境地。

三是锻炼意志品质。放眼高中三年，它更似一场耐力跑而不是冲刺跑，其中较量的是一个人的“长久续航”能力，包括学习能力、处事能力、应变能力，更包括良好的意志品质和抗压耐挫能力等。心理素质的好坏往往是一个人高考成败的关键。面对日常成绩的起起伏伏，我们要正确看待。“胜负乃兵家常事”，成绩好了，不能骄傲；成绩暂时不好，也不要垂头丧气。要透过成绩看本质——哪些知识我已经熟练掌握，哪些还需要查漏补缺？心态的平稳和意志的坚强往往比一时的成绩更为重要，心理素质不好、意志不够坚强，往往会让人在反复纠结中形成内耗，耽误了学习进度和学习效率。

四是加强高中规划。如果将高考比作一场战役，而你是指挥这场战斗的将军，你会如何排兵布阵？是的，知己知彼方能百战不殆。我们不仅要抓紧知识上的学习，而且要及早对整个高中生涯甚至更长远的职业生涯进行合理规划。从政策方面来说，要及时了解新高考到底有哪些方面的改革变化，新高考改革给考生带来了哪些选择，考生可以有哪些升学路径等信息。从个人自身来说，要明确个人在选科选课方面有哪些优势条件，如何在选科过程中扬长避短，强基计划、综合评价等升学路径考察哪些内容，如何提早进行准备……一份好的规划不仅会对整个高中学习生涯产生积极影响，更会为日后的大学生涯打下好的基础。

【生涯实践】

◎我的生涯探索一

初高中差异比较

学习方面	1.学习内容	(　　　　　　　　)
	2.学习方式	(　　　　　　　　)
	3.学习压力	(　　　　　　　　)
生活方面	1.班 主 任	(　　　　　　　　)
	2.任课老师	(　　　　　　　　)
	3.周围同学	(　　　　　　　　)
	4.宿舍管理员	(　　　　　　　　)
人际方面	1.集体生活	(　　　　　　　　)
	2.衣食住行	(　　　　　　　　)
其他	1.________	(　　　　　　　　)
	2.________	(　　　　　　　　)
	3.________	(　　　　　　　　)

填一填：

1. 请在括号中举例说明初高中阶段在学习、生活、人际方面的差异。

2. 除了上述差别，你认为初高中阶段还有哪些方面的不同？请在横线处标明，并举例说明。

3. 针对列出的初高中的差异，你打算如何应对？

◎我的生涯探索二

我上高一了

我上高一了，懂事了。曾经，我从没有想过主动替父母分担。现在，回到家后我会洗衣服、拖地、陪家人说话。他们都说我长大了，也说我越来越能干，越来越懂事了。

我上高一了，睿智了。曾经，我总以为只要在临考前翻翻课本便可以轻松过关，考上大学也不在话下。现在，我会课前预习，课后练习，不懂就问，甚至学习到11点多才回寝室。我想，要实现考上理想大学的目标，就必须不遗余力。

我上高一了，成熟了。曾经，我会为一点小事而不能释怀。现在，我正在努力尝试以理智和冷静去面对生活和学习。我会把梦想藏在心底，我会用我的努力去为自己证明。

我上高一了，离梦想更近了！离未来更近了！

想一想：

1. 读完上述故事，你有什么感触？你的感受与主人公一样吗？

2. 上高中后，你的思想和内心发生了怎样的变化？你对高中有什么期待？

第二节　如何区分初、高中不同之学科进阶

【生涯故事】

高中数学跟初中差异有点大

经过初中的刻苦努力，小新如愿进入一所重点高中。只是最近他发现自己在高中数学学习方面有一些困惑：高中数学对他来说有点困难，与初中相比差异有点大。和初中数学相比，高中数学内容更多、更抽象，理论性也更强。比如高中代数中的函数理解让他觉得很复杂，立体几何对空间想象能力要求又很高，他不能一下子适应，尽管课后也尝试做题、加强练习，但总是磕磕碰碰，常感觉很茫然。

【生涯点拨】

从宏观层面了解初中和高中阶段在学习、生活、人际社交等方面的差异后，我们应当有针对性地调整个人学习和发展目标，合理规划个人学习和生活。除此之外，还应该重点关注各个学科的特点和差异，争取在高中学习和未来高考中充分发挥自己的学科优势，取得满意的成绩。

一、初高中主要学科差异

让我们先来看看一些刚刚进入高中的学生的真实反馈吧：高中学科多、节奏快，功课要靠理解去掌握，不能再死记硬背了；不太习惯高中的自学方式，学习方法和习惯还停留在初中阶段；老师上课速度快，跟不上老师的思路；上课能听懂，课后作业不会做；理科尤其是数学和物理难度明显增大；不能有效地支配时间；高中的竞争强度比初中大幅提升……对于这些反馈你是否也有同感？

其实，高中的知识内容、知识结构与初中相比出现了飞跃：从具体到抽象，从特殊到一般，在知识的广度和深度上都大大提高，在能力上对同学们提出了更高的要求。因此，同学们一定要在思想上做好准备，主动积极地创造条件，尽快适应各科学习。以下列举出了初高中不同学科的一些具体差异。

初高中不同学科的差异

序号	学科	差异
1	语文	高中语文更趋向语言建构与运用、思维发展与提升、审美鉴赏与创造、文化传承与理解，要求学生学会观察生活，学会思考，学会成长
2	数学	初中到高中的教材梯度过大；课时的变化较大；高一新生普遍不适应高中数学教师的教学方法；初中的学习方法不适用于高中数学的学习
3	英语	高中英语课堂节奏变快，教学内容容量加大，词汇量激增，语法变深变难，文本思维要求高
4	物理	高中物理各模块的关联性增强；对数学的应用加强；从定性到定量，从具象到抽象；高中物理知识点更多，物理情境、过程更复杂
5	生物	初中阶段生物基础性较强，内容较浅。高中生物教材着眼点是获得生物学基本事实，探索生物学基本原理和规律，并能联系实际灵活应用
6	化学	初中化学以形象思维为主，只需掌握基础的化学知识和技能。高中除定性分析外，还有定量分析，在抽象思维基础上建立化学概念和规律
7	地理	初中地理要求学生了解地理现象，而高中地理要求学生分析地理现象背后的原理，即深刻理解自然地理现象和人文地理现象产生的原因和过程
8	政治	初中思想品德与高中思想政治课程标准有一致性，但是，思想品德课偏重“品德”，属于养成教育，思想政治课则偏重“政治”，属于信念培育
9	历史	初中阶段以普及历史常识为主，引领学生掌握基本的、重要的历史知识和技能。高中强调时代性，关注与现实生活和社会发展的联系，能力要求层次更高

注：根据相关资料整理，仅供参考。

二、初高中主要学科差异应对策略

无论是喜欢的学科，还是不太擅长的学科，都要认真对待，在充分了解不同学科初高中差异的基础上，把握各个学科的特点，掌握各学科的学习方法，充分激发自己在学科学习上的内在动力。以下为大家提供了有关初高中主要学科差异的应对策略。

初高中主要学科差异应对策略

序号	学科	应对策略
1	语文	注重语言知识的积累，及时查漏补缺，学会运用已有知识和方法去主动地解决问题。扩大课外阅读，熟练掌握阅读技巧，在品读经典中提升自身阅读能力、理解能力。注意生活积累，主动关心时政，加强写作训练，在独立思考中提升个人思辨能力

续表

序号	学科	应对策略
2	数学	数学的眼光就是抽象，数学的思维就是推理，数学的语言就是模型。注重基础，突出对数学思想方法的掌握；改进学法，培养良好的学习习惯；提高专注，向45分钟课堂要效益。通过问题的解决过程，学会从问题中提取“数学元素”，学会用数学的观点分析与思考问题
3	英语	课上要专注并积极思考参与，课外要及时消化并巩固。有困惑之处则要勇敢提出并跟老师沟通，切不可似懂非懂或不懂装懂。要从语言习惯和阅读习惯方面进行调整。学会基于文本信息进行分析、提炼，有礼有节地表达自己的观点。尽可能扩大阅读量，通过阅读体验培养阅读习惯和语言感觉
4	物理	要更加注重概念、规律的建立过程，学习物理的思想和方法，在深刻理解概念和规律的基础上加以应用，做到举一反三。高中的知识容量比初中大很多，不能采取单纯的题海战术。由于从“定性”到“定量”的转变非常明显，所以数学方法的使用在高中更加频繁，要求学生具有较好的数学知识的储备：有很好的计算能力和逻辑推理能力，熟练应用平面几何与解析几何的知识，具有数形结合的思想，等等
5	生物	经常关注生活中的各种生命现象，探讨生命现象背后的生命活动规律。养成勤于思考的好习惯，通过理性思维研究生命现象和生命活动规律。善于利用思维导图系统复习，回顾学习过的各种概念，画画概念图，建立概念间的联系。利用课余时间多进行一些实验和探究活动，丰富个人的生物学知识，在开阔眼界的同时，加强个人的思考能力、动手能力
6	化学	对于事实性知识要熟练掌握，突出对物质结构、反应原理的学习和理解。对于理论性知识要深刻理解内涵，加深对结构决定性质的认识。重视化学实验，培养科学探究和创新意识。形成良好的化学学习习惯，学会用物质的量看化学中的“数”
7	地理	打下扎实的区域地理基础，培养对地理学科的兴趣，使自身体验和课堂教学产生积极互动。培养阅读地图的意识和习惯，经常查阅这些地图资源，不仅可以丰富地理知识，也可以了解地理信息技术的应用现状，很多时候读图能力和地理学习能力是有相关性的
8	政治	将理论融入生活，所有知识理论内容都来源于我们的实际生活，在学习过程中不要单纯走过场、死记硬背，而要将课本上学习的知识理论融入现实生活中。构建属于自己的理论体系，理清每个知识点之间的联系点和脉络，用自己的理解去梳理和总结，并且学会总结答题思路
9	历史	建立基本的历史时序观，形成历史知识的网络体系，积累相应的史料阅读的训练，加强对历史的感悟和理解，由初中生擅长的“是什么”逐渐转向“为什么”，逐渐由感性的认知转向理性的提升。善于用历史的观点看待社会重大事件、热点问题，培养分析和解决问题的能力

注：根据相关资料整理，仅供参考。

【生涯实践】

◎我的生涯探索一

不同学科的自我评价

序号	学科	初中学习自我评价	高中学习自我评价	备注
1	语文	☆☆☆☆☆	☆☆☆☆☆	
2	数学	☆☆☆☆☆	☆☆☆☆☆	
3	英语	☆☆☆☆☆	☆☆☆☆☆	
4	物理	☆☆☆☆☆	☆☆☆☆☆	
5	生物	☆☆☆☆☆	☆☆☆☆☆	
6	化学	☆☆☆☆☆	☆☆☆☆☆	
7	地理	☆☆☆☆☆	☆☆☆☆☆	
8	政治	☆☆☆☆☆	☆☆☆☆☆	
9	历史	☆☆☆☆☆	☆☆☆☆☆	

想一想：

1. 初中阶段和高中阶段，你在各个学科方面的学习状态和效果怎样？请进行自我评价，并在表格中填涂相应的☆。

2. 面对高中学科变化，需要采取什么样的学习方式来适应和调整？请举例说明。

◎我的生涯探索二

小明的高中学习初体验

小明是一名高中新生，初中学习成绩不错，本以为可以延续之前的优势，可实际情况并非如此。进入高中，他沿用初中的学习方法，上课认真听讲，记好笔记，力争课堂内容当场消化掌握。尽管如此，他却发现自己渐渐跟不上老师的步伐，情绪状态也受到影响。

小明找到老师寻求帮助，说出自己进入高中以来的各种不适应之处，认为原因是高中学习与初中相比发生较大变化，课堂容量提升，难度增加，学科差异明显，比如语文的课文篇幅比初中时增加很多，对阅读速度、理解能力要求明显提升；

比如数学的抽象程度比初中阶段提高许多，初中时简单套用公式就可以解答许多问题，现在需要灵活运用数学知识解决复杂问题；物理和化学难度也有所增加，初中阶段只要了解一些典型案例就可以掌握所学内容，现在除了掌握课堂所授知识，还要学会通过实验验证原理和解决实际问题……久而久之，他在新的学习要求面前产生畏难情绪，学习兴趣逐渐下降，成绩自然不甚理想。

对此，老师首先分析了各个学科初中与高中的差别、授课形式和学科要求的变化，对初中和高中的学习方式与方法做了相关的解读，提出了一些建议。小明按照老师意见调整了一段时间后，学习状态开始改观，成绩开始提升，并逐渐找回了自信。

想一想：

小明的高中学习初体验对你有哪些启发？

第三节　如何区分初、高中不同之综合素养

【生涯故事】

一名狂热的机器人爱好者的求学之路

陈晓是一名理科男生，从小对电子相关技术比较感兴趣，喜欢拆解一些家电和电子产品，研究密密麻麻的电子器件。他小学时开始玩单片机，初中时自学编程，高中时开始接触并爱上机器人，而且是一名狂热的机器人爱好者。

高中三年，他的成绩名列前茅，尤其是数学和物理经常考满分。他还多次代表学校参加全市、全国、亚太乃至世界范围内的机器人比赛并获奖。高中生玩机器人，在某些人眼里似乎是“不务正业”的爱好，却对他的性格塑造和能力培养方面产生很大影响。因为在他看来，比赛不仅开阔了眼界、增长了阅历，更锻炼了他的领导和组织能力，也极大地增强了自信心。

参加国际青少年机器人挑战赛时，首先遇到的困难就是项目经费。陈晓多次拜访校长，并成功说服学校领导，拿到了10万元人民币的项目启动经费，并购置

了项目开发硬件平台。之后又带队来到中关村的大公司寻求支持，最终从清华启迪、联想等公司又获得17万元人民币的支持。为了高效推进项目，他制定规章制度，将工作组划分为：制作组（涉及机械、电气、控制类专业）、财务组（管理项目各类用款，并制作报表）、后勤组（用餐和工作记录）、宣传组（制作海报和视频）。由他把控全局，整体推进项目进展。比赛当天，作为团队队长，陈晓沉着指挥队员以创新的“顶升”方式，控制机器人完成“标准箱”搬运和叠加任务，最终获胜。

陈晓在竞赛中所取得的成绩引起了某“双一流”高校的关注。在充分交流之后，招办老师发现他不仅拥有扎实的机电知识基础，还极具创新能力，而且在管理协调方面也有着不错的表现。最终，陈晓通过综合评价成功进入该校机电学院。

【生涯点拨】

有观点认为，高考比拼的就是高考成绩，只要学习成绩好，考上大学就不成问题。这种观点当然有其值得肯定的地方，高考分数理想与否，在一定程度上决定着大学梦想的实现与否。然而，高考除了比拼学科成绩，还比拼什么呢？从高校招生以及未来职业发展角度来说，更加看重什么呢？

一、更加注重综合素养的提升

新高考改革是什么？这是我们进入高中起就需要认真了解的话题，因为高考改革的方向决定了我们如何去适应高考。《关于深化考试招生制度改革的实施意见》指出，新高考改革是为了破除“一考定终身”和“唯分数论”的弊端。具体来说，“一考定终身”使学生学习负担过重，“唯分数论”影响学生全面发展。一方面，学生和家庭面临高考时，长期承担了沉重而巨大的压力，新高考改革目的之一就是为广大考生减负，让整个社会和千万家庭多一些从容，少一些焦虑。另外一方面，新高考改革直接体现了国家和社会对人才的需求导向，其根本目的就是要培养出国家和社会需要的人才。

因此，在高中学习过程中，不能将目光仅仅局限于“分数至上”，而要以堪当民族复兴重任、德智体美劳全面发展的时代新人为标准，注重全面提升综合素养，在思想品德、学业水平、身心健康、艺术素养、社会实践等方面全面提高，不断增强个人社会责任感、创新精神和实践能力。

高中学生综合素质评价内容

序号	评价类别	主要考察	重点
1	思想品德	在爱党爱国、理想信念、诚实守信、仁爱友善、责任义务、遵纪守法等方面的表现	参与党团活动、有关社团活动、公益劳动、志愿服务等的次数和持续时间，如为孤寡老人、留守儿童、残疾人等弱势群体提供无偿帮助，到福利院、医院、社会救助机构等公共场所或社会组织做无偿服务，为赛会保障、环境保护等活动做志愿者
2	学业水平	各门课程基础知识、基本技能掌握情况以及运用知识解决问题的能力等	学业水平考试成绩、选修课程内容和学习成绩、研究性学习与创新成果等，特别是具有优势的学科学习情况
3	身心健康	健康生活方式、体育锻炼习惯、身体机能、运动技能和心理素质等	《国家学生体质健康标准》测试主要结果，体育运动特长项目，参加体育运动的效果，应对困难和挫折的表现等
4	艺术素养	对艺术的审美感受、理解、鉴赏和表现的能力	在音乐、美术、舞蹈、戏剧、影视、书法等方面表现出来的兴趣特长，参加艺术活动的成果等
5	社会实践	在社会生活中动手操作、体验经历等情况	参加实践活动的次数、持续时间，形成的作品、调查报告等，如与技术课程等有关的实习，生产劳动、勤工俭学、军训，参观学习与社会调查等

注：根据《教育部关于加强和改进普通高中学生综合素质评价的意见》整理。

可以说，我们正处在一个伟大的时代，一个人人都可以通过自己的努力去圆梦甚至是出彩的伟大时代。新高考强化了这样一个观念：高考不仅是个人实现梦想的重要途径，更体现了经济社会发展、科技进步遴选优秀人才的内在需要。每个考生都要明白“德智体美劳”全面发展之于个人成长的重要性，更要认识其对于将来适应未来社会和职业发展的重要意义。

二、更加注重发挥个体特长优势

对于一些综合素质高、创新能力强，尤其是在学科领域方面有特殊潜质的学生来说，新高考改革提供了相当大的利好。新高考改革打破了原先单纯靠分数的局面，让学生的优势特长得到展现，提供了更加多元化和个性化的发展机会。可以说，不同的选科组合以及学业水平的学生都能够在新高考中找到适合自身的选择项。

此外，从高校招生反馈来看，强基计划、综合评价、保送生等多种渠道也反映出高校对学生的学科特长、创新潜质、综合素质等极为重视。有意参加这些特殊类型招生的同学，更需注重综合素质和创新能力的培养，学以致用、学用贯通，充分挖掘和发挥个人的特长和潜力，在自己的特长和兴趣方面多下些功夫。

学科特长、创新潜质、综合素质具体如何体现？一般来说，学科特长除了通过平时的单科成绩来表现，还可以通过学科竞赛来展示；创新潜质涉及的范围相对比较广泛，包括科技创新类的竞赛，以及学术研究所产生的一些作品，如论文和专利等；综合素质主要通过社会实践、志愿服务、文体活动等来展示。

为了进入更好的高校学习，不少学生选择在高中阶段参与学科竞赛，为高考升学做准备，一些表现突出的高中生更是有机会直接入选清华大学、北京大学、浙江大学、上海交通大学等一流高校。

学科竞赛如何发挥优势——以五大学科竞赛为例

序号	影响方面	优势发挥
1	直接保送	五大学科竞赛每年设若干国家集训队。如果能在五项学科竞赛中表现突出，进入国家集训队，就有机会不参加高考，直接获得保送清华大学、北京大学的资格
2	强基计划	强基计划一般包括两类：第一类是综合素质优秀、成绩优异的考生；第二类则是基础学科拔尖，在高中阶段获得全国中学生奥林匹克竞赛（数学、物理、化学、生物、信息学）全国决赛二等奖及以上的学生
3	综合评价	综合评价一般招收综合成绩优秀，以及在高中阶段获得竞赛奖项的同学。部分高校综合评价将竞赛奖项作为报名的必要条件，或将竞赛奖项作为学校测评环节中的加分项。参加综合评价的高校范围较广，不同省份可参与的综合评价高校并不相同
4	高校专项	高校专项计划又称“农村学生单独招生”。勤奋好学、成绩优良的农村考生可以报考高校专项计划。部分高校要求上传省级及以上学科竞赛奖励情况等支撑证明材料。全国近百所高校参加了高校专项计划招生
5	少年班、少创班等	清华大学、北京大学、中科大设立了一些特殊类型的招生计划，这些计划对学科竞赛尤为看重。其中，中科大少年班“创新试点班”选拔条件之一是学科竞赛特长和奖项，尤其是获得数理化生信竞赛省二以上奖项。清华、北大少年班项目，比如北京大学数学英才班、物理卓越计划和清华大学数学英才班、新领军计划，每年招生对象为数学、物理竞赛金牌获得者或有数学潜力、特长的高中生
6	中外合作办学高校或港澳高校	很多中外合作办学高校、香港澳门地区的大学通过提前批招生或者接受考生单独申请，这类学校通常对学生的兴趣特长等格外看重。学校会进行个人材料审核和组织单独测试，学科竞赛奖项等则是考生学科特长优势的有力证明

高中生可以参加的竞赛很多，哪些比赛是比较可信并且值得大家去尝试的呢？教育部2018年制定并印发了《关于面向中小学生的全国性竞赛活动管理办法（试行）》，连续多年开展面向中小学生的全国性竞赛活动评审，并公布了《面向中小学生的全国性竞赛活动名单》。其中，含金量较高并且深受广大高校认可的是五大学科竞赛：数学奥赛（CMO）、物理奥赛（CPhO）、化学奥赛（CChO）、生物奥赛（CNBO）以及信息学奥赛（NOI）。这些大赛高等级奖项的获得者往往会受到名校的特别青睐，学有余力的同学可以重点关注，为成功升学增加筹码。

此外，如果在艺术、体育等方面有兴趣特长的同学，也可以及早关注相关类别的特殊类型招生政策，并根据相应招生要求提前做好准备，增加个人升学的把握和胜算。

三、注重兴趣特长与课内学习的协调

兴趣特长相关的特殊类型招生为考生开辟了不少进入理想高校的升学渠道，但是这些特殊类型招生是否适合每一名高考生？这是需要我们提前思考和评估的。选择时，应充分注重个人兴趣特长与课内学习的平衡、协调，如果锚定了、选准了，就要坚持不懈、坚定不移地走下去。

仍以学科竞赛为例，目前对于是否参加学科竞赛这个问题，主要存在两种相对的观点。一种观点认为，“参加竞赛，高考成绩一定下滑”“竞赛、高考不可两全”。在他们看来，参加学科竞赛意味着占据大量的学习时间、面对与校内外优秀选手比拼的竞争压力、承担比赛可能失败的心理负担等，这些因素与紧张的高中学习氛围交织在一起，对学生身心来说是一种极大的挑战。另外一种观点则认为，“学科竞赛是值得一试的高考升学敲门砖”“学科竞赛会有力推动相关学科的学习”。在他们看来，学科竞赛有利于开发学科兴趣、锻炼学科思维、造就学科特长，一旦通过学科竞赛获得比较好的成绩，就会为高考多一条备选的道路，甚至是提前拿到进入理想大学的入场券。

对此，要从自身实际情况出发，综合考量个人学习能力、竞赛难度、心理预期等因素，围绕是否参加学科竞赛这个问题，从以下几个方面做出思考和回答：首先是“想不想”，其次是“能不能”，最后才是“要不要”。“想不想”，是从个人内心意愿出发，考虑自身是否接受学科竞赛这条途径，对学科竞赛是否有兴趣进行尝试。如果觉得太耗费精力、并无太多兴趣，则不必强迫自己参与；如果对学科竞赛有兴趣接触和尝试，之前有过相关经历，愿意为之投入精力、承担相应压力，则可以考虑参加。“能不能”，是从自身能力水平出发，主要评价标准就是是否学有余力，是否对现有的学科知识掌握牢固，是否希望通过学科竞赛进一步提升学科知识的深度和广度，是否在此之前有过相关学科实践的经历。如果对自己的学科基础和竞赛的内容心中有数，自身接纳程度比较高，则可以考虑参加。“要不要”，即在“想不想”和“能不能”的基础上，综合自身各类因素以及班主任、任课老师、家长等各方意见进行深思熟虑，最终做出符合自己预期、适合自身水平的选择。

总之，高中阶段的学习，要注重全面发展与个性化发展相结合，做到学习成绩和综合素质全面提高，在学习上不能出现“瘸腿”，在能力上尽可能避免短板，为高考升学和未来发展打下坚实基础。对于是否参加学科竞赛，是否选择艺术类、体育类特长路线等问题，则要秉持“量力而行、尽力而为”的原则，认真分析每年最新的高考政策要求，客观评估自身的能力水平，在不同的招生考试类型中选择合适的路径，毕竟适合的才是最好的。

【生涯实践】

◎我的生涯探索一

高中生应具备的综合能力

综合素质的培养是高中生涯规划的重要组成部分，高中生应该具备怎样的能力才能更受高校青睐？下表中列出了高中生应具备的部分综合能力。

序号	项目	项目内涵	自我评价
1	学习能力	自主学习、掌握基础、科学规划	☆☆☆☆☆
2	思维能力	逻辑思维、开放思维、规划思维	☆☆☆☆☆
3	表达能力	多维观察、有效练习、制造机会	☆☆☆☆☆
4	实践能力	动手操作、实践验证、实践反思	☆☆☆☆☆
5	抗压能力	正视压力、心态调节、自我疏导	☆☆☆☆☆
6	其他		

做一做：

1. 请结合表格列出的各项能力，给出相应的自我评价。

2. 思考你眼中的高中生还应该具备哪些重要的能力，请在表中的“其他”栏填写。

◎我的生涯探索二

什么样的孩子适合学科竞赛

S级学生：学科基础扎实，思维灵活，爱钻研，能举一反三，解决难题的能力超强。S级学生也就是我们常说的学科尖子生。这类学生大多从初中，甚至小学就开始搞竞赛，且已经提前学习高中课内知识，这样就为高中竞赛打下了坚实的基础。这类学生，经过系统的竞赛学习和培训，有能力冲击金牌，争取保送资格。

A+级学生：学科基础扎实，思维比较灵活，但举一反三、解决难题的能力稍弱。这类学生，经过系统的竞赛学习及培训，有能力冲击高联省一等奖及以上，争取获得名校录取优惠政策。

A级学生：学科基础比较扎实，但思维不够灵活，解决难题的能力较欠缺。他们经过系统的竞赛学习及培训，有能力在高联中获奖，同时配合课内成绩，争取获得名校录取优惠政策。

（某高中有关学科竞赛的经验分享）

试一试：

结合上述某高中有关学科竞赛的经验分享，请客观评价自身实际，为自己做一次“学科竞赛”选择评估。

1. 评估可从“想不想”“能不能”“要不要”三个维度展开。

（1）“想不想”：________________

（2）“能不能”：________________

（3）“要不要”：________________

2. 你是否有从艺术类、体育类等方面规划自身升学路径的考虑？为什么？

【生涯小结】

1.“陡坡效应”可能是高中生成长路上的一时困扰，但并不是我们进步路上的借口或拦路虎。“陡坡效应”其实是一种“警示预告”，是一种“温馨提醒”。如果我们能够早点意识到“陡坡效应”的存在，了解其背后的原因，并且采取有针对性的举措进行预防，从初中到高中路上的“坎坷”一定会更少些。

2.“学科差异”是学生进入高中后遇到的必然现象。从初中到高中，我们的学习方式要从依赖班主任、任课老师手把手的指导转变为日渐独立的思考和行动。了解学科差异的细节，有助于及早调整学习观点和方法，及早适应高中紧张的学习生活。当然，从了解学科差异到寻找到应对初高中学习差异的方法和策略，需要我们对每一门课充满热情，给予相当的重视，避免差异对待不同学科导致的学习成效差异。

3. “综合素质”是高中生必须重新认识的话题。高中不仅有课内学习，还有课外学习；高中不仅有学习，还有实践；高中不仅有学习和实践，还有综合素质和综合能力的提升。高中阶段培养的是全面发展而富有个性的学生。如果学有余力、兴趣浓厚，不妨给自己及早规划一条既能发挥潜力特长，又能圆梦大学的升学路径。

【生涯展望】

问：初中和高中有哪些方面的差异？你觉得“陡坡效应”该如何克服？

答：＿＿＿＿＿＿＿＿＿＿＿＿＿＿＿＿＿＿＿＿＿＿＿＿＿＿＿＿＿＿

问：在学科方面，哪一科的初高中差异最大？你打算如何应对这些差异？

答：＿＿＿＿＿＿＿＿＿＿＿＿＿＿＿＿＿＿＿＿＿＿＿＿＿＿＿＿＿＿

问：如何看待高中生的全面发展和个性化发展？你是如何规划自己的全面发展以及个性化发展的？

答：＿＿＿＿＿＿＿＿＿＿＿＿＿＿＿＿＿＿＿＿＿＿＿＿＿＿＿＿＿＿

【生涯资讯】

· 图书类

比尔·布莱森《万物简史》

推荐理由：

结合科学史上的重大发现，本书以故事的形式勾勒了人们认识宇宙、探索万物的科学历程，再现了科学发展史上激动人心的一幕幕画卷。从宏观的宇宙大爆炸学说建构，到微观的夸克粒子理论创立；从万有引力定律的发现，到爱因斯坦相对论的诞生；

从莱尔地质渐变理论的形成，到板块构造学说的完善；从达尔文生物进化学说的提出，到人类基因工程的实施；从冰川理论的出现，到全球气候变暖问题的探讨……引领读者进入天地万物的深处，将人们带向一种更开阔的精神境界中去。

天地出版社“西南联大通识课”系列图书

推荐理由：

西南联大的通识教育深刻地影响了中国的一代学者，为他们所创造的成就奠定了深厚的基础。本书通过在西南联大担任过教授的15位大师的优质文章，从多个角度呈现西南联大通识课的面貌，展现西南联大的学术风采，以及朱自清、陈寅恪、闻一多等诸位大师的教学风格和人格修养。从这些文章中，我们不但能看到大师们对于学问的认真，对于教育的坚持，还可以在这些文字后面看到大师们在时代剧变中始终屹立不倒的身影。

冯友兰《中国哲学简史》

推荐理由：

本书根据作者1947年在美国宾夕法尼亚大学的讲稿整理而成。它讲述了中国哲学的发展历史及有关问题，打通了古今中外的相关知识，在有限的篇幅里融入了对中国哲学史的见解、对哲学问题的思考，是史与思的结晶，充满了人生的智慧与哲人的洞见。本书在世界各地有数种译本，一直是各大学中国哲学史的教材，也是一本了解中国思想文化的入门书，颇有世界影响。它对当今的读者，同样不失为教益极大的文化经典。

· 影视类

电视剧《少年派》

推荐理由：

该剧主要围绕着四个家庭，讲述了家庭成员迎着阳光风雨努力奋斗，最终收获成长的故事。从初入高中的紧张兴奋到携手跨过高考大关，四位少年在高中三年生活中除了面对高考，还遭遇了友情的危机和各自家庭的烦恼……四个家庭在经历了变故与波折后，找到了各自的方向，收获了成长。

· 政策类

教育部办公厅关于公布2022—2025学年面向中小学生的全国性竞赛活动的通知（2022年9月27日）

推荐理由：

自2018年教育部制定印发《关于面向中小学生的全国性竞赛活动管理办法（试行）》后，教育部连续四年开展面向中小学生的全国性竞赛活动评审，并公布竞赛活动名单。2022年3月，教育部等四部门联合印发修订后的《面向中小学生的全国性竞赛活动管理办法》，2022 年 9 月，教育部办公厅发布《2022—2025 学年面向中小学生的全国性竞赛活动名单》，竞赛活动清单每三年动态调整一次。2025 年将开展下一轮次（2025—2028 学年）的竞赛申报及评审。尽管竞赛以及竞赛产生的结果不得作为高考加分项目，但是竞赛活动对挖掘学生特长爱好、激发学生学习兴趣很有帮助，对于学有余力且想通过综合评价、强基计划等路径升学的同学来说，可以重点关注。

模块三

高中愿景——我的高中生活应该如何度过

【生涯格言】

世界上最快乐的事，莫过于为理想而奋斗。

——苏格拉底

【关键词】

适应高中新生活

【思维导图】

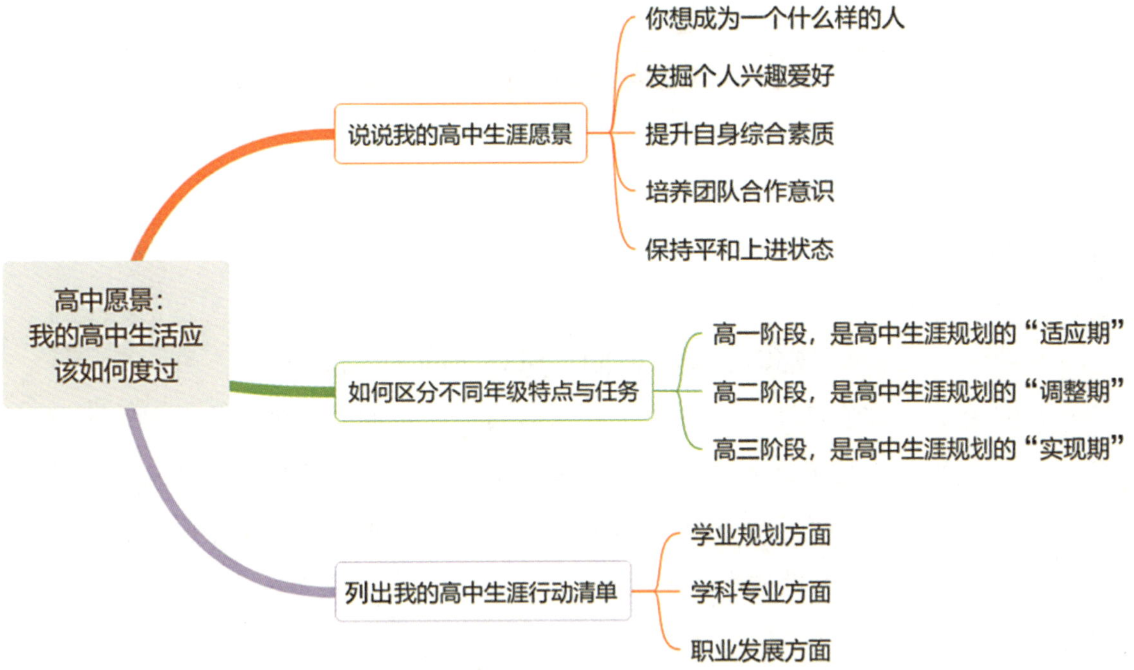

【我的生涯困惑】

在表格中写下你在高中适应方面遇到的困难、疑惑，或者是你目前遇到的问题、难点。待我们学完本模块课程内容后再来回顾：这些困惑或难题都解决了吗？

序号	我的生涯困惑	紧迫程度
1		☆☆☆☆☆
2		☆☆☆☆☆
3		☆☆☆☆☆
4		☆☆☆☆☆
5		☆☆☆☆☆

紧迫程度：最紧迫程度为五颗星，可以根据实际情况将☆填满颜色。

第一节　说说我的高中生涯愿景

【生涯故事】

“嫦娥之父”欧阳自远院士的人生抉择

1952年，欧阳自远参加了新中国成立后的第一次高考。填报志愿时，家里想让他学医，他自己想学天文，但那时国家要发展重工业，而发展重工业就需要找到矿产资源，因此，“唤醒沉睡的高山，寻找出无尽的宝藏”成了当时最激动人心的口号。成绩优异的欧阳自远也被这句口号打动了，于是第一志愿填报了北京地质学院。

1957年，苏联发射了人类历史上第一颗人造地球卫星。当时正在攻读矿床学专业研究生的欧阳自远敏锐地认识到，尽管新中国还没有能力开展空间探测活动，但中国总得有人思考这些问题。

从此，欧阳自远把研究视野转到地球之外，开始全力以赴从事月球研究工作，最终成为中国探月工程的首任首席科学家，成功推动中国第一颗探月卫星“嫦娥一号”的发射升空，指导了中国月球探测的近期目标与长远规划的制订，被誉为中国的“嫦娥之父”。

【生涯点拨】

谈到高中的生涯愿景，很多人第一时间会说：“当然是考一所好大学、上一个好的专业啦！”这样的“愿景”很现实也很重要。然而现实的“愿景”对高中生有哪些方面的能力素质要求，“愿景”背后需要做出怎样的努力，远比“愿景”本身更重要。

高中是我们迈向大学的最后一级阶梯，当然也是最关键、最不容易登上的一级阶梯。“我是谁？我要成为一个什么样的人？我期望的高中生活是什么样的？”这样的问题对大家来说，似乎变得更加重要且无法回避，每个人的回答不尽相同。

那现在不妨来仔细想一想，你期望的高中生活是什么样的，你在其中又会扮演什么样的角色？让我们一起来看一位同龄人小Q写下的“我的高中愿景”吧。

什么是愿景？

愿景是向日葵迎着太阳的笑脸，每一张都绽放着生命信息的光芒。

愿景是感动时落下的泪滴，每一颗都包含着心底最真挚的感触。

老鹰有它的愿景：翱翔在蔚蓝色的天空中，永远无畏地俯瞰大地。

鱼儿有它的愿景：沉浸在清澈的碧水里，永远自由地亲吻岸边。

小鸟有它的愿景：穿梭于静谧的森林间，永远快乐地歌唱美好。

不要因为挫折失败而惧怕困难，不要因为美梦醒后的失望而放弃生活，不要因为烦乱的生活而感到茫然，因为希望就在手掌上，愿景就在心里。

一、你想成为一个什么样的人

小 Q：随着初中生活的结束，我即将踏入高中的大门。高中，是我人生中的一个新起点，也是我实现梦想的舞台。在这个阶段，我有着自己的高中愿景，希望通过努力和奋斗，成为一个全面发展、有才华的人，在高三毕业的时候，能够进入自己理想的大学和专业学习。

我希望能够拥有广博的知识储备、扎实的基础知识，并能够在各个学科中有所突破。我会充分利用学校提供的资源，积极参与各类学术竞赛和科研活动，不断提高自己的学术水平。同时，我也会注重培养自己的实践能力和创新精神，积极参与各类社团和实践活动，锻炼自己的团队合作能力和领导才能。

"成为一个什么样的人"似乎是一个哲学问题，对进入高中后的学生来说却是一个现实问题。高中三年的时间很短，拥有什么样的愿景目标直接影响了个人的努力方向和前进动力。你未来的职业理想是什么？你想为国家和社会做出怎样的贡献？现阶段想要进入什么样的大学和专业？这些大学和专业大概需要什么样的学习成绩和素质要求？志当存高远，人无志而不立。初进高中，明确自己的志向和目标，未来将一切皆有可能。

二、发掘个人兴趣爱好

小 Q：我希望在高中能够发掘和培养自己的兴趣爱好。我会积极参加学校举办的各类兴趣社团和俱乐部，发掘自己的潜力和兴趣所在。无论是文学、音乐、体育还是美术，我都会尝试并努力成为其中的佼佼者。我相信，通过兴趣爱好的培养和发展，我能够更好地认识自己，并且能够丰富自己的人生阅历。

高中生活不仅仅是学习的过程，更是一个丰富多彩的探索阶段。这个阶段，需要我们发现和培养自己的兴趣爱好，为未来的全面发展打下基础。兴趣可以引导个人更加深入地去了解一门学科、一个领域。有了兴趣，在未来选择大学和专业的时候就会更具有针对性，而不是人云亦云、茫然不知所措。

三、提升自身综合素质

小 Q：我希望在高中能够积极参与社会实践活动。高中不仅是一个学习的场所，更是一个社会经验的积累地。我会积极参与各类社会实践活动，如志愿者活动、社区服务等，了解社会问题，培养社会责任感和公民意识。我相信，通过实践，我能够更好地了解社会，拓宽自己的视野，为未来的发展打下坚实的基础。

什么是综合素质？它是未来职业长远、可持续发展的重要前提。高中阶段不仅有课堂、考试，还有供个人全面发展的实践提升空间，比如学科竞赛、班团活动、志愿服务等。我们一定要充分利用学校的资源和平台，努力平衡紧张的学习与各类实践活动，做到合理规划和安排，在解决学科实际问题和服务老师、同学中提升自身综合素质。

四、培养团队合作意识

小 Q：我希望在高中能够有一个属于自己的团队，培养自己的领导才能。作为一个追求卓越的人，我相信团队协作和领导才能在未来的人生道路上将起到重要的作用。我会积极参与学校组织的各类活动，争取担任班级干部或学生会干部，锻炼自己的组织能力和领导才能。通过参与团队的工作，我希望能够为同学们发声，帮助大家解决困难，为大家营造一个良好的学习和生活氛围。

高中生活中，我们将结识很多新同学，建立新的友谊。朋友相伴是前进路上不可或缺的力量和支持。在面对困难和挑战时，同学之间可以互相鼓励和帮助，共同成长。如果在创新比赛和实践活动中有机会成为团队负责人，还可以进一步提升组织领导能力。要学会团队合作，激发团队每个人的潜能，因为团结协作有助于团队目标的实现，也是团队成员共同前进的关键。

五、保持平和上进状态

小 Q：在高中，我一定会为梦想而拼搏。只有努力奋斗，充分发挥自己的优势，才能够在高中的舞台上展现自己的才华和潜力。我坚信，在高中的三年里，我会成为一个更好的自己，为实现梦想迈出坚实的步伐！

高中是一个非常充实而因此让人感觉“漫长”的阶段。无论是在学习上还是在生活上，大家都有可能面临各种各样的困难和挑战。但是请记住，无论困难和挑战如何，我们都要保持开放、包容的心态，培养勇敢、担当、坚韧、自信等核心素质，从容、平和、乐观、积极地去面对高中阶段。相信你一定能找到适合自己的学习节奏和生活方式，收获属于自己的荣耀时刻。

越努力，越幸运。在高中这个新的起点上，让我们共同努力，共同成长，充分挖掘自己的潜力，勇敢追逐梦想，为未来的自己而奋斗。

【生涯实践】

◎我的生涯探索一

互动游戏：抓抓我的高中

【阅读材料】

青春是一段充满魅力和诗意的时光，孕育着无限希望。

高中是一扇无形的门，当你跨入高中的门槛时，总有几分对往日的怀念；高中是一座神圣的宫殿，当你走进青春的殿堂，总有一丝对未来的憧憬。高中总是充满生机与活力，我们用真诚广结好友，品味友谊；高中总是充满梦想与追求，我们用坚强努力拼搏，实现梦想。

【游戏规则】

1. 本游戏需要至少三人一起参与。邀请你的同学或朋友一起，每个人都伸出双手，右手成掌，左手握拳并伸出大拇指；以左手拇指顶住旁边一位同学的右手掌。

2. 另找一名同学或朋友朗读材料。每当材料中出现“高中”时，右手设法抓住右侧人的拇指，左手应设法逃掉。

【活动分享】

1. 活动中，你的感受是怎么样的？

2. 现实生活中，你对高中生活的感觉如何？有什么打算？

◎我的生涯探索二

写写我的“高中生涯四度”

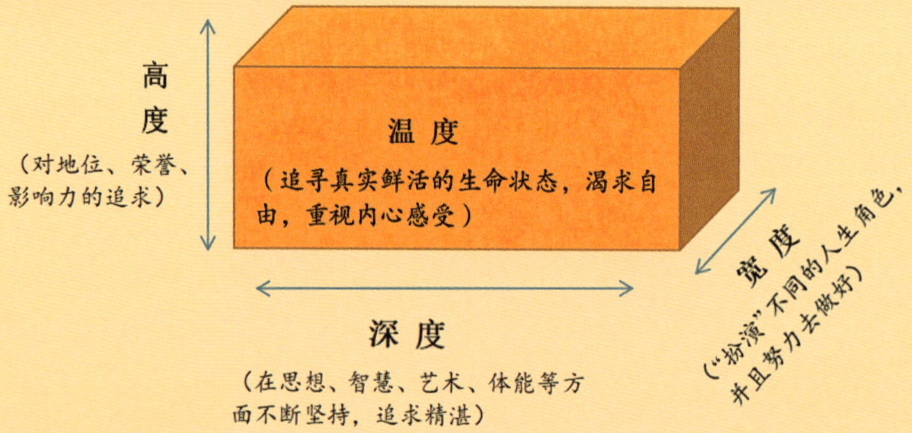

“生涯四度”理论模型

在生涯领域，有一个“四度”理论模型，“四度”具体是指生涯高度、生涯深度、生涯宽度和生涯温度。其中，生涯高度指一个人在社会中能够追求到的地位、荣誉与影响力；生涯深度指个人在思想、智慧、艺术、体能等方面达到的卓越与精进程度；生涯宽度指我们能够“扮演”并做好多少个不同的人生角色，让它们丰富又相互平衡；生涯温度指我们对生命的热度，对生活怀有热爱与激情的程度，能在多大程度上活出自己的本来面目。

做一做：

1. 写写我的关键词

请在下表中写下“理想的高中生活”的关键词，这些关键词应能体现在学习、生活、志愿服务、校园活动、学科竞赛等领域的不同目标和愿景。

“理想的高中生活”的关键词

2. 关键词分类

对照“生涯四度”理论模型，请将写下的关键词按照四个维度分类。

“理想的高中生活”的关键词（分类后）

高度	深度	宽度	温度

参考案例：

高度	深度	宽度	温度
成绩突出	坚持	志愿者	幸福
考上好大学	痴迷	社团活动	自由
追求第一	极致	友情	热爱生活
获奖	专家	子女	温暖
……	……	……	……

3. 评价一下自己在“生涯四度”各个维度的现状，对照个人理想的高中愿景和状态，思考如何缩小现实与理想的差距、可以采取哪些具体行动。

高中生涯四度：现实与理想状态的差距

维度	现在的状态	理想的状态	具体行动（缩小现实与理想的差距）
高度			
深度			
宽度			
温度			

第二节　如何区分不同年级特点与任务

【生涯故事】

放弃清北，成为一名翻译官

张京从小便对英语产生了浓厚的兴趣。在父母的引导和支持下，她除了在学校课堂上认真学习完成老师布置的功课，还特别注重课外的英语练习。后来，她考上浙江省重点中学杭州外国语学校。正当所有人都以为她会报考清华北大时，张京却做了一个让人吃惊的决定：放弃清北，选择去外交学院。因为她一直有一个远大的理想，就是希望成为杰出的外交翻译官，自己有一天可以代表中国，面向世界发出“中国声音”。毕业后，张京被外交部录用，成为一名外交部翻译司的高级翻译，多次亮相全国两会等重要会议活动，2021 年还担任中美两国高层的战略对话会中方翻译官，准确、鲜明地传达了中方的态度和立场。

【生涯点拨】

高中生处于生涯发展的探索期，即寻找适合自己的发展领域，发现自己的特长潜能，逐步明确个人生涯发展方向的重要阶段。高中的不同年级，其学习特点、学习任务各不相同，高中生涯发展的阶段目标和任务也不尽相同，主要分为适应期、调整期和实现期三个阶段。

高一阶段，是高中生涯规划的“适应期”。同学们对新高中生活充满憧憬，甚至抱有不切实际的诸多幻想，对高中生涯的规划偏理想化，同时也有对新环境的不适感，在遭遇挫折（比如第一次考试表现不佳）后容易陷入迷茫。因此，高一年级的同学需要积极适应环境，认识自我，调适自我，确立合理的目标，在学习过程中了解自己的学科兴趣、学科实力以及其他个人爱好，了解高考政策，为高考选科、升学选择（是否参加强基计划、综合素质评价等）做出初步的规划。

高二阶段，是高中生涯规划的“调整期”。在经历高一的适应期之后，从高二开始要对个人高一阶段规划实施的成效进行评估，并相应调整计划、目标，启动全方位的高三升学准备工作。这一阶段学科学习任务、素质拓展任务更重，需要同学们把握机会，发展自我、探索自我。对高二同学来说，最大的挑战是时间管理，因为学业考试、学科竞赛、社会实践、职业体验、大学游学等各项任务都在这一阶段全面展开，完成这些任务的质量与效率将直接影响到高三升学目标的实现。

高三阶段，是高中生涯规划的"实现期"。高三对于高中生来说，是实现升学目标的关键一年，也是考试最多、选择最多的一年，高三同学要学会从多元选择中找到适合自己的升学路径（传统高考、强基计划、综合素质评价录取、境外高校招生、高职单招等）。这一年的学习、生活，都围绕升学展开，学生会接连迎来综合评价招生申请、高考选考科目等级考、统一高考，高考后的综合评价笔试、面试以及高考成绩公布后的志愿填报……同学们必须结合自己的实力、兴趣和当年高考政策，做出理性规划。

高中三年，每一学年在阶段目标、生涯探索、生涯准备等方面都不尽相同，下表列出了不同阶段的生涯任务，以便同学们及早规划和提前准备。

高中不同阶段的生涯任务

时期	阶段目标	生涯探索	高考链接	生涯准备
高一：停、看、听——稳扎稳打阶段	了解各学科特点与学习方法，夯实学科基础能力，培养良好的学习态度和读书习惯，学会时间管理、资金管理和自我约束。认识新同学，建立良好的友谊。寄宿制下，学会必要的生活技能，和新室友融洽相处	了解自己在各学科的学习状况和发展潜力，逐步确定选考科目，了解自己的兴趣、能力、性格、价值观等	了解高考改革信息，了解学考、选考政策，了解高校多元入学渠道，了解学考、选考安排及本校历年升学情况	建立个人生涯档案，积累大学、专业、职业以及自我探索的方法，积累参加校内外活动经验与担任班干部的经验，保存各项活动的证书、奖状
高二：多元化——尝试选择阶段	确定选考科目与适应学习难度升级，做好学考、选考科目的精力分配。应对考试焦虑及分班后的人际适应，异性交往的困惑及亲子关系	完成选考科目的确定与调整，了解自己感兴趣的大学院系、专业、职业	查阅招生简章、确认个人条件与专业选择方向，初步选择适合自己的高考入学渠道	积累各类活动比赛获奖证书或资料证明，积累意向大学专业、职业的调研资料，建立各类能够为自己提供意见参考的生涯支持
高三：冲刺期——静心筑梦阶段	兼顾学业水平考试、选考科目考试及其他课业，面对学考、选考结束后学习科目减少的情况，调整学习方法，做好考前、考后的心理调适，尽可能提升学业成绩	了解决策方法和策略，进行人职匹配，确定大学、专业填报的方向和范围，制定符合自己生涯规划的实践方案	关注高考招生简章，确定高考入学渠道，了解志愿填报的方法，选填适合的志愿	关注各类升学路径的时间节点，对照相关招生要求梳理各类证明材料，做好每次材料提交、面试复试等的复盘总结

【生涯实践】

◎我的生涯探索一

学科选择的烦恼

高一快结束了，选科将近，安然的内心也着急起来了。她喜欢理科，但化学偏偏学得很差，物理、生物成绩一般偏上，也不是很有优势。她的历史成绩倒是很好，家长建议她将来读师范，做个历史老师，说女生的职业最好是轻松稳定的。安然不想放弃优势科目，所以考虑选择历史、生物，再选一门地理。可大家都说两文一理不好，而且她对地理不是很感兴趣。她去找学姐帮忙，学姐告诉她：即使成绩不是特别好，兴趣也是真正的动力，选自己喜欢的学科才是最重要的，何况很多专业都对物理学科有要求，不该放弃物理……安然选来选去，越来越迷茫。学校最近准备再组织一次选科就分班了，她心急如焚，不知道该怎么办了。

想一想：

1. 安然选科的烦恼是什么？
2. 你觉得使她无法做出决策的原因有哪些？
3. 你认为应该在哪个阶段确定学科选择？为此应该提前做哪些准备？

◎我的生涯探索二

面对学业压力，如何缓解

1. 合理接受法。学会接纳自己的情绪，不要把考试焦虑看得太重，而是把它看作一种正常的心理反应。在练习中也不要过度因错误而感到焦虑，因为我们的成绩会受到题型、睡眠及专注状态等多种因素的影响，所以不必过分关注此时的分数，重点是在这段时间里巩固知识点、查缺补漏。

2. 适当宣泄法。当感觉自己有负面情绪积压时，可以找到适合自己的、安全的方式，宣泄内心的紧张、愤怒和不安。可以把情绪写在纸上，然后把纸撕碎、扔到垃圾桶里；可以唱歌、大喊，甚至在必要的时候一个人大哭一场。千万不要认为哭泣是懦弱的表现，流泪本身就是一种情绪的宣泄和放松方式，有益于心理健康的维护。

3. 自我暗示法。面对考试压力时，不妨闭上眼睛，多次做均匀的深呼吸，然后告诉自己“考试一定会顺利”“一切都在向好的方面发展”“我已做好充分准备，会考出好成绩”。这样可以缓解呼吸加快、心慌、冒冷汗等焦虑反应，让自己平静下来，不至于对考试太过惶恐。

4. 劳逸结合法。要学会调适自己的情绪和心态，不能只是一味地学习，而应找到一种适合自己的放松方式作为空闲时间的排遣，比如和同学聊聊天，去操场散散步，等等。通过科学地安排学习时间、适时地娱乐，及时排除心理压力，使自己保持头脑清醒、精力充沛的状态。

5. 充足睡眠法。科学研究表明，如果 18 个小时没有入睡，人类的反应时间将从 0.25 秒变为 0.5 秒并继续延长。因此，对于高中生来说，“挑灯夜读”反而会使学习效率降低。只有调整好生物钟，保证充足的睡眠，才是克服焦虑情绪、调整状态、从容应考的有效方法。

问一问：

1. 高中学习阶段，你是否有压力？如果有，你的压力来源是什么？

2. 针对如何缓解压力，你有什么好的方法与同学们一起分享？

第三节　列出我的高中生涯行动清单

【生涯故事】

借助生涯探索成就更好的自己

杨婧在高一生涯规划课程中，借助自我探索的内容，了解到自己的职业兴趣为S型（社会型）和E型（企业型），MBTI职业性格更偏向于ENTJ型，即外向+直觉+思考+判断。经过思考，她认为这些结果比较符合自身特点，将初步的发展方向定位于法律、管理学及金融等专业领域。接下来的时间里，她参与了校学生会成员的竞选，并于高二学年成功当选校学生会副主席；加入学校“清风”辩论社，代表学校参加了“胜利杯”省中学生辩论赛，极大地提升了自己的表达能力、语言组织能力和临场表现力。

大学毕业之后，她在回忆高中生活时写道：“不要管以后你的梦想能不能实现，能实现到什么程度，目标和计划是一定要有的，因为努力拼搏的过程就是一个完善自己的过程。未来的你一定有机会用到你现在学习积累到的一切。”

【生涯点拨】

新高考改革实施后，我们该如何应对新政策新要求？这是学生和家长都非常重视的问题。按新高考的要求，同学们从高一开始就要对自己的未来做出基本设想。然而实际上，很多同学都处在“被规划”的生活状态，没有想过今后要怎么规划好自己的生活。如果只想着提高成绩却不去思考为了什么提高学习成绩，学生就容易陷入迷茫。

那么，高中生该如何规划自己的学习和生活，列出生涯行动清单呢？以下从学业规划、学科专业、职业发展等方面，为大家提供一些思路。

一、学业规划方面

学业规划主要指高中阶段的学业安排，是所有未来规划实现的基础。除了日常学科学习的安排，学业规划还包括高考选科，学考、选考的具体安排，高考的方式选择与前期准备等。想要进入好大学、好专业，除了高考裸分升学，强基计划、综合评价等自主选拔途径也是非常好的升学路径选择。因此，同学们在高中阶段应该提早规划自身的升学发展路径，找到适合自己的录取方式。

面对学习，要始终保持一种咬定青山不放松的坚韧。在这场历时三年的马拉松长跑中，天赋、资质从来都不是最重要的。有天赋只能代表一时的领先，却并不意味着一定能笑到最后。同学们要做好时间管理，对个人时间"精打细算"，做到平时行动雷厉风行、决定后不拖泥带水。学校放假期间也不应过于放松自己，而要制订相应的紧凑的学习计划。保持心如磐石般的毅力，不因学习内容与兴趣不符而掉队，不因学习内容困难而自弃，也不因散漫懈怠而蹉跎，最后的收获必然都在情理之中。拥有良好的心态，不仅可以让自己在考试中充分发挥应有的实力，也可以让自己更快地从失败的阴影或成功的骄矜中走出，令学习事半功倍。

高中生涯行动清单——学业规划

序号	生涯行动（举例）
1	总结一套属于自己的有效学习方法（高效学习）
2	构建一个成体系的错题本系统（纠错补差）
3	每学期至少读 10 本好书（涵盖若干领域，每个领域精读一本好书）
4	告别"三闲"（闲话、闲思、闲事）
5	坚持"四清"（堂堂清、日日清、周周清、月月清）

二、学科专业方面

新高考改革后，高一学生就要开始思考专业问题，因为学科和专业直接挂钩，专业还与职业密不可分。想要选择适合的学科专业，就必须充分了解自身的特点，包括爱好、能力和性格。一般来说，内向的同学在研究中会更深入一些，而外向的同学在社会工作中更能发挥特长；感觉型的同学能更好地应对比较繁杂的日常工作，而直觉型的同学想象力更强，在创新方面更具优势。有艺术素养的同学，在未来专业的选择中更能发挥优势：一方面，学生可以报考一些艺术类专业；另一方面，艺术特长在一些普通类专业也非常重要，如建筑学、风景园林、工业设计、服装设计与工程、数字媒体、广告学、木材科学与工程、印刷工程等。

高中生涯行动清单——学科专业

序号	生涯行动（举例）
1	培养一个兴趣领域（可与未来高考和职业发展相关）
2	努力获得一次重要的奖励（涉及学科、科技、艺术、社会服务等）
3	发表一篇文章（可以是报纸杂志或学校作文、论文集）
4	利用寒暑假到自己喜欢的大学转一转（参观和访谈结合）
5	关注阳光高考网、省考试院及高校网站动态（学校特色、优势学科专业）

三、职业发展方面

部分同学在学科选择和填报志愿时往往受家庭和社会的实用主义观念影响，关注最多的不是未来的发展，而是薪酬、升职等利益问题，倾向于选择一些热门专业。其实这些热门专业未必是热门职业，而且等毕业的时候这些专业是否还热门也是未知数。那么，如何更加合理地确定职业发展方向呢？这需要大家找到“想从事的职业”和“能从事的职业”这两者的最佳结合点。

能否选择一个适合自己的发展方向，关系到未来个人对职业道路和人生价值的探索。要想找到适合自己的发展方向，首先要对自己有足够的了解。可以通过参加各类活动、社团和学科竞赛，发现自己的兴趣所在。其次，在了解自己的基础上，要关注职业发展趋势，把握社会需求。选择一个有发展前景的行业，将有助于在未来的职场中脱颖而出。可以通过阅读相关书籍、参加讲座、访问职业规划网站等途径，了解各个行业的发展状况和就业前景。同时，关注国家政策和社会热点，了解未来可能涌现出的新兴产业和职业。最后，在确定一个感兴趣的行业后，要深入了解这个行业和相关的职业。了解行业的工作内容、工作环境、职业发展路径等，有助于学生判断这个行业是否真的适合自己。可以通过实习、兼职、参观企业等方式，近距离接触目标行业，积累实际经验，也可以与已经在该行业工作的人士交流，了解他们的经验和心得，为自己的职业选择提供参考。

高中生涯行动清单——职业发展

序号	生涯行动（举例）
1	为自己做一份 5 年的生涯规划（包含学业、职业等）
2	培养一项体育爱好（打算长期坚持和锻炼）
3	与高中老师和同学保持良好关系（经常交流）
4	了解行业发展状况和就业前景（包括未来新兴产业和职业）
5	与父母经常聊聊职业发展的话题（选科、专业、职业发展等）

【生涯实践】

◎我的生涯探索一

制定我的高中生涯行动清单

写一写：

请在表格中填写自己打算在高中阶段完成的事项，要求填写内容具体化、可执行，有明确的完成期限和详细、可量化的指标。

我的高中生涯行动清单

序号	类别	生涯行动	完成期限
1	学业规划	1. ______ 2. ______ 3. ______ 4. ______ 5. ______	
2	学科专业	1. ______ 2. ______ 3. ______ 4. ______ 5. ______	
3	职业发展	1. ______ 2. ______ 3. ______ 4. ______ 5. ______	
4	其他		

◎我的生涯探索二

评估我的高中生涯行动清单

做一做：

1. 和你身边的小伙伴们讨论一下：你认为“高中生涯行动清单”中最重要的三个任务分别是什么？完成这些任务对未来发展会起到什么样的作用？

任务 1：________________ 对未来的作用：____________________

任务 2：________________ 对未来的作用：____________________

任务 3：________________ 对未来的作用：____________________

2. 如果没有完成上述任务，会对未来造成哪些影响？

影响 1：____

影响 2：____

影响 3：____

【生涯小结】

1. “生涯愿景”是人们心中有关未来工作、生活的意向或景象。它根植于个人的价值取向和内心渴望，得到个体的深度关切，具有感召人心的力量。高中生涯愿景是每个高中生的前进目标和发展方向，具有重要引领作用。

2. “区分不同年级特点与任务”的原因在于，高中整体呈现知识量增大、理论性增强、系统性增强、综合性增强、能力要求增加的“五增”趋势，且不同年级侧重点不同。高一是高中阶段乃至终身发展的基石，打基础至关重要，切忌好高骛远、贪多求全；高二是承上启下的一年，同学们一方面在自己思考、理解的基础上接受知识，另一方面通过自学主动获取知识；高三则是实现飞跃的一年，同学们既要在融会贯通中强化基础，又要在思维训练中提升能力，还要在潜移默化中提升素养。

3. “高中生涯行动清单”其实就是在高中生涯目标指引下的具体行动。这些行动必须可执行、可操作、可量化，而不是墙上挂挂的“纸面文章”。

【生涯展望】

问：曾经你想成为一个什么样的人？现在呢？将来呢？

答：____

问：你的高中生涯愿景是什么？为了实现这样的愿景，你将从哪些方面去做好自己？

答：____

问：在实现高中生涯愿景的过程中，你有哪些可以利用的资源和支持？

答：____

【生涯资讯】

· 图书类

梁岩涛《等你在清华》《等你在北大》

推荐理由：

考入清华北大，在风景秀丽的清华园、未名湖畔求学，是每个学子梦寐以求的理想。这套书从学习方法、奋斗历程、激扬青春等几个角度剖析高考强者的制胜法宝，其中不乏各省高考状元的看家本领。无论你是未跨入高考“门槛”的初中生，还是迷茫的高一、高二学生，都能从中获益。在书中，考入清华大学或者北京大学的百余位学子倾囊相授学习方法、考试技巧，在追逐梦想的路上，他们比你先行了一步，于是他们回过身，微笑着拉你一把。

· 影视类

纪录片《神奇的费曼先生》

推荐理由：

“这个世界上曾有那么多优秀、高尚的科学家出现过，用自己的学识和正直重新定义了整个宇宙。”费曼先生作为一名理论物理学家，一向特立独行，他所具备的不是“抽象思维”，而是非常生动的“形象思维”，而这正源于其童年时受到了父亲的引导和教育。这是一部值得观看的纪录片，它给你带来的绝不仅仅是理科知识，更是一种非常宝贵的学习态度。

· 政策类

教育部关于加强和改进普通高中学生综合素质评价的意见（2014 年 12 月 10 日）

推荐理由：

综合素质评价是对学生全面发展状况的观察、记录、分析，是发现和培育学生良好个性的重要手段。一般来说，综合素质评价的作用有如下几个：一是促进学生认识自我、规划人生。二是促进学校转变人才培养模式。三是改变以考试成绩为唯一标准的做法。特别值得考生和家长关注的是，不少高校在招生录取时，也会将综合素质评价作为重要参考。

第三篇

自我探索

（自我认知）

模块四

自我认知——你了解真正的自己吗

【生涯格言】

知人者智，自知者明。
胜人者有力，自胜者强。

——老子

【关键词】

自我认知的方法与工具

【思维导图】

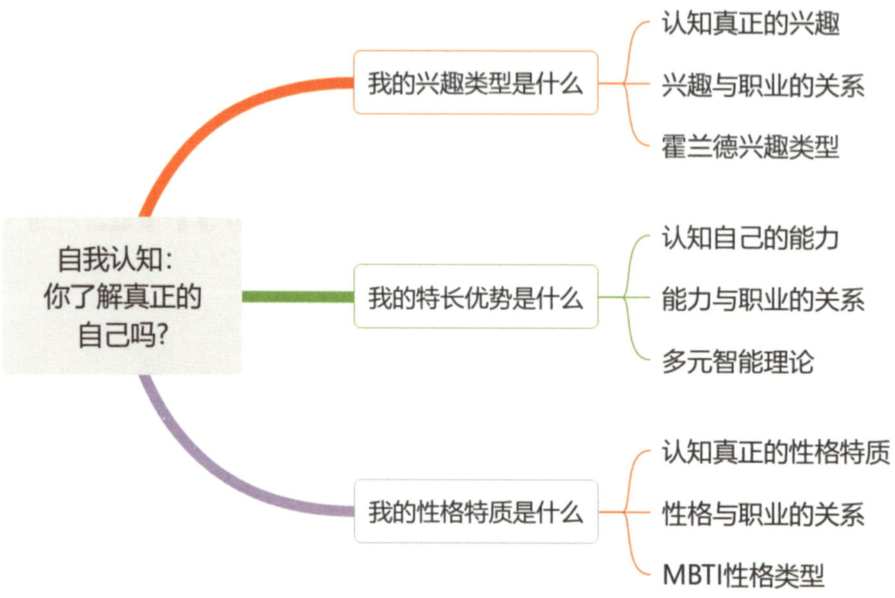

【我的生涯困惑】

在表格中写下你在自我认知方面遇到的困难、疑惑，或者是你目前遇到的问题、难点。待我们学完本模块课程内容后再来回顾：这些困惑或难题都解决了吗？

序号	我的生涯困惑	紧迫程度
1		☆☆☆☆☆
2		☆☆☆☆☆
3		☆☆☆☆☆
4		☆☆☆☆☆
5		☆☆☆☆☆

紧迫程度：最紧迫程度为五颗星，可以根据实际情况将☆填满颜色。

第一节 我的兴趣类型是什么

【生涯故事】

择己所爱，爱己所择

作为跳水“梦之队”的领军人物，郭晶晶曾多次获得世界冠军。然而，辉煌的背后是她一步步走过的荆棘之路。5 岁练跳水，15 岁首次参加奥运会一无所获，1998 年参加世锦赛，获女子 3 米跳板亚军，之后几年的赛事中，她始终与奥运会冠军宝座失之交臂。巨大的压力、残酷的现实并没有让她意志消沉、打退堂鼓。由于对跳水运动的喜爱，她以坚韧的毅力和不服输的信念，更为艰苦地坚持着。终于，她在 2004 年奥运会上获得 2 枚金牌，在 2008 奥运会上又获得 2 枚金牌，被誉为“跳水皇后”。

尽管郭晶晶长年承受着伤痛的困扰，但是在一次次大型比赛中仍取得了如此辉煌的骄人战绩，是什么让她征战赛场多年却依然保持着良好的成绩？她成功的背后又是什么在一路支撑着她？郭晶晶说：“因为喜欢，才会投入，才会愿意付出。”她在跳板上的成功，是职业与兴趣结合的最佳体现，对跳水的热爱是她战胜种种艰辛、勇往直前的动力。

【生涯点拨】

知之者不如好之者，好之者不如乐之者。人们对于自己感兴趣的内容往往更容易投入精力，也能感受到更大的快乐。兴趣是成功的奠基石，对于职业发展来说，更是影响职业成功的重要因素。对职业的兴趣可以让自己全身心地投入工作中，不计较得失，更能忍受成功前的寂寞，加快职业生涯发展的步伐。

一、认知真正的兴趣

兴趣是个体力求认识某种事物或从事某项活动的心理倾向，它表现为个体对某种事物、某项活动的选择性态度和积极的情绪反应。一般来说，兴趣具有以下四个特征。

能够使人不自觉地完全投入某种事物或某项活动中，而不靠主观意志努力。“兴趣”的英文是 interest，拆开来看是 inter-est，“兴趣”是指人进入某项活动之后（inter），产生了高峰经验（est，英文语法中的最高级）。美国生涯心理学家萨维克斯（M.Savickas）进一步解释，兴趣就是人与其所接触的事物融为一体的经验。晋代陶渊明曾说过“好读书，不求甚解，每有会意，便欣然忘食”，这就是兴趣的体现。

该项事物或活动本身能够带给人极大的愉悦和满足感，而不是它们带来的结果或回报。比如有的同学喜欢打篮球，是因为打球本身带来的乐趣，而不是仅仅因为打球可以强身健体，可以结识很多人。

兴趣活动给人的感觉是积极向上的。比如有的同学平时很喜欢玩游戏，但是每次玩完游戏，都会觉得内疚和后悔，感觉无端浪费了许多本应用于学习的时间。像这种玩的时候很投入、很愉快，但是之后会有内疚感和后悔感的情况，从兴趣活动的能量上看，不是真正的兴趣。

兴趣是基于对事物、活动的认知或体验，而不是出自凭空的想象。职业生涯规划强调的是“落地的兴趣”，“落地”体现在对事物的真正了解上。很多同学对事物的“兴趣”并不是来源于经验，而是出于自己的想象，比如有同学因为文化课压力大而对美术、音乐等艺术类科目“感兴趣”，这种情况到底是真的喜欢艺术，还是为了逃避现实的专业压力而产生的错觉，就值得思考了。

二、兴趣与职业的关系

获得诺贝尔物理学奖的华人科学家丁肇中说过：“兴趣比天才重要。”实践证明，在影响个人职业生涯发展的众多主观因素中，兴趣就像一双无形的手，所起的作用重大。

兴趣是职业定向与选择的重要依据。在职业选择的诸多要素中，兴趣属于动力系统，具有行动和能量导向的作用，指引我们找到自己喜爱的工作。另外，在职业的获取上，兴趣可以使我们集中精力、持之以恒地去追求喜欢的职业。

兴趣可以提高工作效率，让人充分发挥才能。当一个人对职业产生兴趣时，就能发挥身心的能动性，积极感知和关注职业的知识、动态，并且主动思考、大胆探索；就能情绪高涨，想象丰富；就能增强记忆效果，增强克服困难的意志。兴趣使工作不再是一种负担，而是一种享受。如果一个人从事的职业是自己感兴趣的，那么他通常就能发挥自己的大部分才能，且长时间保持高效率而不感到疲劳。

兴趣是保证职业稳定的重要因素。研究表明，兴趣和工作满意度、职业稳定性、职业成就感之间存在着明显关联。当个人对某方面的工作感兴趣，枯燥的工作就会变得丰富多彩、趣味无穷。同时，人们倾向于在感兴趣的工作上投入更多的时间，也能培养更强的能力。由于有较强的能力，人们在从事自己喜欢的事情时就会感到得心应手，更加增添了对这项工作的兴趣，从而形成良性循环。

因此，当兴趣应用在职业选择中时，就会发展为“职业兴趣”。打篮球是不少人的日常兴趣，但大多数人并不会将打篮球作为主业，因而这并不是他们的职业兴趣。有一部分人经过深思熟虑、对比权衡，将打篮球发展成自己的职业，打篮球就成了他们的职业兴趣。

三、霍兰德兴趣类型

美国心理学家约翰·霍兰德（Holland）提出了兴趣与职业的关系理论，他认为，“职业选择反映了人的动机、知识、人格和能力”，大多数人都可以被归类为六种兴趣类型中的一种。这六种类型为：现实型（Realistic type，简称 R 型）、研究型（Investigative type，简称 I 型）、艺术型（Artistic type，简称 A 型）、社会型（Social type，简称 S 型）、经营型（Enterprising type，简称 E 型）与事务型（Conventional type，简称 C 型）。

类型	特征	关键词	高中阶段的偏好	大学较匹配的专业	未来较匹配的职业
R 实用型	喜欢用手、工具、机械制造或修理东西；愿意从事实物性的工作或体力活动；喜欢户外活动或运动	动手、技术	运动会、组装电脑或机械、实验课、手工课、通用技术课等	机械工程、运动训练、土木工程、地质学、考古学、材料学、测绘工程、消防工程等	工程师、飞机机械师、自动化技师、机械工、电工、火车司机、长途公共汽车司机、机械制图员、机器修理工、电器师等
I 研究型	喜欢探索和理解事物；学习和研究那些需要分析思考的抽象问题；阅读和讨论有关科学的主题；偏爱独立工作	思考、科学	思考和辩论、分析与推理、专注于学习问题的解决等	数学、物理学、天文学、化学、生物科学、信息工程、心理学、经济学等	气象学者、生物学者、天文学家、药剂师、动物学者、化学家、科学报刊编辑、地质学者、植物学者、物理学者、数学家、实验员、科研人员、科技工作者等
A 艺术型	喜欢文学、音乐、表演等具有创造性和变化性的活动；情感丰富、偏爱想象；追求美和自由	美、创造	表演、美术、设计、文学创作，各种形式的艺术展示等	舞蹈表演、戏剧学、动画、摄影、音乐学、服装与服饰设计等	室内装饰专家、摄影师、音乐教师、作家、演员、记者、诗人、作曲家、编剧、雕刻家、漫画家等

续表

类型	特征	关键词	高中阶段的偏好	大学较匹配的专业	未来较匹配的职业
S社会型	喜欢与人交往、重视合作；愿意帮助他人或为他人提供服务；情感丰富、关爱他人	利他、和谐	友好的倾听者、积极的指导者、班级事务的积极承担者、热心的帮助者和志愿者等	社会学、社会工作、教育学、学前教育、劳动与社会保障、护理学等	社会学者、导游、福利机构工作者、咨询人员、社会工作者、社会科学教师、精神病救助工作者、公共保健护士等
E经营型	富有冒险精神、喜欢承担领导工作；自信、有说服力；目标明确、追求成就	影响、挑战	活动的发起和组织者、学生干部的竞争者、演讲者等	工商管理、市场营销、国际商务、公共事业管理、城市管理、国际政治等	董事长、职业经理、营销主管、推销员、律师、政治运动领袖、制片人、代理商等
C事务型	喜欢有条理的活动、能够耐心细致地完成琐碎的任务；喜欢有组织有计划的工作、擅长听取明确的指示	有序、细节	班级图书、账目、资料和照片的最佳管理者，既定计划的最佳执行者等	资产评估、会计学、人力资源管理、信息资源管理、图书馆学、档案学等	记账员、会计师、银行出纳、法庭速记员、成本估算员、税务员、核算员、办公室职员、统计员、计算机操作员、秘书等

由于个体本身常是多种兴趣类型的综合体，很少只集中在某一种类型上，因此评价个体的兴趣类型时，也时常以其在六大类型中得分居前几位的类型组合而成。此外，影响职业选择的因素是多方面的，不完全依据兴趣类型，选择职业时还要参照其他的心理要素、职业的社会需求及职业的可得性等。

【生涯实践】

◎我的生涯探索一

探索自己的兴趣类型

请具体、详细地回答下列问题。如有可能，请与一位同伴相互讲述自己对问题的思考和回答。同伴可以提问，帮助讲述人发掘细节和原因。这个练习的目的是帮助你回忆并梳理一些日常生活中有关个人兴趣的代表性事件，增进自我觉察，因此仔细思考和讲述的过程非常重要。

· 你在从事哪些事情时会感到快乐（满足），甚至是忘了时空和自己？请回忆出三件事情及其过程。详细地描述这三个画面，并思考是什么令你感到如此快乐（满足）。

·休闲的时候，如果只是出于兴趣的考虑，你最想做什么或学什么？这里面又有什么吸引着你？

·你最喜欢看哪些书籍或杂志？这些书籍或杂志中的哪些部分吸引着你（不是仅仅因为学习的需要）？

·除了单纯的娱乐放松，你最喜欢看哪几类电视节目？节目中什么吸引着你？

·你喜欢浏览哪些网站？你喜欢看网站的哪部分内容？它们属于哪个专业？

·你最喜欢的科目是什么？为什么喜欢（请将授课老师的因素排除）？

·请列举出三种你非常感兴趣的职业/专业（暂时不考虑现实要素）。这些工作/专业中的哪些特征吸引着你？

·如果你要和一个万事精通的人士日复一日地讨论某个主题，你希望讨论哪个专业领域？

想一想：

1. 你的答案里有什么共同点吗？是否可以归纳为某些主题或者关键词？

2. 这些主题或关键词可能与霍兰德的哪种类型相对应？与之较为匹配的大学专业和未来职业有哪些？

3. 你如何让这样的主题或关键词在今后的生活中更充分地彰显？

◎我的生涯探索二

孙家栋：航天是我的兴趣，一辈子也不会累

从少年时梦想修大桥，到前往苏联学习航空发动机专业；从回国之初研制导弹，到与卫星结下不解之缘，孙家栋的人生屡次经历转折。但这位中国科学院院士的爱国情怀、报国之心从未改变。

1958 年，孙家栋被分配到国防部第五研究院一分院导弹总体设计部，2 年后成为型号总体主任设计师。

“一毕业就从事导弹研制工作，我想，这辈子可能就搞导弹了。”孙家栋回忆道。

但在 1967 年的那个夏天，一切都改变了。为确保我国第一颗人造卫星顺利研制成功，中央决定组建中国空间技术研究院，由我国著名科学家钱学森任院长。随后，钱学森向聂荣臻推荐了孙家栋。

1970 年 4 月，当“东方红一号”卫星播放着《东方红》乐曲从北京上空飞过时，孙家栋和一同做研究的同志仰望星空，如同看到自己的孩子降生般百感交集。

“东方红一号”卫星发射成功后，孙家栋相继担任了第二颗人造卫星、第一颗返回式卫星、第一颗地球静止轨道试验通信卫星的技术总负责人和总设计师，并参与领导了其他各类卫星的研制发射工作。

总结自己的职业生涯，孙家栋笑道：“7 年学飞机，9 年造导弹，50 年放卫星。”即使年事已高，他仍为中国北斗、探月工程等航天“大事”操劳奔波。他说：“航天是我的兴趣，一辈子也不会累。”

想一想：

1. 你从孙家栋院士的故事中获得了什么启发？
2. 如何将个人兴趣与志愿填报、职业选择相结合？

第二节　我的特长优势是什么

【生涯故事】

全红婵的成长故事

2007 年 3 月，全红婵出生于广东省湛江市麻章镇迈合村的一个贫困家庭。家中共有兄弟姐妹五人，如同许多贫困家庭一样，他们生活并不富裕。

2014 年 7 月，当全红婵在学校操场上沉浸在跳格子游戏中时，她被启蒙教练陈华明发现并开始接受专业的跳水训练。自此以后，她便踏上了一条充满挑战和希望的专业训练之路，并开启了不断上演“水花消失术”的传奇故事。

2018 年，全红婵获得广东省跳水锦标赛 3 项冠军。

2019 年，全红婵获得广东省跳水锦标赛 5 项冠军。

2020 年 8 月，全红婵获得广东省青少年跳水锦标赛 3 米跳板和 10 米跳台单双人等 5 项冠军、1 项亚军；10 月，全红婵以 437.75 分夺得 2020 年全国跳水冠军赛暨东京奥运会、世界杯选拔赛女子单人 10 米跳台冠军。

2021 年 3 月，全红婵同获 2021 年中国跳水明星赛女子单人、双人 10 米跳台亚军；5 月，全红婵以 440.85 分蝉联 2021 年全国跳水冠军赛暨东京奥运会选拔赛、全运会跳水资格赛女子单人 10 米跳台冠军；8 月，全红婵以五跳三跳满分，总分 466.2 的成绩创女子 10 米跳台历史最高分纪录，夺得 2020 东京奥运会跳水女子单人 10 米跳台金牌；9 月，全红婵连夺全国第十四届运动会跳水女子单人 10 米跳台金牌、跳水女子团体金牌。

2022 年 6 月，全红婵在 2022 年布达佩斯世界游泳锦标赛中勇夺跳水 3 米板/10 米台混合全能金牌、女子单人 10 米跳台银牌、女子双人 10 米跳台金牌，实现了奥运会、世锦赛和世界杯的金牌大满贯。

2023 年 10 月，在杭州第 19 届亚运会女子单人 10 米跳台决赛中，全红婵以 438.20 分的成绩获得金牌。

2021 年 8 月，全红婵被共青团中央、全国青联授予“中国青年五四奖章”。9 月，全红婵以运动员身份获表彰“全国体育系统先进工作者和劳动模范”；同月，中华全国总工会授予全红婵全国五一劳动奖章。2022 年 9 月，国家体育总局授予全红婵“国际级运动健将”称号。

【生涯点拨】

由于遗传因素及后天环境的影响，每个人的能力体现出各种差异。人的智能是多元的，每个人的智能结构都是独一无二的。一个人的能力优势对他的心理特点、行为方式、解决问题的效率等有着重要的影响，也与他选择的专业和职业有着密切的关系。

一、认知自己的能力

能力，是完成一项目标或者任务所体现出来的综合素质，是直接影响活动效率并使活动顺利完成的个性心理特征。能力代表着解决问题的可能性。在学习和生活的方方面面，无处不体现着一个人已具备的各种能力，但每个人的能力是存在差异的。

能力类型差异。每个人的能力都是多种能力以特定的结构结合在一起的，在一个人所具有的多种能力中，总有相对较强的能力，也有一般的能力和较差的能力，每个人的能力结构和能力类型存在差异。由于能力类型的差异，人们在实践活动中处理和解决问题的方式方法常常各不相同。例如，为了完成某项管理任务，有人可能通过综合个人技术能力、人际交往能力和语言表达能力实施管理；有人可能通过综合调查能力、研究分析能力和决策能力实施管理。

能力水平差异。人与人之间各种能力的发展程度不同，所具有的水平不同。在心理学的研究中，有人把能力水平的差异分为能力低下、能力一般、才能、天才四个等级。

能力表现差异。每个人的能力表现在时间上是存在差异的。有些人在童年时期就表现出某些方面的优异能力，即所谓的“早熟”；也有些人的才能一直到很晚才表现出来，即所谓的“大器晚成”。

二、能力与职业的关系

职业能力，是指人们成功完成某项职业活动所必须具备的个性心理特征，是在活动中形成、发展和表现出来的。从事某项职业活动必须以一定的职业能力为前提。

能力是适应职业要求的前提。明尼苏达工作适应理论认为，只有当工作环境满足个人的需求（内在满意），个人能满足工作的能力要求（外在满意）时，个人在该工作领域才能持久发展。

职业是呈现能力的重要载体。一个人的能力如何，很多时候是在职业当中体现出来的，人们完成任务的工作方式、工作效率、工作成效等都是能力的体现。

职业所对应的岗位、岗位层级、企业性质不同，能力要求就不同。同一职业中不同的岗位因工作内容、工作职责等因素而对能力的要求不同，不同的岗位层级因管理范围、管理职能等因素而对管理水平的要求不同，不同类型的企业因不同的企业文化、企业核心能力等因素而对员工能力的要求不同。

三、多元智能理论

美国心理学家加德纳（Howard Gardner）认为，每个人都是具有多种能力组合的个体，而不是只拥有单一的、用纸笔测验可以测出的解答问题能力的个体，并由此提出了多元智能理论的观点。

多元智能的职业倾向和提升方法

多元智能	定义	职业倾向	提升方法
语言智能	指人对语言的掌握和灵活运用的能力，即听说读写能力。表现为个人能够顺利而高效地利用语言描述事件、表达思想并与人交流	作家、演说家、记者、编辑、主持人、播音员、律师等	阅读、写作、交谈、演讲等
逻辑数学智能	指人对逻辑结果关系的理解、推理、思维表达能力。表现为个人学习时靠推理来进行思考，喜欢提出问题并执行实验以寻求答案，寻找事物的规律及逻辑顺序，对科学的新发展有兴趣	数学家、统计学家、科学家、工程师、会计师、侦探、程序员等	解决数学问题、推理游戏、探险、实验等
空间智能	指人对色彩、形状、空间及其相互关系的感受和表达能力。表现为个人能准确地感觉视觉空间，并把所知觉到的表现出来。空间智能又可以划分为形象和抽象两类，形象的空间智能为画家的特长，抽象的空间智能为几何学家的特长，建筑师则对形象和抽象的空间智能都擅长	向导、画家、几何学家、室内设计师、建筑师、造型艺术家、发明家、军事家等	多砌模型、拼图、做手工艺、拍摄、绘画、参与定向追踪游戏及联想游戏等
肢体运作智能	指人善于运用整个身体来表达想法和感觉，以及运用双手灵巧地生产或改造事物的能力。表现为个人能够较好地控制自己的身体，对事件能够做出恰当的身体反应，以及善于利用身体语言来表达自己的思想	运动员、舞蹈家、演奏家、外科医生、机械师等	多参与各类体育运动、竞技活动、竞赛性游戏、戏剧训练等
音乐智能	指人感受、辨别、记忆、表达音乐的能力。表现为个人能敏锐感知音调、旋律、节奏和音色等，并通过作曲、演奏和歌唱等表达音乐	作曲家、指挥家、歌唱家、乐师、乐器制作者、音乐评论家等	多参与歌唱活动，学习乐器，经常聆听和欣赏演唱会、音乐会、歌剧等
自然认知智能	指人善于观察自然界中的各种事物，辨认并分类物体，且能洞悉自然或人造系统的能力。表现为个人具备分辨观察生物的能力，对自然景物有着敏锐的注意力及辨识力	生物科学家、天文学家、地理学家、环境设计师、园艺师等	接触大自然，参观博物馆、动物园、植物园，实际种植植物、养育动物等，动手做科学实验、订阅科学期刊等
人际智能	指人察觉并区分他人的情绪、意向、动机及感觉，并对此做出有效反应的能力。具体表现为个人对脸部表情、声音和动作较为敏感，能辨别不同人际关系的暗示，并对这些暗示做出适当反应，比较喜欢团体性质的运动或游戏，在人群中感觉舒适自在	教师、心理咨询师、公关人员、推销人员、行政人员等	多参与团体活动，参加社交技巧及解决难题的训练班，多主动与人沟通、经常结交新的朋友等
内省智能	指人认识、洞察和反省自身的能力。表现为个人能正确把握自己的长处短处，把握自己的情绪、意向、动机、欲望，对自己的生活有规划，能自尊、自律，会吸收他人的长处	政治家、哲学家、心理学家、思想家等	订立目标并追求目标，定期进行自我反思、自我评价等

在求职就业和生涯规划过程中，有不少同学感到困惑或不知所措。他们不知道自己擅长什么、能做什么，对于自己在专业技能外是否具有其他方面的能力，哪方面能力较强、哪方面能力较弱，并没有清醒的认识。无疑，这对于成功求职或者胜任工作都是非常不利的。发现自己的智能组合及能力优势，并且有针对性地进一步培养，将帮助我们在相关领域取得卓越的成就。

【生涯实践】

◎我的生涯探索一

朱德庸的漫画人生

知名漫画家朱德庸在谈到他的学生时代时表示，当时一直认为自己非常笨，长大了才知道自己不是笨，而是存在学习障碍。人的学习接受能力有多种类型，他天生对图形很敏感，但对文字类的东西接受起来比较困难。

朱德庸喜欢画画，从 4 岁开始，画画是唯一能让他松弛的事情。他在学校里画，回到家里画，把所有白的地方，都画得满满的。父母伤透了脑筋，但他们从不给压力，一直听任他自由发展。爸爸会经常裁好白纸，整整齐齐钉起来，给他做画本。

学习电影专业并不是他自己的选择，而是被分配的结果，但他就读后，感觉还不错，因为他具备典型的图像型思维，学习电影还是比较合适的。当然，朱德庸从没有间断画画，渐渐地，不断有媒体为他开设漫画专栏。与电影相比，漫画可以更充分地展现他的喜好和特长。

想一想：

1. 结合多元智能理论，朱德庸在哪一类型的智能上比较有优势？
2. 你认为朱德庸适合学习哪些专业？除了漫画家还适合选择什么职业？

◎我的生涯探索二

测一测你的多元智能类型

请按照你实际行为表现与题目相符的程度，勾选适当的选项。

1：完全不符合。2：小部分符合。3：部分符合。4：大致符合。5：完全符合。

你的日常表现	1	2	3	4	5
1. 词汇丰富，表达能力超出一般					
2. 喜欢思考、讨论科技或数学方面的问题					
3. 喜欢用图表来解释说明					
4. 肢体动作协调，姿态优雅					
5. 很喜欢关注、欣赏、谈论音乐方面的信息					
6. 到户外活动，能够细心观察自然景物，喜好发问、思考					
7. 经常参加群体聚会活动					
8. 非常了解自己的优点和缺点					
9. 能准确记得自己读过的文章或听过的话					
10. 计算能力优异，数字感良好					
11. 空间目测能力良好					
12. 说话时，善于使用肢体和手势来表达意见及情感					
13. 很会唱歌、吹口哨、哼曲子或打拍子等					
14. 尊重自然界的生命，很喜欢欣赏自然景物					
15. 朋友很多					
16. 能理性地对待别人对自己的批评					
17. 表达生动有趣，善于描述、讲故事等					
18. 对运用数字、符号、概念等很敏感，抽象思考能力强					
19. 绘图能力优异，作品充满画趣					
20. 日常生活中经常参加运动或手工					
21. 能随手运用生活中的器材来表现音乐					
22. 关注与大自然有关的书籍或电视节目					
23. 善于体察别人的情感					
24. 能够反思和改进自己的做事方式					
25. 阅读面很广，阅读理解能力很强					
26. 能用符号、比喻、概念等表达或简化复杂的意思					

续表

你的日常表现	1	2	3	4	5
27. 善用图像记忆、思考或表达知识或意思					
28. 运动感觉很好，偏爱在活动中学习					
29. 能用音乐来美化生活					
30. 关心、参与垃圾分类与废物处理事务					
31. 很了解别人对你的看法					
32. 独立性强，不依赖他人					

每道题的选项（1～5）分别对应这道题的计分（1～5分），请将每一题的得分写在对应题号后，并对每一项智能类型的测试得分进行合计。多元智能测试中得分较高的项目就是你的“优势能力”。

智能类型	语言智能		逻辑数学智能		空间智能		肢体运作智能		音乐智能		自然认知智能		人际智能		内省智能	
每题得分	1		2		3		4		5		6		7		8	
	9		10		11		12		13		14		15		16	
	17		18		19		20		21		22		23		24	
	25		26		27		28		29		30		31		32	
合计得分																

想一想：

1. 根据以上测试，你得分最高的智能类型是哪一种？适合的职业倾向是哪些？

2. 结合上节测试得到的职业兴趣，分析出与你的职业兴趣、多元智能都比较符合的职业有哪些。

3. 结合职业兴趣对应的职业，为自己制订后续的多元智能提升计划。

第三节　我的性格特质是什么

【生涯故事】

《中国合伙人》的故事

曾经热映的影片《中国合伙人》，讲述了三个性格截然不同的主人公创业的故事。成东青从农村到城市上大学，性格憨厚老实，但也有一定的野心；孟晓骏出身书香世家，性格热情激进；王阳则性格比较佛系，向往浪漫主义。正因为有了这样性格上的差异，兄弟三人才能在创业路上扮演不同的角色，做着不同的工作，一路上才能配合默契，最终他们创办的企业成为中国的教育巨头。王阳比较佛系，无法胜任孟晓骏开拓市场的工作；孟晓骏性格比较激进，也无法胜任成东青制定企业发展战略的工作；同样地，成东青也无法像王阳一样沉下心来深耕于教育方法的创新……

【生涯点拨】

一个人能否与职业相适应并取得事业上的成功，不完全取决于他的能力，性格的影响同样不能忽视。如果我们选择了符合自己性格的专业或职业，则更有助于发挥自己的才干。

一、认知真正的性格特质

性格一词源于拉丁文“charakter”，意指经由雕刻所留下的印痕、标记、记号，后来，用它表示被“雕琢”了的人的特点，即性格是个人对现实的稳定的态度和习惯化了的行为方式。它不仅表现在人们“做什么”，也表现在人们“怎样做”。

性格对我们来说并不陌生，提起《三国演义》中的张飞，就会想起豪爽、鲁莽这些字眼；提起诸葛亮，就会把他与计谋、智慧相联系。在日常生活中，我们经常对他人进行评价，说某某热情开朗、为人豪爽，某某胆小怕事、对人冷淡。这些评价，说的就是人的性格特征。

性格包括静态特征（态度特征、认知特征、情绪特征及意志特征）和动态特征（共同性与独特性、完整性与矛盾性、稳定性与可变性），这些特征不是孤立和静止的，而是相互联系、相互制约的，都影响着生涯选择和职业成就。

二、性格与职业的关系

我们用常用的手握笔签名时，会感觉很自然、舒服、熟练，而用另一只手则会感觉别扭、不舒服、费劲。这就像我们的性格，“常用的手”是我们性格中本真的“being”状态，用起来感觉得心应手；而“不常用的手”则是我们性格中拥有的“having”，虽然用起来“别扭、不舒服”，但也可以用。对于个体来说，要做的就是了解自己性格中的“左右手”，找到与“being”相适宜、匹配的职业，这样工作起来会自如、自信，甚至如鱼得水、游刃有余。这样的选择，会带来满意和舒适的职业发展状态。

性格类型与职业之间具有一定的相关性：一方面，不同的职业有不同的性格要求；另一方面，从事某种特定职业的人员，会按照职业的要求不断巩固或者调整原有的性格特征，培养、发展相应的职业性格，甚至可能因此影响职业原有的一些特点。

性格影响职业适应性。职业心理学认为，性格影响着一个人对职业的适应性，一定的性格适合从事一定的职业。当从事的职业与自己的个性相吻合时，个人就可能发挥出才能，容易做出成就。例如，乐群的人适合从事教师、社会工作者等职业，冷静的人比较适合会计、科研人员等职业，理性的人适合成为工程师、技师等。如果性格与职业需要的性格相反，那么在工作中就容易遇到较大的心理冲突。例如，一个比较缄默的人担任销售工作，往往会延迟其职业适应。

职业实践可以修缮性格。认识性格有利于反省自己，提高性格修养，使得自己更加适应职位的要求。比如，有的人在工作中积极热情，乐于助人，但做事持久性不够，常表现得虎头蛇尾，这类人应该注意锻炼意志的坚定性和持久性；有的人办事热情高，拼劲足，速度快，但是马马虎虎，甚至遇事就着急，性情暴躁，这类人应该注意培养认真仔细的习惯，防止急躁；有的人做事深沉，认真严肃，但有时优柔寡断，办事拖拉，这类人需要做到“今日事，今日毕”，并逐步养成当机立断的性格。

性格与职业并不存在严格的对应关系。任何对性格与职业关系的固定、静止、片面的看法都是失之偏颇的。不同性格类型的人在同一职业领域中能够有各具特色的表现，如有的领导关注细节，喜欢清楚、明白地告诉下属应该怎样完成工作，且做好严格的过程管理；而另外一些领导则只给下属一个大方向或模糊的指令，对于工作过程不问细节。无论哪种性格，都有可能成为好的领导。而同一性格的人在不同的职业领域也会有各显魅力的机会。

三、MBTI 性格类型

美国心理学家凯瑟琳·布里格斯（Katharine Briggs）和她的女儿伊莎贝尔·布里格斯·迈尔斯（Isabel Briggs Myers）编制了迈尔斯—布里格斯类型指标（Myers-Briggs Type Indictor，简称 MBTI）。MBTI 衡量的是个人的类型偏好，或称作倾向。所谓“偏好”，是一种天生的倾向性，一种特定的行为和思考方式，就像右利手的人大多数情况下使用右手，我们就可以说他具有右利手的“偏好”。

MBTI 性格类型共有四个维度，分别是：①能量的投注方向：外倾（E）—内倾（I）。②信息的接收方式：感觉（S）—直觉（N）。③做决策的方式：思考（T）—情感（F）。④喜好的生活方式：判断（J）—知觉（P）。四个维度如同四把标尺，每个人的性格都会落在标尺的某个点上，这个点靠近哪个端点，就意味着个体具有哪方面的偏好。不同维度的性格特征如下。

1. 外倾（E）—内倾（I）：与世界相互作用的方式

以自身为界，可以将世界分为自身以外的世界和自我的世界两个部分，它们可称为外部世界和内部世界。外倾的人倾向于将注意力和精力投注在外部世界，且从与人交往和行动中得到活力；而内倾的人则相反，较为关注自我的内心世界，从对思想、回忆和情感的反思中得到活力。两种类型的个体在自己偏好的世界里会感觉自在，充满活力，而到相反的世界则会不安、疲惫。需要提醒的是，此处所讲的外倾、内倾不同于日常所说的“外向”和“内向”。

外倾型（E）	内倾型（I）
“我们讨论一下吧。”	“让我想想。”
关注外部环境	关注内心世界
与他人相处精力充沛	独自度过时光精力充沛
好与人交往，善于表达	安静而显得内向
喜欢成为注意的中心	避免成为注意的焦点
注意别人如何看待自己	为自己设定标准
行动，之后思考	思考，之后行动
说的多于听的	听的比说的多
喜欢边想边说出来	在心中思考问题
用实际操作或讨论的方式能学得更好	用思考、在头脑中“练习”的方式学得更好
兴趣广泛	兴趣专注

2. 感觉（S）—直觉（N）：获取信息的方式

每个人都在不断接收信息，但不同类型的个体接收信息的方式不同，这便有了感觉型与直觉型之别。感觉型的人信赖看到、听到、闻到、触摸到、尝到的实实在在、有形有据的事实和信息；而直觉型的人偏好通过想象、无意识等超越感觉的方式来获取信息，注重“第六感”和“弦外之音”。简言之，感觉型注意“是什么”，直觉型则更关心“可能是什么”，比如描述对某个人的印象，感觉型的人往往能够说出他的相貌、衣着，如长脸还是圆脸，戴没戴眼镜，而直觉型的人更可能说出对这个人的感觉，比如诚恳、热情、质朴等。

感觉型（S）	直觉型（N）
“请告诉我具体事实。”	“我要了解全局。”
通过感官来认识事物	通过想象和直觉来认识事物
相信确定和有型的东西	相信灵感和想象
留心具体的和特殊的；进行细节描述	留心普遍的和有象征性的；使用隐喻和类比
观察敏锐，能记住细节	当细节与某一模式相关时才能够记住
喜欢使用和琢磨已知的技能	喜欢学习新技能、新思想和新概念
重视现实性和常情	重视想象力和独创力
经过仔细周详的推理一步步得出结论	靠直觉很快得出结论
着眼于当前的实际情况	着眼于未来的可能

3. 思考（T）—情感（F）：做决策的方式

思考型的人比较注重依据客观事实的分析，一以贯之、一视同仁地贯彻规章制度，不太习惯根据人情因素变通，哪怕做出的决定并不令人舒服；情感型的人常从自我的价值观念出发，变通地贯彻规章制度，喜欢考虑对自己和他人来说什么是重要的，比较关注决策可能给他人带来的情绪体验，人情味较浓。

思考型（T）	情感型（F）
“这合乎逻辑吗？”	“会有人因此受到伤害吗？”
对问题进行非个人因素的逻辑分析	衡量决定对他人产生的后果和影响
重视符合逻辑、公正、公平的价值；一视同仁	重视同情与和睦；接受准则的例外性
运用因果推理	受个人价值观的引导

续表

思考型（T）	情感型（F）
更关注道理或事物本身，而非人际关系	能够预计到别人会如何感受
爱讲理的	富于同情心的
寻求一个合乎真理的客观标准	寻求和谐的气氛和积极的人际交往
公平意味着每个人都能得到平等的待遇	公平意味着每个人都被作为独特的个体来对待

4. 判断（J）—知觉（P）：行事的方式

判断型的人目的性较强，喜欢将事情管理得井井有条，过一种有计划的、井然有序的生活，照计划和日程安排办事对他们来说很重要，决策时较为果断。知觉型的人适应性强，喜欢以一种灵活、随意、开放的方式生活，更愿意去体验和理解生活而不是去控制它，详细的计划或最后决定会使他们感到被束缚，决策时总希望获得更多的信息后再决断。

判断型（J）	知觉型（P）
“让我们快点把事情完成吧。”	“等一等，再看看吧。”
预先制订计划，喜欢提前把事情落实和决定下来	保持灵活性，避免做出固定的计划
建立目标，准时完成	随着新信息的获取，不断改变目标
喜欢先完成一项工作后再开始另一项	喜欢同时开展多项工作
满足感来源于完成计划	满足感来源于计划的开始
做了决定后感到高兴	当各种选择都存在时，感到高兴
力图避免最后一分钟才做决定或完成任务的压力	最后一分钟的压力会使他们感到动力十足
“工作原则”：工作第一，玩其次	“玩的原则”：现在享受，然后完成工作
注重结果（重点在于完成任务）	注重过程（重点在于如何完成任务）

根据以上内容，四个维度、八个端点可组合成 16 种性格类型，每种性格类型对应着不同的职业倾向。

MBTI 十六种性格类型的职业倾向

性格类型	职业特征	代表职业（举例）
ISTJ（稽查员）	能够利用经验和对细节的注意完成任务的职业	管理者、执法者、会计
ISFJ（保护者）	能够运用经验帮助或者辅助别人的职业	教学/教导者、健康护理师（生理、心理）
INFJ（咨询师）	能够促进自己情感、智力或精神发展的职业	教学/教导者、咨询服务者、神职人员、艺术工作者
INFP（治疗师）	能够让其运用创造和集中于他们的价值观的职业	咨询服务者、作家、编辑、艺术工作者、社会工作者
ESTJ（督导者）	能够运用对事实的逻辑和组织完成任务的职业	管理者、执法者
ESFJ（供给者）	能够运用个人关怀为他人提供服务的职业	教育者、健康护理师（生理、心理）
ENFJ（教师）	能够帮助别人在情感、智力和精神上成长的职业	教学/教导者、艺术工作者
ENFP（激发者）	能够利用创造和交流去帮助促进他人成长的职业	咨询服务者、教学/教导者、艺术工作者
ISTP（操作者）	能够动手操作、分析数据或事情的职业	手工艺者、技术人员、执法者、军人
ISFP（作曲家）	能够运用友善、专注于细节服务的职业	健康护理师（生理、心理）、商人、执法者
INTJ（智多星）	能够运用智力创造和技术知识去构思、分析和完成任务的职业	科学或技术领域工作者、法官、律师
INTP（设计师）	能够基于自己的专业技术知识独立、客观地分析问题的职业	工程师、计算机技术人员、科学家、作家
ESTP（发起者）	能够利用行动关注必要细节的职业	销售人员、工程技术人员、商人、执法者、应用技术人员
ESFP（表演者）	能够利用外向的天性和热情去帮助别人的职业	健康护理师（生理、心理）、教学/教导者、教练、儿童保育员
ENTJ（指挥官）	能够运用实际分析、战略计划和组织完成任务的职业	管理者、领导者、销售人员、律师
ENTP（发明家）	能够有机会不断承担新挑战的工作	科学工作者、管理者、技术/艺术工作者、企业家

或许有同学感觉 MBTI 16 种性格类型的职业倾向与自己理想中的职业并不吻合，其实职业倾向是从大的类别来描述的，从 MBTI 去了解自己的职业倾向，不应陷入类别名称的描述，更重要的是要看到这一类别工作的特点。因为每种类型中的个体适合的

职业很多，表中所显示的只是其中的典型代表。

需要注意的是，职业倾向只有类型不同，没有好坏，每种类型都是独特的，只要适合自己就好；职业与性格的关系也并不是固定的、静止的。在人的一生中，性格的塑造与修正会持续不断地发生，环境的改变和人的主观调节都会使人的性格发生变化。思考适合自己性格的职业及生活的同时，不要被目前的性格表现限制了自己生涯发展的多种可能。

【生涯实践】

◎我的生涯探索一

“中国民航英雄机长”的性格特质

2018年5月14日，从重庆飞往拉萨的川航3U8633航班在近万米高空飞行时，驾驶舱右座前风挡玻璃在没有任何先兆的情况下突然整体爆裂。这瞬间导致座舱失氧、失压、失温，飞机突然失控，剧烈颠簸。由于驾驶舱压力突然释放，副驾驶一度被吸出机舱外，所幸他系了安全带。驾驶舱内的温度一下降到零下40℃。更可怕的是，高空中时速为500公里以上的直面风吹翻了飞行组件控制面板，很多数据板都遭到破坏或者变得无法确认。驾驶室一片狼藉，机舱内一片混乱，很多乘客心惊胆战地大哭。

在惊心动魄的生死瞬间，机长刘传健以极强的心理素质，超高的飞行技能，忍受着零下40℃的低温，顶着时速为500公里以上的风速，经过27分钟的应急操作，最终令飞机在成都双流机场安全降落。这是人类飞行史上的一次奇迹，飞行界一名资深人士表示，整个过程相当惊险、应对非常不易，堪称“史诗级备降”。

事后航空局调查，发现刘传健备降的36个操作里，只要有一个失误，都可能导致飞机失去控制。他们甚至进行了10次类似情况的飞行测试，结果都是坠机。空客还根据刘传健的这一系列操作重新编写了《飞行指南》，将他的应对操作作为解决这类紧急情况的范例。

想一想：

1. 根据“中国民航英雄机长”的故事，民航飞行员这一职业需要具备哪些性格特质？

2. 结合MBTI性格类型理论，你认为民航飞行员这一职业属于哪种性格类型？

◎我的生涯探索二

探索自己的性格类型

1. 自我评价

通过观察生活中的行为方式和分析过往经验，我们能更多地了解自己的性格，这可以借由“我是谁”“自画像”等活动来完成。

每人写“我是一个______的人”(从性格方面描述自己的特点，尽量多写一些)。

我是一个______的人　　我是一个______的人

我是一个______的人　　我是一个______的人

我是一个______的人　　我是一个______的人

我是一个______的人　　我是一个______的人

我是一个______的人　　我是一个______的人

我是一个______的人　　我是一个______的人

我是一个______的人　　我是一个______的人

我是一个______的人　　我是一个______的人

我是一个______的人　　我是一个______的人

2. 他人评价

找 10 位熟悉自己的同学，请每个人在纸上写下“他眼中的我”，统计别人对你评价最多的词汇，它们是：

________、________、________、________、________、________、________、

________、________、________、________、________、________、________。

做一做：

1. 针对你的性格特征，自我评价和他人评价有哪些相同点和不同点？梳理出最适合自己的性格特征关键词。

2. 对照 MBTI 16 种性格类型的职业倾向表格，分析自己的性格类型和职业倾向分别是什么。

3. 结合前两节职业兴趣、能力的生涯探索，分析自己最适合的职业是什么。

【生涯小结】

1. 自我认知是一个复杂而漫长的过程，因为“我”的形成本身就非常复杂而漫长。在职业定位过程中，自我探索越充分，可利用的信息越多，越有利于理性决策。与此同时，“我”还是一个时刻在变化的人，因此认识自我也是一个动态的过程。

2. 兴趣的发展往往会经历一个过程，从最初获得的感官刺激，到之后的深度沉浸，通常有三个阶段。第一阶段是直观兴趣，诸如“游戏好玩”这类由感官刺激产生的兴趣，持续的时间较短，只有暂时的快感，而无法让个体形成能力。第二阶段是自觉兴趣，兴趣从感官被推向了思维，由此产生了更加持久的自觉兴趣，把兴趣的源头从外求转为内寻，比如，如果能明白音乐的故事与背景，就可能会对歌曲从最开始的感官享受之外，进一步产生新的兴趣。第三阶段是志趣，志趣的产生不仅在于感官和认知能力的结合，还融入了个人的志向与价值观。

3. 每个人都拥有不同的智能优势组合，单纯与他人比较某一方面的能力优劣是没有意义的，因为每种智能在个体的智能结构中都占有很重要的位置。及早发现自己的智能组合并进行有针对性的训练和培养，有助于自己寻找到更合适发展自我能力的职业方向和生活空间，并且在相关领域取得更突出的成就。

4. 了解自己的性格类型，可以帮助我们在适合的环境中更好地发挥自己的特长优势。但与此同时，它并不能成为我们不做某事或不选择某种职业的理由。世界上没有百分之百适合某种性格的职业，也没有百分之百不适合某种性格的职业，懂得整合资源，用己所长，才是最关键的。性格认知旨在帮助大家更好地了解自己的行为和做事特点，同时更好地理解别人的行为风格。

【生涯展望】

问：你对自我有比较清晰的认知吗？想想还有什么渠道可以加深自我认知？

答：____

问：你的兴趣类型、多元智能类型、性格类型分别是哪种？有三者比较统一的职业倾向吗？

答：____

问：在充分认知自我的基础上，你想做一份怎样的自我提升计划呢？

答：____

【生涯资讯】

· 图书类

古典《你的生命有什么可能》

推荐理由：

当前，年轻人如何追求自己的梦想？我们的生命又有哪些可能性？如何才能越过现实和理想的鸿沟，追求自己希望的人生？如何修炼自己在现实中活得更好的能力？如何在现实之中发展自己的兴趣？如何连接现实和理想？本书通过生涯之学和古典的独特人生体验，带领所有好奇、冒失又热爱生命的读者一起成长，帮助读者打破思想桎梏，开始独立思考，看到人生的更多可能性。

· 影视类

电影《跳出我天地》

推荐理由：

电影讲述了男孩比利·艾略特凭借自己对芭蕾艺术的热爱，通过不懈努力，战胜贫困和偏见的阻碍，最终实现梦想的故事。最初，比利每周都要去上拳击训练课，毫无兴趣的他经常被击倒在地，但他对隔壁芭蕾舞训练非常迷恋。在偏见和贫困等现实困境下，比利对着镜子一遍遍重复着舞蹈动作，慢慢坚定自己的兴趣，找到“本我”，努力提升自我，直到实现梦想的那一天，舞动出属于自己的一片天地。

· 政策类

教育部关于举办首届全国大学生职业规划大赛的通知（2023年8月29日）

推荐理由：

首届全国大学生职业规划大赛以“筑梦青春志在四方，规划启航职引未来”为主题，包括学生成长赛道和就业赛道。其中，成长赛道面向中低年级学生，考察其职业发展规划的科学性和围绕实现职业目标的成长过程，通过学习实践持续提升职业目标达成度，增强综合素质和能力。就业赛道面向高年级学生，考察其求职实战能力，个人发展路径与经济社会发展需要的适应度，就业能力与职业目标和岗位要求的契合度。对于高中生来说，通过这项比赛可以了解相关专业大学生在职业生涯规划方面的动态，从中学习做好职业生涯规划的方法、流程和技巧，同时获取到有关大学专业、未来就业发展等方面的信息。

第四篇

外部探索

（大学寻访、专业探究、职业探索）

模块五

大学寻访——梦想的大学长啥样

【生涯格言】

士不可以不弘毅，任重而道远。

——曾子

【关键词】

大学探索的内容和方法

【思维导图】

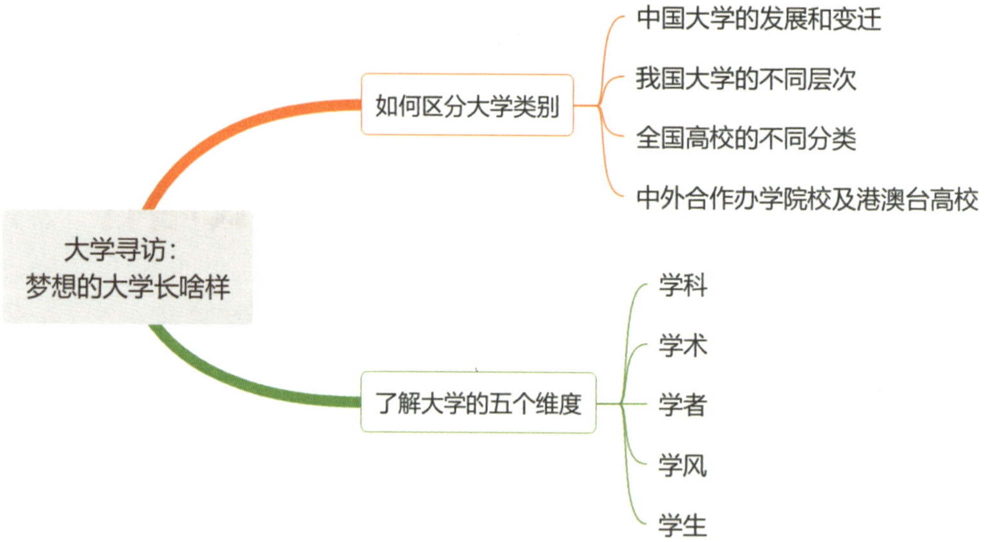

【我的生涯困惑】

在表格中写下你在大学认知方面遇到的困难、疑惑，或者是你目前遇到的问题、难点。待我们学完本模块课程内容后再来回顾：这些困惑或难题都解决了吗？

序号	我的生涯困惑	紧迫程度
1		☆☆☆☆☆
2		☆☆☆☆☆
3		☆☆☆☆☆
4		☆☆☆☆☆
5		☆☆☆☆☆

紧迫程度：最紧迫程度为五颗星，可以根据实际情况将☆填满颜色。

第一节 如何区分大学类别

【生涯故事】

高校联盟的“江湖”称号，你听过哪些?

随着我国高等教育的蓬勃发展，社会上逐渐流行起一些对高校联盟的亲切称呼。拥有这些称号的高校，往往在相关领域拥有较好的“江湖地位”，对于我们了解和报考相关高校具有一定的参考作用。比如，C9联盟、国防七子、两电一邮、四大工学院、南北双药、五院四系、五财一贸、建筑老八校、机械五虎和四小龙、兵工七子、金融四校、六星财大、电信六子……除此之外，你还听过哪些高校联盟的“江湖”称号呢?

【生涯点拨】

对大学院校进行选择是一个志愿填报时非常重要的环节，熟悉各所高校的基本情况是高中生的必修课。在高中学习如此繁忙的阶段，仍然建议考生和家长拿出一点时间，全面深入了解热门院校的发展历史与办学情况，避免出现志愿填报“报错了”，以致给自己留下遗憾的情况。

一、中国大学的发展和变迁

什么是大学? 一般来说，大学泛指实施高等教育的学校，是提供教学、研究条件和授权颁发学位的高等教育组织。大学承载着五项基本职能：人才培养、科学研究、服务社会、文化传承创新和国际交流合作。

中国的大学经历了多年的发展和变革，各自具有了相应的优势和背景，也形成了自己的特色与口碑。各个学校的不同专业因其创办历史和发展过程不同，也形成了不同水平的专业实力。了解大学的发展和变迁，有助于学生寻找符合自身兴趣、发挥自身特长的学校。

我国在新中国成立初期实行的是苏联式教育体制，后于1952年进行了院系调整，又在2000年左右对全国大学进行了一次大规模的合并重组，加上许多院校都做过更名，很多时候无法从名字上看出一所学校的学科特色。因此，需要根据学校的历史沿革，了解这所学校的前世今生，探究它的行业背景和优势学科是什么。比如石家庄经济学院，大家常常自然而然认为它是一所经济类院校，但看看院校介绍就知道，它的前身为河北地质学院，矿业、地质才是其优势学科；而安徽理工大学前身是淮南煤炭学校，优势学科是矿业工程；西安工程大学的前身是西北纺织工学院，优势学科是纺织学；南京信息工程大学，它的前身是南京气象学院，强项在于气象学。

对于一些名称相似的学校，还可以通过其归属来“验明正身”。沈阳理工大学、长春理工大学、哈尔滨理工大学这三所高校原来都是部委所属的工科类院校，现在都由所在地省政府主管，以工科为主、多学科协调发展，但由于过去归属的部门不同，彼此的强势专业也不一样。沈阳理工大学原名沈阳工业学院，归兵器工业部所属；长春理工大学的前身为长春光学精密仪器学院，曾经归属于中国科学院机电部兵器工业总公司；哈尔滨理工大学是由原哈尔滨科技大学和哈尔滨电工学院以及一所专科学校合并而成的，哈尔滨科技大学原归机械工业部主管。因此沈阳理工大学的兵器类相关专业实力很强；长春理工大学以光电工程为特色，它的光电工程专业是国家重点学科，在国内居于领先地位；哈尔滨理工大学则以机电学科为特色，它的“高电压与绝缘电技术”被教育部批准为国家二级重点学科。

在了解历史沿革时，不能忽视各个大学在不同时期接纳、合并其他院校的情况。如吉林大学是由原吉林大学、吉林工业大学、白求恩医科大学、长春科技大学、长春邮电学院、解放军军需大学等六所学校合并组建而成，那么这些参与合并的院校各自的优势学科都可以成为新院校中的强势学科。

建校时间和学科历史也能在一定程度上体现学校、学科实力。一般来说，建校时间越早，学科历史越长，学校实力就越强，专业特色就越明显。比如我国大学中建筑学专业有名的“建筑老八校”。“老八校”培养了大量的土建类优秀人才，其建筑学一级学科排名均在全国院校前列，专业实力毋庸置疑，对于很多用人单位来说，“建筑老八校”的出身是一块就业的“敲门砖”。

“建筑老八校”

在我国建筑教育发展史中，从1927年起，已先后有中央大学、东北大学、北京大学、中山大学、之江大学等十余所大学建立了建筑系。中华人民共和国成立之初，经过院系调整和重新部署，全国（除台湾、香港、澳门外）共有八所大学设有建筑系：清华大学、南京工学院（今东南大学）、同济大学、天津大学、华南工学院（今华南理工大学）、重庆建筑工程学院（今重庆大学）、哈尔滨建筑工程学院（今哈尔滨工业大学）、西安冶金建筑学院（今西安建筑科技大学，前身东北大学建筑系）。

以东南大学为例，其建筑系创立于1927年，历经中央大学工学院建筑系、南京大学工学院建筑系、南京工学院建筑系等发展阶段，是中国现代建筑教育的发源地。1952年院系调整，南京大学工学院分出，工学院建筑工程系、土木工程系等设在南京工学院（后改为东南大学）。中国建筑界四大奠基人其三都曾在此建筑系任教（梁思成、杨廷宝、刘敦桢、童寯，后三人都和该建筑系有关），培养出的人才举不胜举（“老八校”的建筑或多或少都与东大的建筑系有关，清华的精神领袖吴良镛、同济的领军人物戴复东、天大建筑的鼻祖徐中，都出自该建筑系）。如今，东南大学在建筑设计、城市设计、建筑历史、遗产保护、建筑数字技术应用等领域都形成了研究特色并产生了全国性的学术影响。

二、我国大学的不同层次

在我国，大学数量规模和层次如何？截至2024年6月，全国高等学校共计3117所。其中，普通高等学校2868所，含本科院校1308所、高职（专科）院校1560所；成人高等学校249所。从办学层次来看，普通高等学校包括“985工程”院校、“211工程”院校、“双一流”院校、民办本科院校、独立学院、高职（高专）院校等。

“985工程”，是指为创建世界一流大学和高水平大学而实施的工程，即“世界一流大学建设项目”。1998年5月，江泽民同志在北京大学百年校庆大会上提出“为了实现现代化，我国要有若干所具有世界先进水平的一流大学”。教育部自1999年起分别与部分省市地方政府签订合作协议，分批将39所国内知名高校列入国家跨世纪重点建设的高水平大学名单，这些高校由国家、地方以及相关部委共同出资建设，是教育行政部门资金投入最多、各项政策最优惠的大学。进入“985工程”的39所高校，分布于我国的18个地市，其中北京拥有8所985院校，排名第一；上海拥有4所985院校，紧随其后；而陕西、湖南则各拥有3所985院校，位居第三；江苏、山东、四川、天津、湖北、辽宁和广东各拥有2所，排名第四；浙江、吉林、甘肃、黑龙江、安徽、重庆、福建各拥有1所985院校。

“211工程”，即面向21世纪、重点建设100所左右的高等学校和一批重点学科的建设工程，于1995年11月正式启动。“211工程”是中华人民共和国成立以来由国家立项在高等教育领域进行的规模最大、层次最高的重点建设工作，是中国政府实施“科教兴国”战略的重大举措、中华民族面对世纪之交的中国国内外形势而作出的发展高等教育的重大决策。“211 工程”高校分布如下：北京 26 所，江苏 11 所，上海 10 所，陕西 8 所，湖北 7 所，四川 5 所，黑龙江、辽宁、广东、湖南各 4 所，天津、吉林、安徽、山东各 3 所，重庆、河北、福建、新疆各 2 所，其他省份各 1 所。

“双一流”建设，即世界一流大学和一流学科建设的简称。建设世界一流大学和一流学科，是中国高等教育领域继“211 工程”“985 工程”之后的又一国家战略。2017 年 9 月 21 日，教育部、财政部、国家发展改革委联合发布《关于公布世界一流大学和一流学科建设高校及建设学科名单的通知》，正式确认公布世界一流大学和一流学科建设高校及建设学科名单，首批“双一流”建设高校共计 137 所，其中世界一流大学建设高校 42 所（A 类 36 所，B 类 6 所，包括所有的“985 工程”高校，以及新增的郑州大学、云南大学和新疆大学），世界一流学科建设高校 95 所；“双一流”建设学科共计 465 个（其中自定学科 44 个）。2022 年 2 月 9 日，《第二轮“双一流”建设高校及建设学科名单》正式发布，全国共有 147 所高校跻身第二轮“双一流”建设名单，除北京大学、清华大学外全国共有 433 个一级学科上榜。

我国“双一流”建设高校（含“985”“211”工程院校）分布表

省、自治区、直辖市	院校
北京市	清华大学★▲☆、北京大学★▲☆、中国人民大学★▲☆、北京航空航天大学★▲☆、北京师范大学★▲☆、中国农业大学★▲☆、北京理工大学★▲☆、中央民族大学★▲☆、北京交通大学▲☆、北京工业大学▲☆、北京科技大学▲☆、北京化工大学▲☆、北京邮电大学▲☆、北京林业大学▲☆、中国传媒大学▲☆、中央音乐学院▲☆、对外经济贸易大学▲☆、北京中医药大学▲☆、北京外国语大学▲☆、中国政法大学▲☆、中央财经大学▲☆、华北电力大学▲☆、北京体育大学▲☆、中国石油大学（北京）▲☆、中国地质大学（北京）▲☆、中国矿业大学（北京）▲☆、中国音乐学院☆、北京协和医院☆、首都师范大学☆、外交学院☆、中国人民公安大学☆、中国科学院大学☆、中央美术学院☆、中央戏剧学院☆
天津市	南开大学★▲☆、天津大学★▲☆、天津医科大学▲☆、天津中医药大学☆、天津工业大学☆
河北省	华北电力大学（保定）▲、河北工业大学▲☆
山西省	太原理工大学▲☆、山西大学☆
内蒙古自治区	内蒙古大学▲☆
辽宁省	大连理工大学★▲☆ 、东北大学★▲☆、辽宁大学▲☆、大连海事大学▲☆

续表

省、自治区、直辖市	院校
吉林省	吉林大学★▲☆、东北师范大学▲☆、延边大学▲☆
黑龙江省	哈尔滨工业大学★▲☆、哈尔滨工程大学▲☆、东北农业大学▲☆、东北林业大学▲☆
上海市	上海交通大学★▲☆、复旦大学★▲☆、华东师范大学★▲☆、同济大学★▲☆、东华大学▲☆、上海财经大学▲☆、上海外国语大学▲☆ 、华东理工大学▲☆、上海大学▲☆、海军军医大学▲☆、上海海洋大学☆、上海中医药大学☆、上海体育学院☆、上海音乐学院☆、上海科技大学☆
江苏省	南京大学★▲☆、东南大学★▲☆、南京航空航天大学▲☆、南京理工大学▲☆、南京农业大学▲☆、南京师范大学▲☆、苏州大学▲☆、中国矿业大学▲☆、中国药科大学▲☆、河海大学▲☆、江南大学▲☆、南京林业大学☆、南京信息工程大学☆、南京邮电大学☆、南京中医药大学☆、南京医科大学☆
浙江省	浙江大学★▲☆、宁波大学☆、中国美术学院☆
安徽省	中国科学技术大学★▲☆、安徽大学▲☆、合肥工业大学▲☆
福建省	厦门大学★▲☆、福州大学▲☆
江西省	南昌大学▲☆
山东省	山东大学★▲☆、中国海洋大学★▲☆、中国石油大学（华东）▲☆
河南省	郑州大学▲☆、河南大学☆
湖北省	武汉大学★▲☆、华中科技大学★▲☆、武汉理工大学▲☆、华中农业大学▲☆、华中师范大学▲☆、中国地质大学（武汉）▲☆、中南财经大学▲☆
湖南省	湖南大学★▲☆、中南大学★▲☆、国防科学技术大学★▲☆ 、湖南师范大学▲☆、湘潭大学☆
广东省	中山大学★▲☆、华南理工大学★▲☆、华南师范大学▲☆、暨南大学▲☆、广州中医药大学☆、华南农业大学☆、南方科技大学☆、广州医科大学☆
广西壮族自治区	广西大学▲☆
海南省	海南大学▲☆
重庆市	重庆大学★▲☆、西南大学▲☆
四川省	四川大学★▲☆、电子科技大学★▲☆、西南交通大学▲☆、四川农业大学▲☆、西南财经大学▲☆、成都理工大学☆、西南石油大学☆、成都中医药大学☆
贵州省	贵州大学▲☆
云南省	云南大学▲☆
西藏自治区	西藏大学▲☆
陕西省	西北农林科技大学★▲☆、西安交通大学★▲☆、西北工业大学★▲☆、西安电子科技大学▲☆、长安大学▲☆、西北大学▲☆、陕西师范大学▲☆、空军军医大学▲☆

续表

省、自治区、直辖市	院校
甘肃省	兰州大学★▲☆
青海省	青海大学▲☆
宁夏回族自治区	宁夏大学▲☆
新疆维吾尔自治区	新疆大学▲☆、石河子大学▲☆

注：★——985 校（39 所） ▲——211 院校（116 所） ☆——“双一流”建设高校（147 所）

民办本科是指国家机构以外的社会组织或者个人，利用非国家财政性经费，面向社会依法举办的本科高校或其他教育机构，其办学层次是本科。民办本科和公办本科只有办学性质不一样，学历证书都统一由教育部颁发，其本科毕业证和学士学位证书都可以在教育部网站查实。民办本科与公办本科高校毕业生的文凭相同、学历相等，学生同等纳入国家助学体系，在政府资助、评奖评优、升学就业、社会优待等方面与同级同类公办本科高校学生享有同等权利。

独立学院是由普通本科高校（申请者）与社会力量（合作者，包括企业、事业单位，社会团体或个人和其他有合作能力的机构）合作举办的进行本科层次教育的高等教育机构，是按照新的机制和模式举办的本科层次的二级学院。独立学院与大学内部下属二级学院的重要区别在于其部分的独立性和其部分的民办性。独立学院有独立的校园和基本办学设施，实施相对独立的教学组织和管理，独立进行招生，独立颁发学历证书，独立进行财务核算，应具有独立法人资格，能独立承担民事责任；独立学院由于其独立性，其经费不是来自国家拨款而是由学院的举办方通过各种方式筹集得到，在经费、学费和其他一些相关的管理上也都是参照民办大学的方式进行管理。

高职（高等职业学校）和高专（高等专科学校）都是专科（大专）层次的普通高等学校。所谓高职，可以用三句话来概括：它是高等教育；它是职业技术教育；它是职业技术教育的高等阶段。高职高专的形式包括职业技术学院、高等专科学校、短期职业大学，独立设置的成人高校、本科院校内设立的高等职业教育机构或二级学院、具有高等学历教育资格的民办高校等。专科层次的普通高等学校名称为 ×× 专科学校、×× 高等专科学校、×× 职业技术学院、×× 职业学院。高职高专层次院校分为：专科招生计划的本科院校（含独立学院专科及民办院校专科）和高等专科院校以及各类高等职业技术学院。同时，专科院校还分为以下几个层次：第一层次，国家首批示范性高职院校；第二层次，国家第二批示范性高职院校；第三层次，国家第三批示范性高职院校；第四层次，国家拟培育示范性高职院校；第五层次，其他公办高职院校和民办高职院校。

认清大学分校与本校之间的关系

大学分校，是公办大学的重要组成部分，指的是一个学校多地办学。这个“地”可能在同一座城市，也可能是在外市甚至外省。大学分校的建设和教学由校本部统一规划和管理，所开设的专业多是总校师资力量较为雄厚的名牌专业，教风、学风也移植校本部模式。学生在奖贷评优、考研保研、出国就业等方面与总校享有同等待遇。

每年招生时，分校与总校的招生章程会同时发布，其招生计划、培养模式、毕业证书、就业政策等与校本部基本相同。但录取时，总校和分校一般有各自的学校代码。由于分校主要由当地政府投资，办学目的主要是为区域经济发展和地方文化建设服务，所以每年的招生名额大部分会投向学校所在的地区，录取分数线自然也比总校要低一些，有的甚至会降一个批次录取。

分校生的本科毕业证书由校本部统一颁发。分校有许多不同的称呼，如分校、校区、学院等。校本部和分校招生时，一般有各自的学校代码和招生章程。如果使用同一个学校代码招生，招生章程里会特别说明分校的录取规则。

有的学校当初建校时在北京，后来由于种种原因搬迁到外地，恢复高考后又在北京“东山再起”，结果形成了“一个校名，两块牌子”的局面。如中国地质大学（北京、湖北武汉）、中国矿业大学（北京、江苏徐州）、中国石油大学（北京、山东东营）、华北电力大学（北京、河北保定）。这些学校属于“并列关系”，而并非从属关系。

三、全国高校的不同分类

全国高校数量众多，可以按照不同的分类标准对这些高校进行分类，这些分类依据包括学科设置特点、科研规模、隶属关系、所属行业特色等。

高校按照学科设置特点进行分类，可以分为综合性、多科性（如 ×× 科技大学）、单科性（如 ×× 音乐学院、×× 体育学院）；按照学科设置的类别进行分类，可以分为综合类、理工类、师范类、农林类、政法类、医药类、财经类、民族类、语言类、艺术类、体育类、军事类、旅游类等院校。我国按学科设置特点进行分类的方法起源于 20 世纪 50 年代，至今教育主管部门所设置的行政业务管理机构或学术指导机构的划分仍主要依据此分类方法。以政法类院校为例，社会流行有“政法类五院四系”之说，意思是指我国五所政法类大学以及四大法学院系的组合，是培养政法类人才的摇篮。其中，“五院”分别是中国政法大学、西南政法大学、西北政法大学、中南财经政法大学以及华东政法大学。“四系”分别是北京大学法学院、中国人民大学法学院、吉林大学法学院以及武汉大学法学院。

高校按科研规模进行分类，可以分为研究型、研究教学型、教学研究型、教学型、应用型等。其中，研究型大学是指把研究放在重要地位的大学，致力于高层次人才培养与高水平科学研究（研究生数量与本科生数量相当，或研究生数量占较大比重）。教学型大学一般是以培养本科生为主体，专注于服务某一特定区域，以教育教学研究、知识传授和学生发展为主要职能的地方大学。教学研究型大学则介于研究型和教学型大学之间，教学所占比重更大。

高校按隶属关系进行分类，可以分为部委直属、省（直辖市）属，现在又增加了地区级的院校。由于部委直属院校的调整，除教育部所属的院校外，其余的下放到地方管理，又产生出市管（省级）院校的类别名称。举例来说，大家耳熟能详的“国防七子”，又称“国防七校”，指的是1961年划归国防部国防科学技术委员会管理，目前隶属于中华人民共和国工业和信息化部，被确定为国防科技工业院校的七所学校：哈尔滨工业大学、北京航空航天大学、北京理工大学、西北工业大学、南京航空航天大学、南京理工大学、哈尔滨工程大学。这七所一流大学为我国的国防科技工业作出了不可磨灭的贡献。

高校按所属行业特色进行分类，可以分为航空航天类、电子科技类、电力类、财经类、铁道类、石油类、水利水电类特色高校。新中国成立初期，为了满足国家经济恢复和建设对行业专门人才的需要，各地兴建了一批单科性行业高等院校，这类行业院校依托各个行业建设发展，形成了具有鲜明行业特色的行业高等教育体系。尽管后来，原国家部委管理的400余所高等院校多数改为中央和地方共建、以地方管理为主的管理方式，原行业高校纷纷告别部门办学，但是长期以来形成的鲜明的办学特色依然在很大程度上得以保留。行业特色高校在服务国家及行业需求中具有独特而重要的作用。一方面，行业特色高校涉及交通、冶金、地质、矿业、石油、电力、农林等诸多行业，长期立足行业办学，形成了各自独特的办学特色与学科优势，为国家经济社会发展，特别是行业的改革发展输送了大量优秀人才。另一方面，行业特色高校是行业科技进步的重要技术支撑，始终承担着行业技术创新和产业技术升级改造的主要任务，是科研课题、技术研发的主阵地，服务于行业发展需要，在推动国民经济整体发展的过程中作出了特殊贡献。

行业特色高校分类

行业特色	高校名称
航空航天类	哈尔滨工业大学、北京航空航天大学、南京航空航天大学、西北工业大学、中国民航大学、中国民用航空飞行学院、沈阳航空工业学院、南昌航空工业学院、郑州航空工业管理学院、北华航天工业学院等
电子科技类	电子科技大学、西安电子科技大学、杭州电子科技大学、桂林电子科技大学、北京电子科技学院、南京邮电大学、重庆邮电大学、西安邮电大学等
电力类	东北电力大学、上海电力大学、长沙理工大学、三峡大学、南京工程学院、沈阳工程学院等
财经类	东北财经大学、江西财经大学、南京财经大学、安徽财经大学、山东财经大学等
铁道类	石家庄铁道大学、大连交通大学、同济大学、中南大学、兰州交通大学等
石油类	中国石油大学、西安石油大学、大庆石油大学、西南石油大学等
水利水电类	河海大学、华北电力大学、武汉大学、华北水利水电学院、东北电力大学、上海电力学院、长沙理工大学等

四、中外合作办学院校及港澳台高校

1. 中外合作办学院校

中外合作办学按办学主体可分为两类。一类是中外合作办学机构，如宁波诺丁汉大学、西交利物浦大学、上海纽约大学、昆山杜克大学、深圳北理莫斯科大学。另外一类是中外合作办学项目，如中南林业科技大学班戈学院、湖南农业大学国际学院下属的所有专业就属于中外合作办学项目。

中外合作办学的本科教育主要有三种形式。“2+2”模式，即在国内学两年，在国外学两年。学生在国内须完成国外大学一、二年级的大部分课程，包括一些专业课程，其余课程在国外大学完成并获得学士学位。“3+1”模式，即在国内学三年，在国外学一年。学生在国内须完成国外大学前三年的大部分课程，最后一年到国外大学完成部分专业课程并获得学士学位。“4+0”模式，即完全不出国的“本土留学”。所有本科课程全部在国内学习，外国合作院校提供教材、师资，按照外国院校的本科计划授课，学生最后获得学士学位。

按照规定，颁发中国高等学校学历学位的中外合作办学招生必须纳入国家高校招生计划，而实施外国教育机构学历、学位教育的，也由国家教育主管部门核定相应的招生计划数。录取时，学校须按照同地区同批次计划内录取。实施外国教育机构学历、学位教育的，其录取标准应当不低于外国教育机构在其所属国的录取标准。

另外，由于中外合作办学专业借鉴国外高校的教材和教学方式，有的甚至直接由外籍教师任教，所以多数招生院校在录取时会对考生的英语单科成绩有特殊要求，如浙江工业大学规定，报考国际学院中外合作办学的专业均要求英语成绩 100 分（总分 150 分计）以上。

中外合作办学颁发文凭的五种形式

文凭发放形式	举例
开办此项目的国内高校颁发本科毕业证书和学士学位证书，国外高校不颁发任何证书	齐齐哈尔大学与俄罗斯克拉斯诺亚尔斯克国立大学合作举办的工商管理专业本科教育项目
开办此项目的国外高校颁发，国内高校不颁发任何证书	北京理工大学与加拿大北阿尔伯塔理工大学合作举办的信息技术专业学士学位教育项目
开办此项目的国内高校颁发文凭，国外高校颁发相关结业证书或写实性证书	上海理工大学与美国北达科他大学合作举办的工商管理专业本科教育项目
开办此项目的国内高校和国外高校分别颁发毕业证书和学士学位证书	西交利物浦大学、宁波诺丁汉大学和北京师范大学—香港浸会大学联合国际学院所开设的各类本科专业
开办此项目的国内高校颁发毕业证书和学士学位证书，国外高校只颁发学士学位证书	华北电力大学与法国格勒诺布尔国立理工学院合作举办的核工程与核技术专业本科教育项目

需要提醒的是，在选择中外合作办学项目时，需要知己知彼进行考虑。应结合自身的语言能力、学习能力、独立能力、家庭财务状况、职业理想等实际情况准确定位，选择适合自己的国家、大学和专业，不要盲目跟风追热门。中外合作办学项目的办学质量各有高低，有这方面意向者需要了解中方及外方院校实力、专业强弱、毕业证书、学位颁发等一系列情况。若要了解这类信息，可打开“教育部教育涉外监管信息网”查询。值得注意的是，选择中外合作办学的同学将来大多会选择出国深造，在未来会面临回国工作还是在外工作的问题，因此建议在报考中外合作办学时将其一并统筹考虑。

2. 港澳台高校

港澳台的经济发展水平较高，高等教育综合实力强，聚集着一大批在亚洲乃至世界范围内都享有较高知名度的大学。根据 2024QS 世界大学排名，香港大学排名 26，在亚洲范围内仅次于新加坡国立大学、北京大学、清华大学、南洋理工大学；香港中文大学排名 47、香港科技大学排名 60、香港理工大学排名 65、台湾大学排名 69，澳门大学排名 254。如果想申请港澳台大学并获得良好的发展，需要满足相应的一些条件。

港澳台求学需满足的部分条件

项目	具体要求
不错的学习成绩	名牌大学对考生成绩的要求较高，基本要求达到“双一流”高校水平；普通大学对二本线附近的学生来说亦可申请；还有私立和高职类可供一般学生申请
较高的英语水平	大部分香港高校实行全英文教学，对考生英语单科成绩要求较高。不少港校要求考生英语单科成绩在 110 分以上。想获奖学金的考生，英语成绩还要更高。英语是澳门大学的授课语言。台湾名牌大学虽然以台湾普通话作为授课语言，但开设了为数不少的英语课程
相当的经济实力	以香港大学为例，每年大约需要花费 20 万港币；澳门高校学费从 3 万 ~ 7 万元人民币不等，加上住宿费和生活费等，一年支出要预留 5 万 ~ 10 万元人民币；台湾留学费用与澳门相当，每年大约需要 10 万元人民币
适应性好，生活独立	学生要有一定的适应能力和抗压能力，保持较好的心态；要克服学习压力大、语言差异等困难，并且付出加倍努力以更好地融入集体

【生涯实践】

◎我的生涯探索一

为何以“行业”选择学校？

小刘当年的高考分数超过特殊批次线 75 分，本是有可能被本省的重点大学录取的，也可以填报地理位置相对偏远的某“双一流”院校。但小刘坚持以“行业”选择学校，只在当年跟电气工程及其自动化有关的行业院校中选择，最后选中的是地处江苏的南京工程学院，填报的 4 个专业也全跟电气有关：电气工程及其自动化（电力系统及其自动化）、电气工程及其自动化（电力系统继电保护）、电气工程及其自动化（输配电工程）、智能电网信息工程。由于小刘的分数在普通本科院校里属于高分段，他很顺利地就被该校的智能电网信息工程专业录取。

三年后，小刘刚上大四，全国各地的用人单位就蜂拥而至。仅国家电网下属的江苏子公司就有大量招工需求，其他包括国家电投集团、中车南京浦镇车辆有限公司、中煤新能源、中国葛洲坝集团等各大国企也纷纷来校设点招聘。于是，他很轻松地就找到了工作。

想一想：

1. 尽管有被其他重点高校甚至“双一流”高校录取的机会，为什么小刘选择了该高校？他选择的依据是什么？

2. 如果你是小刘，你会如何选择？

◎我的生涯探索二

我梦想中的大学有哪些？

序号	院校名称	学校特色	所在省市	院校层级	院校类别	感兴趣专业	备注
1	南京航空航天大学	航空、航天、民航	江苏南京	“双一流”	工科类 航空航天类	航空航天工程	（示例）
2							
3							
4							
5							

填一填：

你梦想中的大学有哪些？这些大学的特色分别是什么？学校在什么城市？学校层级是什么？学校所属类别是什么？有哪些你感兴趣的专业？

第二节　了解大学的五个维度

【生涯故事】

容易“张冠李戴”的大学

在报考志愿选择院校时，不少考生和家长会根据学校的名字判断它的所在地，但是要注意，有时候这样是容易出错的。比如“国字号”大学不一定在北京，如中国科学技术大学坐落在安徽合肥，中国医科大学坐落在辽宁沈阳，中国药科大学坐落在江苏南京，中国海洋大学坐落在山东青岛，中国美术学院坐落在浙江杭州，中国民航大学坐落在天津……此外，东南大学不在福建而在江苏南京，中山大学不在中山而在广东广州，河北工业大学不在河北而在天津，四川外国语大学不在四川而在重庆……对于注重地域的考生来说，报考前一定要了解清楚。

【生涯点拨】

每年的志愿填报都是几家欢喜几家愁。追溯“愁”的根源，主要在于很多考生对学校的了解是不甚全面的，因而产生了不同程度的信息偏差。这些信息偏差对填报志愿来说，往往是关键甚至“致命”的。那么，了解一所学校可以从哪些维度着手？简单来看，大学是由这样五个“学”构成的，即学科、学术、学者、学风和学生。

一、学科

在“五学”中，学科是最能直观体现大学实力的要素。从某种意义来说，学科是汇聚学者、交流学术、展现学风、培养学生的重要载体。一流的大学必定有一流的学科，学科水平是一所大学综合实力和核心竞争力的体现。

选择大学时，除了根据大学的层次类型、历史沿革、行业发展等方面来进行考虑，还可以从学科实力方面来进行考量。

“双一流建设”学科：一般而言，进入“双一流建设”序列的大学都有较强的综合实力，尤其是“双一流建设”名单中的学科均为大学的传统优势、特长学科，如北京理工大学上榜学科为材料科学与工程、控制科学与工程、兵器科学与技术，南京航空航天大学上榜学科为航空宇航科学与技术、力学、控制科学与工程，中国海洋大学上榜学科为海洋科学、水产等。

国家重点学科：国家重点学科代表着大学的办学特色、学科优势和科研水平。一所大学的国家重点学科数量也反映出该校综合实力的强弱，国家重点学科相关的毕业生，往往也更受用人单位青睐。比如，化工类企业会从清华大学、天津大学、华东理工大学、北京化工大学、南京工业大学等院校招聘，原因是上述院校的化学工程与技术是国家重点一级学科。

学科评估：这是教育部对具有研究生培养和学位授予资格的一级学科进行的整体水平评估。从学科排名的情况可以大体了解与其相关专业的办学实力。目前已公开发布四轮学科评估的情况，第五轮学科评估内容暂不对外发布。以新闻学为例，第四轮学科评估被评为 A 等的大学有：中国人民大学、中国传媒大学、复旦大学、华中科技大学、清华大学、上海交通大学、武汉大学、暨南大学等。

二、学术

学术是指系统专门的学问，泛指高等教育和研究，是对存在物及其规律的学科化。学术常以学科和领域来划分，现代学术大体可分为三类。一是自然科学，包括数学、天文学和天体物理学、地球科学和空间科学、物理学、化学、生命科学等学科。比如，物理学研究物质和能量的运动规律，化学研究物质的组成和性质，生命科学研究生命的起源和发展，地球科学研究地球的形成和演化。二是社会科学，社会科学研究社会现象和人类行为，包括社会学、经济学、政治学、心理学等。比如，经济学研究资源的分配和利用，政治学研究政治权力的组织和运行，心理学研究个体的思维和行为，社会学研究社会的结构和变迁。三是人文学科，人文学科研究人类的文化和人类的精神世界，包括历史、文学、哲学、宗教、艺术等。比如，历史学研究人类社会的演变和历史事件，文学学研究文学作品的创作和批评，哲学研究人类的思维和价值观，艺术学研究艺术作品的创作和欣赏。

在选择高校时，可以从学校科研条件、学术水平、学术氛围等方面进行评估。

科研条件：包括“软件”和“硬件”两个方面。“软件”一般指学术大师、学术团队等。在学术大师方面可以重点关注院士数量、教授数量、国家级人才数量等，在学术团队方面可以重点关注学校是否有国家级、省部级创新团队，如国家自然科学基金委创新研究群体、科技部重点领域创新团队、教育部 / 工信部创新团队等，这些都是师资力量雄厚的重要表现。“硬件”一般包括实验室等科研创新平台和机构。实验室是开展科研试验和实践活动的重要场所，一流的实验设备能够更好地支撑师生的学术探究，学校在实验设备上的投入一方面反映了学校的经济实力，另一方面也反映了学校在重点项目上的科研实力。国家创新研究群体、教育部创新团队等对于“硬件”的要求一般包括国家级、省部级实验室等科研机构，以及各种设备设施的配置。

学术水平：重点了解学校的学术成果和科研项目等。学校的学术水平一般体现在学术著作出版、学术论文发表、学术报告发表、教材编写、发明专利的申报和行业技术标准的制定等方面。此外，通过学校官网或者各学院、科研机构的网站可以了解学校整体的科研进展和发展动态，从而了解学校的科研学术水平。

学术氛围：良好的学术氛围是产生一流学术成果的必要条件。学校的学术氛围好不好，可以通过了解学校举办学术活动（例如讲座、学术报告会、学术交流会等）的频率和层次来判断，也可通过师生在各类国际国内赛事、活动中获得的成绩来评价。

三、学者

“五学”中，应该说学者是最重要的，因为“所谓大学者，非谓有大楼之谓也，有大师之谓也”，也就是人们通常所说的“教授就是大学”。有了好的学者，才会有好的学术、好的学科、好的学风，才能培养出好的学生。

在判断一所高校的师资力量时，首先，可以从师资结构入手，即教授、副教授、讲师、助教等职称的师资队伍比例。高级职称数量占比越高，教师的学术水平相对较高。一般来说学科师资的数量和质量除了会影响整体教学水平，还会在教学经验、科研水平和学术影响力上产生重要影响。其次，可以从师资团队的学术成果入手，即老师的学术论文发表情况、专著出版情况、科研成果以及发明专利的情况等，对教师的学术能力水平有一个基本的判断。最后，还可以从社会认可度方面深入了解，特别是中国科学院院士、中国工程院院士、国家重点研发计划项目负责人、国家级教学名师、国家级领军人才、国家级青年人才等高层次人才的数量和分布情况。能够获评高层次人才头衔的学者一般都是相关学科中的翘楚，或某一领域的领军人物，这也可以从侧面反映学校的师资实力。

四、学风

学风是学校治学精神、治学态度和治学原则的综合体现。学风，是读书之风，是治学之风，更是做人之风，是一所学校的气质和灵魂，也是一所学校的立校之本。衡量一所学校的办学思想、教育质量和管理水平，可以通过学风的好坏进行评价。尽管对学风好坏的评价是一种侧重于主观的判断，但是仍有相对可靠的评价方法：通过学生的精神状态、日常校园的学习氛围，还有升学出国、学习竞赛等方面进行了解。

在学风不同的校园感受一下，你会发现学生精气神确实有较大差别。学风好的学校，学生的学习态度也会严谨端正，大家对待学习、生活充满热情与激情，日常学习和科研学术的氛围浓厚，学校充满积极向上的蓬勃生气。可以到学校图书馆和教室感受一下，图书馆是否座无虚席，自习读书的同学是否都在埋头用功读书，教室里上课时老师和学生的状态是不是全神贯注、互动踊跃，从师生的学习状态往往就能够真实了解学校的学风好坏。还可以了解学校对先进学生的激励宣传是否广泛深入，比学赶超的氛围是否浓厚，因为这些优秀榜样正是学校学风建设和人才培养成果的直接体现。此外，学校是否积极组织学习相关的活动和竞赛，是否鼓励学生广泛参加国家级、省级、校级竞赛活动，是否组织学生参加科研项目、发表学术论文等，学生保研率、升学深造率、各类竞赛比赛获奖情况等都可以侧面反映一所学校的学习氛围和学术气氛。

五、学生

对于高校而言，学生意味着高校的未来，是公众了解高校的一座桥梁。公众通过了解学生的学业水平和就业质量来了解学校的办学理念，学校通过学生的精神风貌和职业发展向公众展示自己的人才培养成果。

了解一所学校好不好，学生往往是“窗口”。这里的“学生”既包括身在校园的在读学生，也包括已经从校园毕业的校友。了解在校的学生，可以透过学生的精神状态和学习态度了解学校的人才培养成效以及学校的学风校风，因为好的学风校风是培养优秀人才的基础和前提。了解毕业的校友，一方面可以借此了解各个专业未来的就业发展情况，为个人未来生涯发展树立目标，另外一方面还可以借此了解学校人才培养的能力。一所学校能够为各行各业源源不断地输送优秀人才，不仅说明该校的人才培养质量高，符合社会需求和时代要求，而且说明这些优秀校友在行业领域发展态势良好，为学校长远发展奠定了重要的行业基础，更重要的是为其他在校生拓展了广阔的职业发展空间。

【生涯实践】

◎我的生涯探索一

选择大学的 N 个理由

序号	大学名称	选择的理由				
		学科	学术	学者	学风	学生
1						
2						
3						
4						
5						

做一做：

请在表格中填写你感兴趣的大学名称，然后从学科、学术、学者、学风、学生等方面进行分析，说说你选择这些大学的相关理由。

◎我的生涯探索二

如何深入了解一所大学的前世今生

序号	渠道	了解内容
1	官方网站	访问该大学的官方网站是了解该大学最基本和全面的途径。在官方网站上，可以找到关于学校的历史、院系设置、专业介绍、教师团队、校园设施等详细信息
2	学科排名	查看该大学在相关学科的排名和声誉。这可以帮助了解该大学在特定领域的实力和影响力
3	校园参观	如果条件允许，亲自到该大学进行校园参观是非常有益的。通过参观校园，可以感受到校园氛围、设施条件以及生活环境等
4	学生评价	寻找关于该大学的学生评价和口碑信息。可以通过在线论坛、社交媒体或直接与目前就读于该校的学生交流，了解他们对该校的真实看法和经验分享
5	学术资源	了解该大学的学术资源和研究机会，包括图书馆、实验室、科研项目等。这对有志于学术研究的学生来说尤为重要

续表

序号	渠道	了解内容
6	校友网络	校友网络可以为你提供更多的人脉资源和职业发展机会，而就业情况可以反映该校毕业生的就业竞争力
7		
8		
9		
10		

做一做：

1. 表格中列出了了解一所大学的基本途径，你可以选取相关路径获取心仪学校的基本信息。

2. 还有哪些了解学校的渠道和路径？请在表格中进行补充。

【生涯小结】

1. 确定最终报考的院校，其实可以简单分为两个步骤，一是对学校进行客观的了解，二是结合方方面面的考虑因素选择学校。因此，了解大学其实是填报志愿最为基础的一个环节。如果连大学基本情况都不清楚，更何谈选择大学？

2. 关于一所大学，需要了解的内容可谓非常之广，但是哪些内容是我们最为看重、想去探索的？不妨为自己列出一个清单，在平常紧张的学习之余，对照清单逐项了解，通过日积月累让自己的知识库不断丰富。

3. 了解大学，一定要亲力亲为，最好通过一些最直接、最直观的方法渠道去获取第一手信息。如果有条件，一定要到相关高校去走一走，实地感受一下学校的学术和学习氛围，找学校的老师和学长聊上一杯咖啡的时间，相信你一定会很有收获。

【生涯展望】

问：你知道所在省市的“双一流”高校有哪些吗？你能说出它们的学校发展历史、办学特色和优势专业吗？

答：____

问：你未来的升学目标是什么类别的学校，是综合类还是特色型抑或其他？为什么？

答：____

问：如果你打算去一所学校实地参观，你会列出一个怎样的大学探索清单？

答：____

【生涯资讯】

· 图书类

张洁《大学·城：百所优质教育资源大学全解析》

推荐理由：

本书从城市发展、大学优势专业、就读体验分享等维度出发，梳理国内大学教育资源，帮助考生在高考志愿填报时作出适合自己的选择。书中网罗全国主要教育高地城市的主要大学，详解校园环境、特色课程、师资力量、学长学姐故事，以及招生类别、专业条件、特殊类型招生等，帮助你领略不同的城市风光，云游近百所优质大学，找到属于自己的那一份梦想指南，进而开启独一无二的未来。

吴军《大学之路》

推荐理由：

作者阐述了英美知名教育家的教育理念，系统介绍了英美大学的教育方法、办学理念和招生特点，英美名校的特色和差异，比较了中美两国在教育上的差异，并且结合亲身体会，对年轻人给出了自我发展的建议。作者与美国许多大学有着密切联系，书中还介绍了美国知名大学在招生中不为人知的细节。

· 政策类

教育部、财政部、国家发展改革委关于公布世界一流大学和一流学科建设高校及建设学科名单的通知（2017 年 9 月 20 日）

推荐理由：

2017 年，根据国务院《统筹推进世界一流大学和一流学科建设总体方案》以及教育部等三部委《统筹推进世界一流大学和一流学科建设实施办法（暂行）》，经专家委员会遴选认定，教育部、财政部、国家发展改革委公布了世界一流大学和一流学科（简称“双一流”）建设高校及建设学科名单。这是继“985”“211”工程之后，国家在高等教育领域开展实施的重大战略，其重要性和导向性不言而喻。

教育部、财政部、国家发展改革委关于公布第二轮“双一流”建设高校及建设学科名单的通知（2022 年 2 月 9 日）

推荐理由：

2022 年，教育部、财政部、国家发展改革委公布了第二轮“双一流”建设高校及建设学科名单。新一轮名单较首轮的最大变化是采取了“大学 + 学科”的模式，考生和家长可以结合第一轮名单对照分析，寻找感兴趣的大学和学科。

· 网站类

全国高等学校名单查询（https://hudong.moe.gov.cn/qggxmd）

推荐理由：

该网站是教育部官方设置的全国高等学校名单查询平台，内含不同地区、不同办学层次（本科、专科）的学校的名单，可用于查询学校主管部门、所在地等信息。考生和家长可以通过平台查询学校是否为官方、正规、在册的合法高校，避免落入“山寨”学校陷阱。

教育部教育涉外监管信息网（https://jsj.moe.gov.cn）

推荐理由：

该平台是教育部发布各类教育涉外活动监督与管理信息的专门网站，以发布中外合作办学相关信息为主。考生应选择教育部公布的中外合作办学和国外高校就读，否则会面临风险，容易遇到教学质量问题，甚至会上国外“野鸡大学”的当。

模块六

专业探究——理想的专业如何识别

【生涯格言】

闻道有先后，术业有专攻。

——韩愈

【关键词】

专业选择的内容和方法

【思维导图】

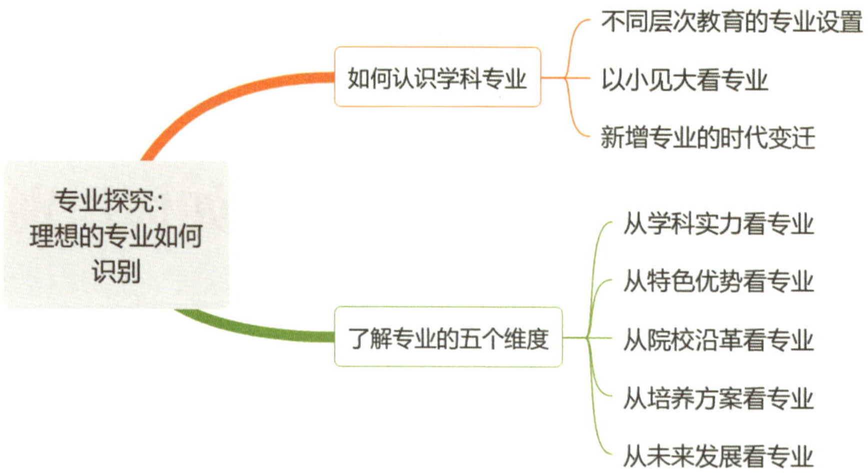

【我的生涯困惑】

在表格中写下你在大学专业方面遇到的困难、疑惑，或者是你目前遇到的问题、难点。待我们学完本模块课程内容后再来回顾：这些困惑或难题都解决了吗？

序号	我的生涯困惑	紧迫程度
1		☆☆☆☆☆
2		☆☆☆☆☆
3		☆☆☆☆☆
4		☆☆☆☆☆
5		☆☆☆☆☆

紧迫程度：最紧迫程度为五颗星，可以根据实际情况将☆填满颜色。

第一节 如何认识学科专业

【生涯故事】

专业与学科有什么区别和联系？

学科是学术的分类，是相对独立的知识体系，如自然科学中的物理学、生物学，社会科学中的史学、教育学等。专业是在一定学科知识体系的基础上构成的，离开了学科知识体系，专业也就丧失了其存在的合理依据。

专业常被用来描述某一人群长时期从事某种事业的具体业务规范，也指根据社会专业分工需要设立的学业类别，同时还是一种课程的组织形式，即“专门从事某一行业的社会实践活动所需要的知识集合”。各专业设有独立教学计划，以实现专业培养目标和要求。

学科专业都是知识体系构建的结果，体现了知识的分类、科学的细化。本科专业目录分为学科门类、专业类和专业，基本与研究生学位的学科门类、一级学科和二级学科相对应。学科门类、专业类和专业的关系如下：

1. 学科是知识的分类

学科是一定科学领域或一门科学的统称，是一种学术分类，是高校教学、科研等的基本功能单位。

不同的学科具有不同的科学知识体系。如经济学学科门类包含经济、财政、金融、贸易等领域的知识，工学学科门类包含机械、仪器、材料、电子、土建、地矿、化工、轻工纺织、航空航天、环境安全、食品科学等领域的知识。

2. 专业类是学科的分支

如果说学科好比整个知识系统的根，那么专业类就是这棵郁郁葱葱的大树中千姿百态的枝干。专业类是在同一学科知识体系下，根据知识面侧重的不同而分解出来的不同专业类别。

如理学分为数学类、物理学类、化学类、天文学类、地理科学类、大气科学类、海洋科学类、地球物理学类、地质学类、生物科学类、心理学类、统计学类。这些专业门类具有相同的理学特性，但又侧重不同的知识范畴。

3. 专业是学科的细化

有了学科作为根基，有了专业类的枝干作为养分的传输结构，人们就要收获具体的果实。

专业比专业类更加具体，是在一个专业门类里派生出来的具体方向。在一个学科，可以组成若干专业，如土木类就包含土木工程、建筑环境与能源应用工程、给排水科学与工程、建筑电气与智能化四个专业。在不同学科之间也可以组成跨学科专业，如过程装备与控制工程，横跨机械工程和化学工程两个学科。

【生涯点拨】

你知道大学有哪些专业？这些专业具体是做什么的？未来就业如何？专业和学科是一个概念吗？它们的区别又是什么？对于这些问题，相信不少考生和家长都很想知道。我国高等教育学科门类众多，每个学科又衍生出了若干专业方向，有的专业方向尽管字面上看起来比较相似，但是内涵并不相同。因此，提前了解一所大学的学科和专业设置，区分不同学科和专业的差异，将有助于我们在众多专业中从容地选择适合自己的方向。

一、不同层次教育的专业设置

专业，对于高等教育来说，就是为了培养学生而开辟的各个专门领域，这些专门领域是契合社会分工需要而划分的学业门类。从学校教育的角度来看，专业是为学科承担人才培养职能而设置的；从社会的角度来看，专业是为了满足人们从事某类或某种社会职业所必须接受的训练需要而设置的。因此，从人才培养供给与人才培养需求上看，专业是人才培养供给与需求的一个结合点。

大学专业究竟有哪些？要回答这个问题，可以从普通教育、职业教育、研究生教育三个维度具体分析，因为不同层次的教育所涉及的专业设置是有所不同的。

普通教育本科专业是在教育部颁布的《普通高等学校本科专业目录（2012 年）》基础上，增补历年来批准增设、列入目录的新专业而成。目录包含基本专业和特设专业。基本专业一般是指学科基础比较成熟、社会需求相对稳定、布点数量相对较多、继承性较好的专业。特设专业是满足经济社会发展特殊需求所设置的专业，在专业代码后加“T”表示，如人工智能、海洋资源开发技术、智能无人系统技术、数据科学与大数据技术、电子封装技术、集成电路设计与集成系统等专业。专业目录中涉及国家安全、特殊行业等由国家控制布点的专业，被称为国家控制布点专业，在专业代码后加“K”表示。在国家控制布点专业中，有的社会需求相对较少，因此需控制招生规模，比如公安技术类专业（如刑事科学技术、抢险救援指挥与技术、网络安全与执法、核生化消防、公安视听技术等专业）；有的则是开设高校太多，供大于求，因此需控制招生规模，比如法学、金融学、会计学等专业。

在本科生招生与培养中，专业一般按“学科门类”“专业类”“专业”三个层次来设置。《普通高等学校本科专业目录（2023年）》共包含12个学科门类（不含军事学），93个专业类，816种专业。12个学科门类包括自然科学4个（理学、工学、医学、农学）、人文和社会科学8个（文学、历史学、哲学、经济学、管理学、法学、教育学、艺术学）。

普通高等学校本科专业目录（2023年）统计表

门类	专业类
哲学	哲学类
经济学	经济学类、财政学类、金融学类、经济与贸易类
法学	法学类、政治学类、社会学类、民族学类、马克思主义理论类、公安学类
教育学	教育学类、体育学类
文学	中国语言文学类、外国语言文学类、新闻传播学类
历史学	历史学类
理学	数学类、物理学类、化学类、天文学类、地理科学类、大气科学类、海洋科学类、地球物理学类、地质学类、生物科学类、心理学类、统计学类
工学	力学类、机械类、仪器类、材料类、能源动力类、电气类、电子信息类、自动化类、计算机类、土木类、水利类、测绘类、化工与制药类、地质类、矿业类、纺织类、轻工类、交通运输类、海洋工程类、航空航天类、兵器类、核工程类、农业工程类、林业工程类、环境科学与工程类、生物医学工程类、食品科学与工程类、建筑类、安全科学与工程类、生物工程类、公安技术类、交叉工程类
农学	植物生产类、自然保护与环境生态类、动物生产类、动物医学类、林学类、水产类、草学类
医学	基础医学类、临床医学类、口腔医学类、公共卫生与预防医学类、中医学类、中西医结合类、药学类、中药学类、法医学类、医学技术类、护理学类
管理学	管理科学与工程类、工商管理类、农业经济管理类、公共管理类、图书情报与档案管理类、物流管理与工程类、工业工程类、电子商务类、旅游管理类
艺术学	艺术学理论类、音乐与舞蹈学类、戏剧与影视学类、美术学类、设计学类

职业教育本科（高职本科）和高职专科属于高等职业教育专业，共设置 19 个专业大类、97 个专业类、991 个专业，其中高职本科专业 247 个、高职专科专业 744 个。19 个专业大类分别为农林牧渔大类、资源环境与安全大类、能源动力与材料大类、土木建筑大类、水利大类、装备制造大类、生物与化工大类、轻工纺织大类、食品药品与粮食大类、交通运输大类、电子信息大类、医药卫生大类、财经商贸大类、旅游大类、文化艺术大类、新闻传播大类、教育与体育大类、公安与司法大类、公共管理与服务大类。

研究生教育学科专业目录是学科专业的制度化呈现，是科技进步和经济社会发展对高层次人才需求的集中反映，也是学位授予单位开展学位授予和研究生培养工作的基本依据。目录适用于硕士博士学位授予、招生培养，学科专业建设和教育统计、就业指导服务等工作。《研究生教育学科专业目录（2022 年）》是第 5 版研究生教育学科专业目录，有 14 个门类（哲学、经济学、法学、教育学、文学、历史学、理学、工学、农学、医学、管理学、艺术学、军事学、交叉学科），共有一级学科 117 个，博士专业学位类别 36 个，硕士专业学位类别 31 个。

二、以小见大看专业

随着经济社会的发展，专业的名称和内涵也会发生变化，尤其是同一个专业在各个高校的培养方向并不完全一致，多少都会有差异性。作为高中生，要想了解所有的专业并不现实，家长们也经常搞不懂相关的各个专业都是干什么的，看到各种专业的统计和介绍，往往产生越看越迷糊的感觉。接下来，以一部智能手机的诞生需要哪些专业为例进行介绍。

从手机外形设计来看，其对应专业是工业设计或者机械设计制造及其自动化，这两个专业都属于机械类专业。工业设计更侧重于探索工业产品的造型与色彩、形式与外观、结构与功能、外形与工艺等。手机边框可以对应机械类专业，涉及手机边框的设计和制造，也可以对应到材料相关专业，如金属边框对应专业是金属材料工程，玻璃后壳对应专业是无机非金属材料工程，手机屏幕对应专业是光电信息材料与器件。

从手机内部来看，手机电池一般涉及能源动力类、材料类、电子信息类等专业。以材料类专业为例，具体可以涉及新能源材料与器件、材料科学工程、材料化学等专业。手机里的芯片，是手机的灵魂，正是源于芯片技术的发展，现在的智能手机的计算速度远超当年庞大的电脑。一个小小的芯片包含了数量可观的半导体元件产品，这需要强大的集成电路设计、制造、封装、检测等理论基础和工艺水平的支撑，需要依托电子信息类专业，如微电子科学与工程、集成电路设计与集成系统等。

从手机功能来看，手机如何通话？这会涉及信息信号的传输、转化和接收等问题，相应专业包括电子信息类专业，如通信工程、电磁场与无线技术等。从最初的“大哥大”到如今的“智能手机”，其中融入了大量科技的创新，比如光电信息让成像越来越清晰、像素越来越高，通信工程让 4G、5G 相继诞生，让大量复杂信号能够快速传输，材料的改进和工艺的升级让手机电池容量越来越大、体积越来越小。

智能手机的出现彻底改变了人们的生活。有了强大的芯片的加持，手机里的软件层出不穷：游戏软件、购物软件、短视频平台、直播平台、移动支付、社交软件以及越来越多的小程序……这些软件的开发都得益于软件工程等专业。当然，物联网的发展，也让人们的生活和出行越来越方便，比如停车场的扫码支付，地铁站的扫码进站，越来越多的智能家居、智能汽车与手机的互联，这都归功于物联网工程、计算机科学与技术、软件工程等专业。

如果视角继续延伸，当手机产品通过销售到达用户手中，这又涉及产品管理、市场营销、会计税收、物流管理等相关专业……

通过以上介绍，你是不是对智能手机背后关联的众多专业有了基本了解？当然，随着新材料、新能源等行业产业的不断发展，手机功能的不断丰富以及用户需求的不断增加，其中还会有更多专业值得探索！

三、新增专业的时代变迁

近年来，我国持续开展本科专业调整工作，以支持高校更好地服务国家战略、区域经济社会和产业发展需要。高校进行办学定位以及办学的特色专业的调整优化，其目的也是更好地推动交叉学科进行融合，推进新医科、新农科、新工科、新文科建设。你知道吗？自 2012 年至今，全国高校增设了近 2 万个本科专业，撤销和停招了将近 1 万个专业，这背后的考虑是什么呢？

以教育部公布的 2022 年度普通高等学校本科专业备案和审批结果为例，本次备案调整共计新增 21 种新专业，撤销 925 个专业点。

21 种新专业包括金融审计、国际法、司法鉴定学、工会学、家庭教育、孤独症儿童教育、数字人文、资源化学、地球系统科学、数据科学、生物统计学、生物材料、电动载运工程、飞行器运维工程、安全生产监管、未来机器人、国家公园建设与管理、医工学、乡村治理、航空安防管理、无障碍管理。其中，很多新专业都是高校结合自身特色及社会需求所设立的，比如南京特殊教育师范学院新设立的孤独症儿童教育、无障碍管理专业，中国劳动关系学院新设立的工会学，中国民航大学新设立的飞行器运维工程、航空安防管理专业，东南大学新设立的未来机器人专业，中华女子学院新设立的家庭教育专业，广西警察学院新设立的司法鉴定学专业等。

梳理 925 个撤销的专业点，其中信息管理与信息系统、公共事业管理、市场营销、产品设计、信息与计算科学等专业，申请撤销的高校较多，均超过 20 所；广告学、电子信息科学与技术、网络工程、测控技术与仪器、生物技术、酒店管理等专业，申请撤销的高校超过 10 所。此外撤销专业还包括旅游管理、自然地理与资源环境、电子商务等。分析这些专业被撤销的原因，一是有些专业开设学校数量庞大，而社会需求过于饱和，未来很可能无法满足这么多毕业生的就业岗位。二是不少专业无法适应社会经济发展，大多为一些传统领域专业，其人才培养质量无法满足社会要求。三是人工智能时代的来临预示着不少传统专业尤其是劳动密集型的专业将会被机器替代。

报考大学专业时，需要及时关注当前社会对专业的需求变化，特别是对新增专业的研究和比较，在众多的专业中选择适合自己的专业。具体来说，在考虑新增专业时要做到以下几点。一是选择新专业不要贪“时髦”。很多新专业名称非常新颖，不能看着专业的名字“时髦”就盲目报考，考生和家长应该多了解专业的课程设置、就业方向等，同时也要考虑本人的兴趣和爱好。二是要考察新专业的师资力量。尤其在面对一些较“偏”较“专”的新专业时，不要忘记了解院校师资力量或行业背景、培养目标等综合因素，这与考生将来的就业有密切关系。三是分析新专业就业趋势。新专业的热门不一定代表未来职业的热门，最热门的专业也不一定是最适合的专业。对于新专业，考生应该对其“生命力”有一个基本判断。四是慎重权衡新专业与院校的关系。个别高校为学科协调发展而开设新专业，是选择这类院校这类专业好，还是选择其他综合类的院校或者专业院校更好，这些都需要慎重权衡。五是需要及时关注到目前社会趋势的变化，具有一定的前瞻性思维，这样才能在专业选择上占得先机，为个人的未来发展赢得一个较好的起点。

【生涯实践】

◎我的生涯探索一

学会计专业将来就业一定是会计吗?

总结起来，有以下适合会计专业毕业生的不同出路可供参考。

公务员/事业编：税务局、审计局、财政局、银保监等，会计专业可考岗位较多。

企业财务：分为核算型财务和分析型财务两类，其中核算型财务包括 AP/AR/GL，也就是应付款会计/应收款会计/总账；分析型财务包括管理会计/财务分析/财务 BP。

会计师事务所：一般受当事人委托，承办包括审计、会计咨询、税务等在内的各项业务。

IT 行业财务咨询顾问：对财务+IT 的复合型人才的需求是未来财务岗的大势所趋。

做一做：

选取某个感兴趣的专业，从就业去向、适合人群、优缺点、趋势等方面分析专业的基本情况。

专业名称	就业去向	适合人群	优点	缺点	趋势

◎我的生涯探索二

画出我的专业图谱

试一试：

1. 结合《普通高等学校本科专业目录（2023 年）》，以手机生产和销售为例，对手机相关的学科专业图谱表格进行补充。

手机相关的学科专业图谱表格

学科门类	专业类	专业	作用
工学	机械类	工业设计、机械设计制造及其自动化	外形设计与制造
	材料类	金属材料工程、无机非金属材料工程、光电信息材料与器件	手机外壳、屏幕等
理学	物理学类		
	化学类		

续表

学科门类	专业类	专业	作用
管理学	工商管理类		
	公共管理类		

2. 选择你感兴趣的一项事物，如高铁、大飞机、短视频软件等，思考与之密切相关的“学科门类”“专业类”“专业”，根据《普通高等学校本科专业目录（2023年）》填写“我的专业图谱”。

我的专业图谱

第二节 了解专业的五个维度

【生涯故事】

不同高校同名专业究竟有多大差异?

考生和家长往往误以为同名专业就是同一专业，同一专业即使不完全相同，也应该是大同小异的。但是，同名专业在不同高校其实并不相同，甚至是大不相同，即研究的侧重点不同，就业方向和领域也都不同。以交通工程专业为例，同济大学的交通工程专业研究的是陆上交通，上海海洋大学的交通工程专业研究的是海上交通，中国民航大学的交通工程专业研究的是空中交通。类似情况还有，西南交通大学的“交通运输”偏重于轨道交通，大连海事大学的“交通运输”偏向于航海技术，而南京航空航天大学的“交通运输”侧重于民航交通。

【生涯点拨】

报考专业时，不仅需要了解专业所属的学科门类以及专业大类，还需要对专业的内涵和实力进行全面了解和评估，为志愿填报提供有用参考。那么，如何对专业实力进行评估呢？可以从学科实力、特色优势、院校沿革、培养方案、未来发展等五个方面入手。

一、从学科实力看专业

学科虽然不完全对等于专业，但二者之间有着紧密的联系。按照我国现行的学科体系，学科分为学科门类、一级学科（本科专业目录中称为“专业类”）和二级学科（本科专业目录中为“专业”）。二级学科是组成一级学科的基本单元。从考察专业的角度讲，如果某所高校的某个一级学科为国家重点学科，那么该学科所涵盖的本科招生专业也会有强有力的支撑，专业优势也就比较明显了。如复旦大学的一级学科——数学为国家重点学科，其涵盖的本科招生专业——数学与应用数学、信息与计算科学也具有非常强的专业实力。考生在确定了专业方向之后，在高考成绩满足学校要求的情况下，可以查看自己所选择的专业隶属的学科，是否为国家重点学科、“双一流建设”学科等。与之相对，也可以先通过“双一流建设”学科、重点学科、学科评估结果这几个重要核心指标筛选自己感兴趣的学科，再细致查看其中包含的专业，从而选择具有优势的专业。

二、从特色优势看专业

特色专业一定程度上代表大学在某专业领域中人才培养和科研方面的领先实力，是高校的优势专业，可以作为判断专业实力的标准之一。国家特色专业建设点简称特色专业，是高校在长期办学实践中逐步形成的具有特色的专业，这些专业在培养目标、师资队伍、教学管理、课程安排、教学条件等方面都具有较高的办学水平和鲜明的办学特色。

这些特色专业建设点主要分为三类。第一类具有明显的办学优势、鲜明的办学特色和良好的社会声誉，主要面向国家和区域经济发展需要，如中国人民大学的经济学、同济大学的土木工程、复旦大学的汉语言文学、南京大学的数学与应用数学等。第二类主要面向国家紧缺专门人才行业和艰苦行业，从中选择若干专业领域的专业点重点建设，如中国农业大学的农业机械化及其自动化、中国石油大学（北京）的油气储运工程、清华大学的核工程与和核技术等。第三类是与战略性新兴产业相关的专业，涉及节能环保、新能源、新材料、新一代信息技术等领域，具有良好的发展前景，如华北电力大学的智能电网信息工程、华中科技大学的新能源科学与工程等。

三、从院校沿革看专业

“双一流建设”学科、国家重点学科、学科评估排名靠前的相关专业通常分布在办学实力较强的高校。一般来说，高校的特色优势专业对高考成绩要求相对较高。如果高考成绩没有优势，又该如何选择到适合自己的专业呢?

建议详细了解高校历史沿革，找出一些在建校之时就开设的传统优势专业。这些专业经过长时间的建设，形成了一定的专业实力，基本上成了所在院校的“优势”专业。如四川旅游学院的前身是四川烹饪高等专科学校，和食品、烹饪相关的专业都是学校的优势专业，如食品安全与工程专业，因其开设得较早，专业相应的配套设施比较齐全。

需要说明的是，不同学校的传统优势学科不一样，专业内涵也不一样，因此考生特别有必要了解清楚大学的类型和院校的研究方向。以车辆工程专业为例，北京理工大学、哈尔滨工业大学、吉林大学等大学的车辆工程专业差异比较明显。北京理工大学的车辆工程专业研究的是装甲车方向，哈尔滨工业大学的车辆工程专业研究的是军事战车方向，吉林大学的车辆工程方向研究的是家用汽车方向，而很多的农业大学的车辆工程研究的方向多数都是农业用的车辆机械、畜牧养殖用的机械设备等。因此，了解专业一定要根据院校研究方向综合考虑。

四、从培养方案看专业

进入大学，专业学习如何进行？这里就离不开一个关键词——培养方案。培养方案是学校人才培养的实施方案，是学校组织和管理教学过程的主要依据。对学生而言，培养方案是学生在校期间学习的重要参考，也是学校毕业审核的重要依据。如果想了解某个专业，想知道大概会学习哪些课程、每学期的课程是怎么安排的，一定要到意向高校的教务处网站找到对应专业的人才培养方案，加以仔细研究。

培养方案的主要内容一般包括培养目标、毕业要求、主干学科、专业核心课程（课程列表）、修读办法及学分要求、学制、修业年限和授予学位、学习进程参考图、指导性教学计划表等。每项内容均会有明确的说明介绍，例如：培养目标一般会描述该专业毕业生在毕业后 5 年左右，能够达到的职业和专业成就，即毕业生从事的专业领域、职业特征和所具备的职业能力。毕业要求则对学生毕业时应该掌握的知识和能力进行具体描述，包括学生通过本专业学习所掌握的知识、技能和素养等。教学计划分为必修课程（如通识教育必修课、专业教育课程、实习实训环节），以及选修课程（如通识教育选修课和开放课程等）。

读懂专业培养方案，是了解专业的一个重要切入点。如果能理解培养方案的内涵和意义，就可以更好地了解进入专业后需要学什么、自己应该怎么学。

五、从未来发展看专业

专业既是学校组织实施教育教学和人才培养的载体，也是连接经济社会需要的一架桥梁。在一定意义上，专业是为了满足社会企业用人需求而设立的一项标准，用人单位招聘时往往是按照专业进行的。因此，可以从专业未来的就业前景和职业发展着眼，考虑当下所选的专业会指引自己在毕业后去哪里、做什么。

通常，可以关注社会知名招聘机构或者高校发布的大学生就业升学质量报告等。比如某招聘机构通过收集大量的调查问卷，对不同高校和专业的毕业生进行就业数量、就业质量、就业流向等方面的统计分析，反映社会需求与就业质量。有些机构还会在报告中公布“绿牌专业”“黄牌专业”“红牌专业”，为家长和考生选择专业提供参考。其中“绿牌专业”即需求增长型专业，指的是失业量较小，就业率、薪资和就业满意度综合较高的专业。“红牌专业”即高失业风险型专业，指的是失业量较大，就业率、薪资和就业满意度综合较低的专业。“黄牌专业”则是预警型专业，指失业量相对较大，就业率低，且薪资较低的专业。此外，不少高校每年都会编制和发布《高校毕业生就业质量年度报告》，并通过学校网站等各类平台进行发布。报告反映的是本校毕业生就业的基本情况、主要特点、相关分析、发展趋势以及对教育教学的反馈等。建议重点关注不同专业的毕业生在升学情况、求职情况、用人单位需求情况、未来就业市场的变化趋势等方面的具体信息。这样一份既具有权威性又具有针对性的校本化就业质量报告，将会对了解专业有非常大的帮助。

【生涯实践】

◎我的生涯探索一

看起来差不多的专业

弄懂专业的真正含义很重要，切不可盲目地望文生义。尤其对于一些名称相近的专业，更要搞清楚它们之间的区别。比如“计算机科学与技术”和“信息与计算科学”这两个专业的名称很相似，但是一个是属于工学计算机类，一个是属于理学数学类，不论是主修课程还是将来的就业领域都有较大区别。

北京林业大学有“园林”和“园艺”这两个名称相似的专业。有的学生在填报高考志愿的时候，因为理想是做园林设计工作，所以选择了“园艺”专业。在他们看来，“园艺”应该是园林艺术的意思。殊不知，“园林”才是培养园林设计师的专业，而“园艺”是学习园艺作物的生产、栽培、销售及应用的学科。这两个专业名称上只有一字之差，却有很大不同，如果不了解其真实内涵，就容易出现选择的失误。

北京林业大学园林专业和园艺专业对比

项目	园林专业	园艺专业
特色优势	园林专业前身可追溯至1951年创建的造园专业，是北京林业大学的传统品牌特色专业，现为国家级特色专业、北京市级特色专业，具有较高的国际知名度和认可度	园艺（观赏园艺方向）专业是农学门类植物生产类专业，其所属二级学科——园林植物与观赏园艺学科是我国第一个园林植物与观赏园艺国家级重点学科
培养目标	培养具有生态学、园林植物、园林规划设计、园林建筑工程等领域的基础知识，具有园林植物的繁殖、栽培、养护、管理及应用的基本能力，能够运用生态学理论、植物学理论、艺术及设计理论进行规划设计艺术创作及表达、城市园林绿化施工与组织管理，从事园林植物繁育、养护管理与应用，城乡各类园林绿地的规划与设计，园林施工组织与管理等方面工作的高级复合型科学技术人才	培养具有植物学、生态学、观赏园艺、遗传育种和庭园设计等领域的基础知识，能够进行观赏植物栽培、繁育、经营管理、国际贸易及庭园绿化设计、施工及组织管理，从事观赏植物现代化生产、栽培育种、经营管理及庭园绿化设计与施工的高级科学技术人才

续表

项目	园林专业	园艺专业
就业方向	毕业生可在园林、林业、城乡建设、市政交通、教育等相关部门从事园林植物的繁育栽培、养护管理和种植设计以及城乡各类园林绿地、园林建筑等方面的规划设计、施工管理、教育、科学研究等方面的工作	毕业生能在观赏园艺企业、园林、林业、城乡建设等相关领域的科研、教育部门从事观赏植物栽培、繁育、经营管理、国际贸易及庭园绿化设计、施工及组织管理方面的工作

想一想：

在你了解的专业中，有哪些"看起来"差不多的专业？如何区分这些"看起来"差不多的专业？请举例说明。

◎我的生涯探索二

探究我的心仪专业

专业名称：(　　　　　　　　　　　　)

维度	序号	项目	简介	了解情况
培养方案	1	培养目标	满足什么社会需求，培养具备什么样知识、能力、素质的毕业生	
	2	毕业要求	知识学习方面、素质提升方面、能力培养方面的具体要求	
	3	主干学科	专业由什么主干学科支撑	
	4	专业核心课程	专业需要学习的核心课程有哪些	
	5	学制与修业年限	学业年限、授予学位	
	6	指导性教学计划	通识通修、专业教育、实习实践等课程类别和具体课程包括哪些	
未来发展	1	就业情况	就业去向落实率（总体就业率、各专业就业率等）、就业层次（就业去向、单位性质、地域、薪酬）	
	2	升学情况	保研率、考研率、出国率，升学去向，院校层次	

续表

维度	序号	项目	简介	了解情况
未来发展	3	求职情况	学校提供的职业素质提升平台和就业服务	
	4	用人单位评价情况	事业发展能力（职场适应能力、综合素质水平）	
	5	用人单位需求情况	用人单位来校招聘情况（单位数量、招聘数量等）、招聘行为和要求	
	6	未来就业市场的变化趋势	国内大学生就业创业形势、科技产业革命等对就业的影响	

查一查：

挑选自己感兴趣的专业，查询相关高校（或学院）官方网站，从培养方案和未来发展两个方面，对照表格列出的项目逐个了解，并填写相关情况。

【生涯小结】

1. 大学专业与日常生活息息相关，想要认识各个专业，可以从现实生活着眼，从我们能接触到的日常事物中感受和了解。只是有的专业在生活中表现得明显，让人能够很直观地去理解和把握。还有不少专业，其名称与内涵跟人们日常理解的存在一定差异。这些往往是我们需要小心避开的“陷阱”。

2. 客观全面了解专业是志愿填报的重要前提。专业的内涵包罗万象、颇为丰富。考生和家长要对专业内涵非常了解，才能结合个人考虑因素作出合理选择。建议从学科实力、特色优势、院校沿革、培养方案、未来发展等方面对心仪的专业逐一了解把握。

3.《普通高等学校本科专业目录》值得考生和家长深入研究。一方面，学科专业是有层次的，它具体包括“学科门类”“专业类”“专业”三个层次；另外一方面，学科专业是有严格区分的，找到自己感兴趣的学科门类，分析包含的专业类，特别是未来打算报考的专业，提前了解这些专业的联系和差别，对个人专业选择会有非常直接的帮助。

【生涯展望】

问：如何判断一所学校的特色专业、优势专业？

答：____________________

问：你了解哪些新兴专业？这些专业为何会兴起？你会选择这些新兴专业吗？为什么？

答：____________________

问：对于感兴趣的专业，你想从哪些方面去了解？你会列出一个怎样的专业探索清单？

答：____________________

【生涯资讯】

· 图书类

刘燕《这才是我要的专业》

推荐理由：

这是一本高中生也能读懂的“专业书”，将带你走进专业前沿，了解“专业明星”——如果那是你想要成为的人，那就先看看他看过的世界。通过“专业特点”“专业课程”“选科建议”“直接就业”“读研深造”“过来人说”“过来人看”“报考指南”“大学排名”“填报技巧”等数十个栏目，本书将各个专业，从“大气层”解读到“地幔层”。

詹建国、严红《全球视野选专业》

推荐理由：

这是一本全球化时代指导学生如何选择专业，以及在全球范围内如何更好地就业的专业书籍。全书按照文科、理科、社科、商科、工科、法学、艺术、医科 8 大门类，对北美高校本科阶段的 50 个专业的学习内容、专业设置、课程设计、就业前景、薪酬状态等做了详尽细致的解析。每个专业都邀请了一位刚完成该专业学习的嘉宾，进行专业选择、学习生活、就业打算等内容的分享。

·政策类

教育部关于公布 2023 年度普通高等学校本科专业备案和审批结果的通知（2024 年 2 月 4 日）

推荐理由：

2023 年，教育部组织开展了普通高等学校本科专业设置和调整工作，对各地各高校向教育部申请备案的专业予以备案，确定了同意设置的国家控制布点专业和尚未列入专业目录的新专业名单，形成了最新的《普通高等学校本科专业目录》。

国务院学位委员会、教育部关于印发《研究生教育学科专业目录（2022 年）》《研究生教育学科专业目录管理办法》的通知（2022 年 9 月 13 日）

推荐理由：

2022 年，国务院学位委员会、教育部组织开展了新一轮学科专业目录修订工作，形成了《研究生教育学科专业目录（2022 年）》和《研究生教育学科专业目录管理办法》，它们是国家进行学位授权审核与学科专业管理、学位授予单位开展学位授予与人才培养工作的基本依据。

教育部关于印发《职业教育专业目录（2021 年）》的通知（2021 年 3 月 12 日）

推荐理由：

2021 年，教育部组织对职业教育专业目录进行了全面修（制）订，形成了《职业教育专业目录（2021 年）》。《目录》按照“十四五”国家经济社会发展和 2035 年远景目标对职业教育的要求，在科学分析产业、职业、岗位、专业关系基础上，对接现代产业体系，服务产业基础高级化、产业链现代化，统一采用专业大类、专业类、专业三级分类，一体化设计中等职业教育、高等职业教育专科、高等职业教育本科不同层次专业，共设置 19 个专业大类、97 个专业类、1349 个专业，其中中职专业 358 个、高职专科专业 744 个、高职本科专业 247 个。

模块七

职业探索——心仪的职业是什么

【生涯格言】

立志、工作、成就，是人类活动的三大要素。
立志是事业的大门，工作是登堂入室的旅程。
这旅程的尽头有个成功在等待着，来庆祝你的努力结果。

——巴斯德

【关键词】

职业探索的内容和方法

【思维导图】

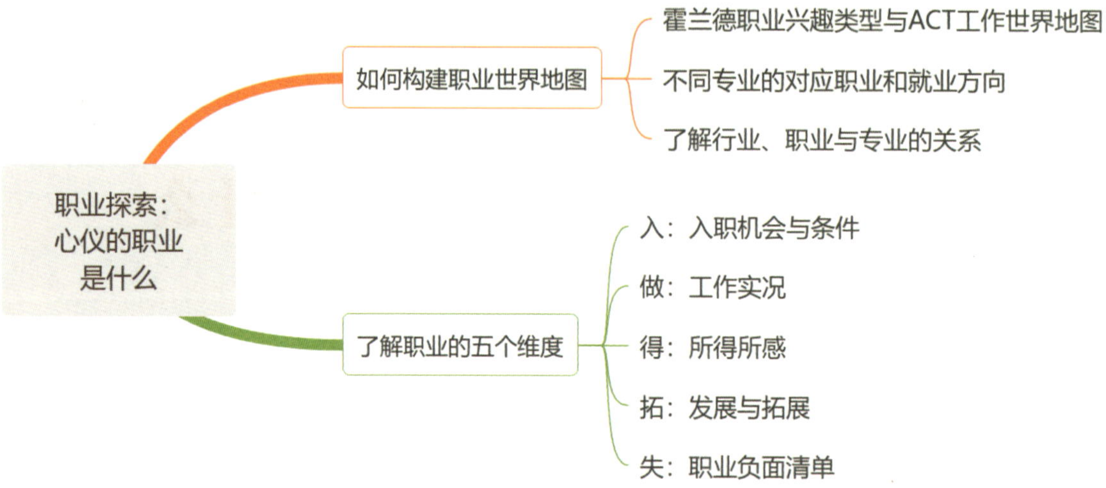

【我的生涯困惑】

在表格中写下你在职业探索方面遇到的困难、疑惑，或者是你目前遇到的问题、难点。待我们学完本模块课程内容后再来回顾：这些困惑或难题都解决了吗？

序号	我的生涯困惑	紧迫程度
1		☆☆☆☆☆
2		☆☆☆☆☆
3		☆☆☆☆☆
4		☆☆☆☆☆
5		☆☆☆☆☆

紧迫程度：最紧迫程度为五颗星，可以根据实际情况将☆填满颜色。

第一节 如何构建职业世界地图

【生涯故事】

哪个职业最重要?

从前有一个小镇，里面住着各种不同的人，每个人都有自己的职业。有医生、教师、农民、建筑工人、艺术家等。

有一天，小镇的居民们聚集在一起讨论哪个职业最重要。有些人认为医生是最重要的，因为他们可以治疗疾病，拯救生命。还有些人认为教师是最重要的，因为他们教育下一代，培养未来的人才。另外有些人认为农民是最重要的，因为他们种植粮食，为大家提供食物。

为了得出答案，小镇的居民们决定进行一次实验。他们决定让每个人换一个职业，体验一下其他职业的工作内容和重要性。

第一个换职业的是医生。他来到了农田，开始种植庄稼。但是他发现自己并不擅长这个工作，他不知道如何选择合适的种子，也不知道如何处理土壤。最后，他只能眼睁睁地看着庄稼枯萎，无法提供食物给大家。

接下来，教师换上了医生的工作。他试图治疗病人，但是他并不了解医学知识和技术。他只能试着开药，结果病人的病情变得更加严重。他意识到自己没有医生的知识和技能，无法拯救生命。

农民换上了教师的工作，他试图教育学生。但是他并不了解教育的方法和技巧。他只能让学生们听他讲农田的事情，而无法传授他们其他重要的知识和技能。学生们无法获得良好的教育。

通过这次实验，小镇的居民们意识到每个职业都有自己的重要性。医生、教师、农民……每个人都在为社会做出贡献。没有一个职业可以被低估或忽视。

从那以后，小镇的居民们更加尊重和理解彼此的职业。他们意识到，只有每个人都发挥自己的专长，才能让整个社会更加和谐和繁荣。居民无论从事什么职业，都应该被平等对待，因为每个人都在为这个世界做出自己的贡献。

【生涯点拨】

选报专业，在很大程度上决定和影响着个体未来从事的职业；了解职业，实际上就是了解未来发展的方向和可能。如果高中生在选科选课和填报志愿前，能够对社会职业的概貌有所了解，那么就会对相应的选择决策更有底气。现实情况是他们鲜有机会接触真实的职业环境，也就无法对职业的内涵、特征、分类，尤其是职业对于毕业生的专业、能力、素质等要求有一个清楚的认识。高中阶段，学校和家庭应该创造各种条件让学生与真实的职业世界近距离接触，而不是“纸上谈兵”或“跟着感觉走”。

一、霍兰德职业兴趣类型与ACT工作世界地图

你知道我国究竟有多少职业？根据《中华人民共和国职业分类大典》（2022版），职业共分为大类8个、中类79个、小类449个、细类（职业）1636个，这是官方对全国各类职业的统计汇总。随着经济社会的发展，这些职业还会有一定的变化和调整。由于可供选择的职业多种多样，对每种职业都去深入了解的做法并不实际，如何在众多职业中探索了解自己感兴趣的职业，为个人未来职业选择，尤其是为高考志愿填报的专业选择提供参考？有没有一种科学的理论或者工具让我们从宏观角度把握这些不同类别的职业选择？答案是肯定的。

霍兰德认为，某一类型的职业通常会吸引具有相同人格特质的人，而具有相同人格特质的人对许多生活事件的反应模式也是相似的。这些人创造了具有某一特色的生活环境，也包括工作环境。我们已经知道，大多数人的人格特质可以归纳为6种类型：现实型（R）、研究型（I）、艺术型（A）、社会型（S）、经营型（E）、事务型（C）。

在此基础上，从事美国大学入学考试（ACT）项目的心理学家戴尔·普雷迪格依据工作对象与任务倾向将职业进行分类，把26种职业领域分成6个类型（科学与技术、艺术、社会服务、商业操作、管理与销售、技术）和12个区域，最终形成ACT工作世界地图。

从地图中可以发现，所有的工作任务基本可以概括为四类：数据、观念、人、物。数据指处理文字或数字资料的记录、查对、分类、组织等工作；观念指与抽象知识的开发、统整和传播有关，与概念的创造、发现和解释有关的工作；人指主要与人打交道的工作；物指主要与机械、器具打交道的工作。

实际上，霍兰德职业类型图与ACT工作世界地图有着对应关系。如果以数据—观念、人—物为轴，可以形成四个象限。而霍兰德的六种类型可以分布在四个象限上。我们能够很清楚地看到，ACT工作世界地图6个类型与霍兰德6种职业兴趣类型相一致：

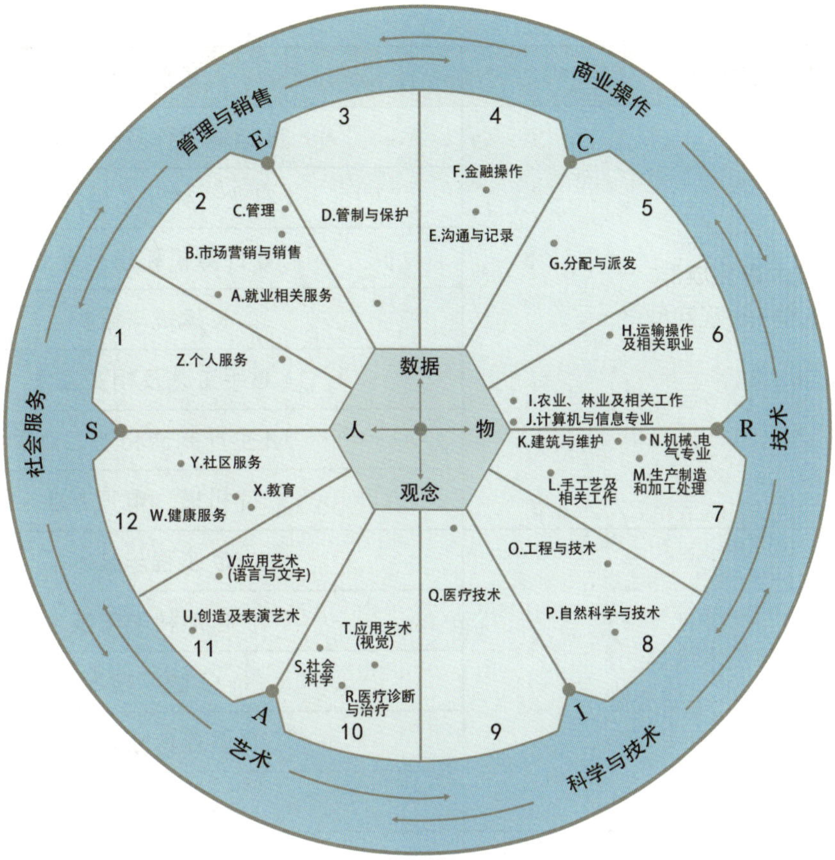

ACT 工作世界地图

科学与技术——研究型、艺术——艺术型、社会服务——社会型、商业操作——事务型、管理与销售——经营型、技术——现实型。在这些相应类型中，可以延伸出管理与销售职业族群、商业操作职业族群、技术职业族群、科学与技术族群、艺术职业族群、社会服务职业族群共六大职业族群。我们可以参考霍兰德兴趣类型和 ACT 工作地图，方便地在图中找到所属的职业族群，进而聚焦感兴趣的职业。

ACT 工作世界地图六大职业族群

职业族群	职业类别
管理与销售职业族群（管理与销售——经营型）	A 就业相关服务
	B 市场营销与销售
	C 管理
	D 管制与保护
商业操作职业族群（商业操作——事务型）	E 沟通与记录
	F 金融操作
	G 分配与派发

续表

职业族群	职业类别
技术职业族群 （技术——现实型）	H 运输操作及相关职业
	I 农业、林业及相关工作
	J 计算机和信息专业
	K 建筑与维护
	L 手工艺及相关工作
	M 生产制造和加工处理
	N 机械、电气专业
科学与技术族群 （科学与技术——研究型）	O 工程与技术
	P 自然科学与技术
	Q 医疗技术
	R 医疗诊断与治疗
	S 社会科学
艺术职业族群 （艺术——艺术型）	T 应用艺术（视觉）
	U 创造及表演艺术
	V 应用艺术（语言与文字）
社会服务职业族群 （社会服务——社会型）	W 健康服务
	X 教育
	Y 社区服务
	Z 个人服务

二、不同专业的对应职业和就业方向

从未来职业发展和就业前景的角度去选择专业，已经成为不少家长和考生在高考志愿填报时的一种明确导向。不同学科门类下有不同的专业类别，不同的专业在就业方面又存在着很大的不同。为此，考生需要对每个专业的就业方向有一个了解，做到在专业选择时心中有数。

大学专业的对应职业及就业方向

门类	大学专业（类）	对应职业及就业方向（举例）
哲学	哲学类	政治教师、秘书文员、新闻记者、法律顾问等。哲学、逻辑学、宗教学、伦理学相关教学科研机构，学校，政府机关，企业行政部门
经济学	1. 经济学类	理财规划师、保险精算师、金融分析师等。银行、证券、保险公司等金融机构，政府机关，科研教育机构
	2. 财政学类	财务经理、会计师、审计师等。财政预算编制、政策研究、税收管理等税务/财政部门，企业财务管理部门，财务事务所
	3. 金融学类	金融分析师、风险经理、投资银行家等。金融行业监管部门、银行、信用社、证券/信托/基金机构、保险公司、高校、研究所
	4. 经济与贸易类	报关员、单证员、物流专员等。对外贸易、市场营销、涉外谈判、进出口业务、外贸管理等涉外贸易类企业，政府机构
法学	1. 法学类	法官、检察官、律师、法律顾问等。法院、检察院等政府机关，法学教学研究机构，律师事务所，企业法务部门
	2. 政治学类	外交官、政治教师、企业行政管理人员等。政治研究、决策咨询、行政管理等政府部门，研究机构，学校，企业行政管理部门
	3. 社会学类	行政管理者、人力资源管理师、社区工作者等。社会规划与管理、发展研究与预测等社会研究与调查机构，企业行政管理部门，社会服务组织
	4. 民族学类	民族事务管理者、博物馆馆员、行政文秘等。民族宗教事务管理、文化产业管理、公共事务管理等政府部门，博物馆，社会学研究机构
	5. 马克思主义理论类	公务员、高校教师、中小学教师、辅导员等。马克思主义理论教学科研机构、学校、党政机关
	6. 公安学类	刑警、边防警察、法医等。治安管理、边防管理、安全保卫、侦查破案、国家安全等政府部门，公安学科相关教学科研机构
教育学	1. 教育学类	学校教师、行政人员、辅导员、心理咨询教师等。教育学研究机构、教育行政部门、高校、图书馆、出版社
	2. 体育学类	学校教师、体育教练、健康管理师、体育经纪人等。体育教学单位，新闻媒体，体育科研机构，医药卫生、保健康复机构
文学	1. 外国语言文学类	同声传译员、外交秘书、新闻发言人等。教育、外事、外贸、科技翻译、新闻出版、广播影视、旅游等相关企事业单位
	2. 新闻传播学类	播音主持、节目编导、栏目策划人员等。广播电视媒体、报社、杂志社、出版社、网络新媒体、平台型公司
	3. 中国语言文学类	公务员、编辑、作家等。国家机关、学校、出版机构、网络媒体、电视台、广播电台、企业宣传部门
历史学	历史学类	历史研究学者、考古人员、博物馆工作人员等。文物考古、历史研究、新闻出版、文化旅游等政府部门，科研院所，博物馆，档案馆

续表

门类	大学专业（类）	对应职业及就业方向（举例）
理学	1. 数学类	数学学科教师、保险精算师、软件工程师等。学校，金融机构，信息技术、人工智能等科研院所，软件公司研发部
	2. 物理学类	物理学科教师、软件工程师、研发工程师等。学校，物理学相关科研院所，电子信息技术等领域的企业研发部门
	3. 化学类	化学学科教师、研发工程师、化验员等。学校，科研院所，日化、服装、石化、食品、医药、环保等行业相关企业
	4. 天文学类	天文观测员、天文数据分析员、天文工程师等。气象局，天文观测站，天文台，天文馆，学校
	5. 地理科学类	地理学科教师、编辑、工程测量人员等。学校，国土、资源、环境等政府管理部门，地图出版社，地理科学相关科研机构
	6. 大气科学类	气象预报员、气象仪器研发工程师、大气环境监测工程师等。气象、环保、民航、农业等政府部门，科研院所，学校
	7. 海洋科学类	海洋科学研究员、海洋环境保护专家、海洋气象预报员等。石油、矿产、水利、海洋、海关等政府部门，科研院所
	8. 地球物理学类	地球物理工程师、技术工程师等。国土资源、地震监测、能源资源等政府部门，科研院所
	9. 地质学类	地质工程师、采矿工程师、土建工程师等。地矿、能源、环境、国土、海洋等政府部门，科研院所
	10. 生物科学类	生物工程师、数据分析员、医药销售代表等。新药研发、临床试验、生物制药、生物技术研发等相关企业，科研机构 / 实验室，学校
	11. 心理学类	心理咨询师、职业规划师、心理医生等。心理咨询机构，科研院所，教育系统，社区，医院
	12. 统计学类	数据分析师、市场研究员、金融分析师等。银行、保险等金融机构，政府经济管理部门、统计部门，研究机构
工学	1. 力学类	结构工程师、研发工程师、工程质量安全监督员等。航空、航天、汽车、机械、船舶、土木等相关科研院所，学校，工程类企业
	2. 机械类	机械设计工程师、生产工程师、维修工程师等。科研院所，政府机关，机械制造企业，汽车制造、维修企业，汽车销售、保险公司
	3. 仪器类	研发工程师、过程控制工程师、仪器仪表工程师等。精密加工、仪器仪表设计和开发等相关企业，科研院所
	4. 材料类	材料研发工程师、材料工艺工程师、质量控制工程师等。冶金、材料、环保、材料成型、加工制备等相关企业，科研机构，高校
	5. 能源动力类	能源工程师、动力系统工程师、汽车工程师等。航空、航天、能源、电力、石油、轻工、汽车等领域企业，科研院所
	6. 电气类	电气工程师、电气设备设计师、自动化工程师等。电力规划设计研究院、电力公司、发电厂等企事业单位

续表

门类	大学专业（类）	对应职业及就业方向（举例）
工学	7. 电子信息类	电子工程师、软件工程师等。通信、电子设备制造、电子产品设计与开发、信息安全等行业政府管理部门，高校，科研机构，IT 企业
	8. 自动化类	自动化工程师、电气工程师、自动控制工程师等。金融系统，通信系统，税务、外贸、铁道、民航等政府部门，工矿企业，科研院所
	9. 计算机类	软件开发工程师、软件测试工程师、数据分析师等。软件编程、系统开发、数据分析、网络服务等相关企业，高校，研究院所
	10. 土木类	监理工程师、预算工程师、建筑工程师等。工程质量监管、建筑施工、建筑设计等单位，科研院所，机场、港口、公路、铁路建设公司，工矿企业
	11. 水利类	水电工程师、水利工程师、工程项目经理等。水利枢纽管理、海岸开发等水利水电部门，水务集团，环保设备公司，科研设计单位
	12. 测绘类	测量工程师、土建工程师、测绘工程师等。国土资源管理、城市建设规划与管理、基础测绘与管理等政府部门，科研院所，相关企业单位
	13. 化工与制药类	制药工程师、化工工程师、研发工程师等。炼油、冶金、能源、环保、医药等行业政府管理部门，科研机构，相关企业单位
	14. 地质类	矿产勘探工程师、矿产开发工程师、水文地质工程师等。资源勘查、工程勘查、设计、施工、管理等相关企业单位，科研机构，政府部门
	15. 矿业类	采矿工程师、矿山机电工程师、安全工程师等。采矿石油工程、矿物分选加工、矿产资源综合利用等相关企业单位，科研机构，政府部门
	16. 纺织类	纺织工程师、产品设计师、产品质量控制师等。纺织生产、贸易进出口公司，纺织学校，纺织相关科研机构
	17. 轻工类	新材料研发与应用人员、生产管理与工艺工程师、质量检测与认证人员等。各类轻工产品研发、生产机构，政府管理部门
	18. 交通运输类	研发工程师、交通规划师等。民航、公路、铁路、海洋等交通规划设计研究机构，交通运输行政管理部门，航空、铁路、公路、船运公司
	19. 海洋工程类	船体设计师、船舶建造师、船舶维修工程师等。海洋工程设计、船舶设计研究院所，海洋油气开发、航运管理机构
	20. 航空航天类	飞行器设计工程师、机械工程师、电子工程师等。航空/航天/民航领域研发、设计、生产、制造等相关军工企业，高校，科研院所
	21. 兵器类	武器系统设计师、结构工程师、系统工程师等。国防科研院所，军工企业，军事院校
	22. 核工程类	核技术工程师、核医学工程师、核安全工程师等。核电站，核燃料加工厂，核设施建设和管理机构，科研机构，高校，医院
	23. 农业工程类	农业机械工程师、机电工程师、农业科技人员等。水利水电工程设计、农业机械设计等科研机构，政府管理、规划部门，相关企业单位

续表

门类	大学专业（类）	对应职业及就业方向（举例）
工学	24. 林业工程类	农业建筑工程师、农业能源工程师、环境工程师等。森林工程、木材科学与工程、林产化工、家具设计与工程等相关企业单位，科研院所
	25. 环境科学与工程类	环保工程师、环境影响评价工程师、环保设备工程师等。环境保护、环境监测、污染防治等相关企业单位，政府部门，科研院所
	26. 生物医学工程类	医疗器械维修工程师、医疗设备销售代表等。医疗仪器研发设计、质量检验等科研机构，医院，医疗器械公司
	27. 食品科学与工程类	食品营养研究人员、食品贮藏管理人员等。食品工程设计、加工、检测等食品类企业，食品检测、技术监督、执法管理等政府部门
	28. 建筑类	建筑工程师、结构工程师、造价师等。建筑设计、城市规划设计、文物建筑保护等研究院，房地产企业，建筑公司，城市规划局
	29. 安全科学与工程类	安全管理工程师、安全评估工程师等。安全监察、检测、评价与管理等政府部门，安全科学理论及应用技术等研究院所，相关企业单位
	30. 生物工程类	生物工程师、生物学研究员等。生物制药、农林产品培育、植物组培、食品发酵工程、转基因技术等科研机构，相关企业单位
	31. 公安技术类	刑警、公安法制宣传人员、物证检验员等。刑事案件侦查、民事治安管理、交通管理、公安专业技术等政府部门，企事业单位
农学	1. 植物生产类	农业技术员、品控专员、农艺师等。作物育种、病虫害防治、土壤改良等农业科研院所，农业技术推广部门，农业信息技术公司
	2. 自然保护与环境生态类	自然保护地管理员、资源调查监测员等。农业资源与环境、野生动物与自然保护区管理、水土保持与荒漠化防治等相关企业，科研机构
	3. 动物生产类	动物遗传育种师、动物保健师、养殖顾问等。动物和宠物品种培育、饲料配制与加工等科研院所，畜牧主管部门，生产企业
	4. 动物医学类	兽医、宠物健康护理员、动物疫病防治员等。动物生产、兽医临床诊疗、动物防疫与检疫等科研机构，管理部门，生产企业
	5. 林学类	森林资源管理师、自然保护区管理专员等。植物资源开发与利用、种子品质检验等环境保护及城市绿化管理部门，科研机构，生产企业
	6. 水产类	水产养殖员、水生动物检疫检验员等。海关检疫、水产养殖、动植检疫、现代渔业技术和水产品加工等管理部门，科研机构，生产企业
	7. 草学类	牧草种植师、畜牧综合服务员等。城市园林绿化、草种生产、草产品加工和贸易等企业，科研单位，农林畜牧部门
医学	1. 基础医学类	化验/检验科医师、健康管理师、营养师等。医学实验研究等科研机构，医学院校，医院，医药公司
	2. 临床医学类	临床医生、专业麻醉师等。医院（在内科、外科、妇科、儿科等科室从事临床工作），医疗保健、体检康复、疾病预防等部门机构
	3. 口腔医学类	口腔医生、口腔修复体制作师等。口腔疾病医疗机构，口腔美容整形机构，口腔医疗器械、护理产品生产企业

续表

门类	大学专业（类）	对应职业及就业方向（举例）
医学	4. 公共卫生与预防医学类	公共卫生师、健康管理师、保健科室医生等。临床科研、卫生防疫、传染病控制、食品卫生等机构，科研院所，医药公司
	5. 中医学类	中医大夫、理疗师、推拿师等。各级中医院、医院中医科，康复疗养院、康复中心，中医研究机构，中医药研发生产企业
	6. 中西医结合类	中西医结合临床医师、康复理疗师等。中西医结合诊疗单位、医学院校、卫生行政管理部门、医药研发生产企业
	7. 药学类	制剂工程师、药物研究员、临床药师等。药品研究分析、药物研发、药品检验、药事管理部门，科研院所，医药院校，医院，医药公司
	8. 中药学类	中药检验师、中药研究员、中药药剂师等。中药检验、中药研究、中药新药开发等科研院所，管理部门，医药院校，医院，医药公司
	9. 法医学类	法医、外科医生、司法鉴定人员等。公安机关、法院、检察院、司法鉴定机构、保险公司
	10. 医学技术类	化验/检验科医师、医学影像医师、放射科医师等。医疗机构、康复中心、体检中心、医疗设备公司
	11. 护理学类	护士、美容师、家庭护理人员等。医疗护理、卫生美容、保健制药等机构，卫生部门，医院
管理学	1. 管理科学工程类	公务员、智库专家、项目经理等。产业分析和政策研究部门，战略研究、市场分析、运营计划、项目管理等相关企事业单位
	2. 工商管理类	企业管理者、财务管理人员、市场营销人员等。营销战略、运营管理、财务管控、广告策划等企业部门，研究机构
	3. 农业经济管理类	农业经济师、政策分析师等。政府农业部门、农业科研院所、农业政策咨询机构、农产品贸易企业、农业投资公司
	4. 公共管理类	人力资源专员、行政专员等。公共事业管理、行政管理、劳动与社会保障、土地资源管理、城市管理等政府部门，企事业单位
	5. 图书情报与档案管理类	信息咨询员、图书馆馆员、档案馆管理员等。图书馆、数据公司、出版社、档案管理部门、情报研究所、情报分析公司
	6. 物流管理与工程类	物流运输专员、物流管理员等。快递、配送、物流企业，大型港口、货物集散中心和物流园区等单位
	7. 工业工程类	工业工程师、系统分析员、生产工程师等。工业企业、金融银行、咨询服务机构、政府部门
	8. 电子商务类	运营经理、产品经理、市场营销经理等。各类运用网络平台开展商务贸易活动的企事业单位
	9. 旅游管理类	导游、营销专员、景区讲解员等。文化旅游管理部门、旅行社、旅游景区、旅游咨询公司、旅游电子商务企业

续表

门类	大学专业（类）	对应职业及就业方向（举例）
艺术学	1. 艺术学理论类	艺术经纪人、艺术策划人、文化经纪人等。艺术理论研究机构，艺术院校，培训机构，艺术品拍卖行，网络媒体、影视等相关企事业单位
	2. 音乐与舞蹈学类	音乐教师、舞蹈演员、作曲家等。文艺演出团体、少年宫、文化宫、艺术院校、中小学、培训机构
	3. 戏剧与影视学类	戏剧演员、影视演员、导演、制作人等。专业剧团、电影制片厂、电视台、广播电台、艺术院校、培训机构
	4. 美术学类	美术教师、美术编辑、美术指导等。影视、建筑、装修、服装、印刷等创意设计单位，文化宣传单位，艺术院校，培训机构
	5. 设计学类	平面设计师、视觉设计师、建筑设计师等。文化创意传播机构，市场推广、文化宣传部门，艺术院校，培训机构

三、了解行业、职业与专业的关系

一个人到大学求学，不管学什么专业，最终都要在社会上选定自己的一份职业。职业的定义有很多种，根据中国职业规划师协会的定义，职业 = 职能 × 行业，即职业可以表示为在某个行业从事某项职能的工作，这才是更为具体的职业。

通常很多人会混淆行业和职业，实际上它们有很大区别。行业是按工作对象来划分的，比如计算机行业、保险行业、农牧业等；职业是按工作职能来划分的，比如企业家、科学家、老师和军人等。了解不同的行业分类有利于全方位了解行业。根据《国民经济行业分类》（2017），我国现有行业门类 20 个、大类 97 个、中类 473 个、小类 1380 个。“十四五”期间乃至更长的时间内，我国将重点发展新一代信息技术、新能源、新材料、高端装备、新能源汽车、绿色环保、民用航空、船舶与海洋工程装备等领域的战略性新兴产业，聚焦元宇宙、脑机接口、量子信息、人形机器人、生成式人工智能、生物制造、未来显示、未来网络、新型储能等未来产业。这些新兴产业和未来产业囊括了先进制造业和现代服务业的绝大部分行业，非常值得重点关注。

确定自己的职业方向时，行业的选择可以优先于职业的选择。一方面，行业发展状况决定了相关职业机会的多寡、职业收益的高低，以及职业前景的好坏。任何行业都存在生命周期，如幼稚期、成长期、成熟期、衰退期。没有长盛不衰的企业，即使某个行业里的巨头公司，也可能随着行业的生命周期变化而受到影响，比如曾经赫赫有名的柯达、诺基亚，都逐渐地退出了历史舞台。另一方面，行业相当于人生的方向，如果方向偏了，再怎么努力，效果总会打折扣。“男怕入错行”说的就是这个道理。行业的转换代价是很大的，职业的转换代价相对来说小一些。比如，一个计算机相关的专业人员，想要成为语文老师是非常困难的，因为他基本上要从头开始学习相关知识和技能；而他要变成一个软件工程师则要容易得多，因为两个职业都属于同一个行业。所以，不同行业的职业发展不尽相同，选择一个正确的行业非常重要。

另外，要正确认识专业与职业的关系。具体而言，大学里所学专业是否就直接对应着个人未来所从事的相关职业呢？

根据中国社会蓝皮书（中国社会科学院和社会科学文献出版社等共同发布），高校毕业生工作与专业相关度为 65% 左右。以本科毕业生为例，医学专业对口率最高，达到 95%；工学与教育学专业次之，为 71%；管理学、文学、经济学和法学专业，处于 60%~69%；理学、农学和历史学专业相对较低。专科毕业生中，医药卫生类专业对口率最高，达到 89%；材料与能源大类专业次之，为 74%；再次是土建、交通运输、文化教育、生化与药品、艺术设计传媒、资源开发与测绘等大类专业，处于 60%~69% 区间；农林牧渔、财经、制造、环保气象与安全、电子信息、旅游、轻纺食品、公共事业等大类专业相对较低，均在 60% 以下。

可见，学什么专业并不一定就只能做什么职业，要结合实际做出适合自己的职业选择。但需要提醒的是，如果能事先大体确定将来要从事什么职业，再去选择相应的专业，就可以顺势而为、事半功倍。事实上，尽管很多跨专业就业的人在职业发展上比较成功（比如，马云从一个英语专业的毕业生，到大学英语教师，再到后来的互联网公司老总，这样的例子有很多），但这个转换赛道的过程对于很多人来说是痛苦的、漫长的，甚至是望而生畏的。

【生涯实践】

◎我的生涯探索一

我的意向职业和专业

填一填：

1. 根据霍兰德兴趣测试，你的职业兴趣代码是什么？

职业兴趣代码：______________________________

2. 请在 ACT 工作世界地图中找到相应的职业类别，并根据个人实际填写对应职业类别中的意向职业和对应专业。

职业族群	职业类别	意向职业	对应专业	备注
管理与销售职业族群（管理与销售——经营型）	A 就业相关服务			
	B 市场营销与销售			
	C 管理			
	D 管制与保护			
商业操作职业族群（商业操作——事务型）	E 沟通与记录			
	F 金融操作			
	G 分配与派发			
技术职业族群（技术——现实型）	H 运输操作及相关职业			
	I 农业、林业及相关工作			
	J 计算机和信息专业			
	K 建筑与维护			
	L 手工艺及相关工作			
	M 生产制造和加工处理			
	N 机械、电气专业			
科学与技术族群（科学与技术——研究型）	O 工程与技术			
	P 自然科学与技术			
	Q 医疗技术			
	R 医疗诊断与治疗			
	S 社会科学			
艺术职业族群（艺术——艺术型）	T 应用艺术（视觉）			
	U 创造及表演艺术			
	V 应用艺术(语言与文字）			
社会服务职业族群（社会服务——社会型）	W 健康服务			
	X 教育			
	Y 社区服务			
	Z 个人服务			

◎我的生涯探索二

在行业发展中寻找职业定位

“十四五”乃至更长时间，国家将重点发展8大新兴产业和9大未来产业。其中，新兴产业聚焦新一代信息技术、新能源、新材料、高端装备、新能源汽车、绿色环保、民用航空、船舶与海洋工程装备等8大领域；未来产业聚焦元宇宙、脑机接口、量子信息、人形机器人、生成式人工智能、生物制造、未来显示、未来网络、新型储能等9大领域。

做一做：

请在表中选择自己感兴趣的行业领域，说一说个人未来打算在这些领域中从事哪些职业。

战略性新兴产业中的意向职业

序号	行业领域	具体方向	打算从事的职业
1	新一代信息技术	第五代移动通信（5G）、电子信息制造、软件、新兴数字领域	
2	新能源	新能源发电、新能源并网、新能源关键设备	
3	新材料	先进石化化工材料、先进钢铁材料、先进有色金属及稀土材料、先进无机非金属材料、高性能纤维及制品和高性能纤维复合材料、前沿新材料	
4	高端装备	工业机器人、高端数控机床、农机装备、工程机械、医疗装备、智能检测装备、增材制造装备	
5	新能源汽车	新能源汽车整车、关键部件系统、核心元器件、智能网联技术、充换电基础设施	
6	绿色环保	碳达峰碳中和、绿色制造、工业节能、工业节水、工业环保、工业资源综合利用	
7	民用航空	航空器、发动机、机载系统、通用基础与运营支持	
8	船舶与海洋工程装备	高技术船舶、海洋工程装备	

未来产业中的意向职业

序号	行业领域	打算从事的职业
1	元宇宙	
2	脑机接口	
3	量子信息	
4	人形机器人	
5	生成式人工智能	
6	生物制造	
7	未来显示	
8	未来网络	
9	新型储能	

第二节　了解职业的五个维度

【生涯故事】

小明的职业选择之路

由于对未来的职业选择感到困惑和不确定，小明决定通过个人探索来找到自己真正热爱和适合的职业。

首先，他进行了一次自我认知的旅程。小明评估并反思了自己的兴趣、技能和价值观，发现自己热爱与人交流，并善于解决问题，也发现自己对科技和创新非常感兴趣。

接着，开始进行职业研究。他阅读了大量的职业指南和工作描述，与各行各业的人交流，参观了相关公司和组织。在这个过程中，他发现了一项与他的兴趣和技能高度匹配的职业：用户体验设计师。

小明感到非常兴奋，决定将用户体验设计作为自己的职业目标，并开始设定长期和短期目标，以实现个人的梦想。他制订了学习计划，报名参加了设计课程，还积极寻找实习机会、积累项目经验，以提升自己的专业能力。

为了获得更多实践经验，小明参加了学校举办的设计比赛，最终获得了一等奖。这个奖项不仅让他增强了自信心，还让他得到了一家知名科技公司的关注，获得了实习实践的机会，能够更加深入地了解用户体验设计的工作环境。

实习期间，小明通过与团队合作，改善了产品的用户体验，提升了用户满意度，得到了同事和上司的肯定。随后，小明开始尝试建立个人品牌和职业网络。他创建了一个社交媒体账号，分享自己的设计心得和经验，还通过参加行业聚会和其他行业活动、与其他从业者交流，不断学习和成长。

多年后，小明成为一名资深的用户体验设计师。他在创造出许多优秀的产品和解决方案的同时，也帮助了很多人改善他们的用户体验。他非常有成就感，因为找到了自己热爱并且与能力、性格等匹配的职业。

【生涯点拨】

找到真正适合自己的职业，需要我们不断努力和持续探索，关键是始终积极追求自己的梦想，并不断学习和成长。无论遇到多少困难和挫折，不管实现这个目标多么艰难、自己的现实和理想之间相差多远，只要自己有恒心、有切实可行的详细计划，并一步一个脚印踏踏实实地去完成，就一定能实现自己的职业理想。面对一份感兴趣的职业，我们该如何去了解探索？建议可以从“入”“做”“得”“拓”“失”五方面着手。

了解职业的五个维度

序号	关键字	解读
1	入	入职机会与竞争条件是什么？包括专业、学习成绩、学历、能力、经验、性格等要求
2	做	具体职位要求做什么、怎么做、怎么评估？包括工作对象、任务、设备等
3	得	可以获得的物质和精神收获是什么？除了薪水，精神层面可以获得哪些感受等
4	拓	职业给你带来的发展与挑战是什么？包括岗位晋升等组织内的层级提升，也包括外界变化带来的新要求和挑战
5	失	职业发展和成长带来的负面的影响可能有哪些？身体健康面临挑战，工作内容和强度增加可能对生活造成影响，等等

一、维度一——“入”

入，即入职机会与竞争条件，包括客观的机遇和制度因素、求职者自身的素质条件与职位要求的匹配性。

维度一：入职机会与竞争条件

<table>
<tr><td rowspan="4">入职机会</td><td colspan="2">招聘人数</td><td>岗位招聘的人数</td></tr>
<tr><td colspan="2">招聘政策</td><td>招聘的灵活程度以及招聘途径等</td></tr>
<tr><td colspan="2">用工制度</td><td>聘用后是否有签约合同以及签约年限等</td></tr>
<tr><td colspan="2">雇佣方式</td><td>是否允许兼职</td></tr>
<tr><td rowspan="16">竞争条件</td><td rowspan="6">基本条件要求</td><td>性别</td><td>是否对性别有特殊要求</td></tr>
<tr><td>籍贯</td><td>是否对籍贯有特殊要求（特别是户口所在地）</td></tr>
<tr><td>外形</td><td>是否对身高、容貌、裸视视力等有特殊要求</td></tr>
<tr><td>年龄</td><td>是否对年龄有特殊要求</td></tr>
<tr><td>婚否</td><td>是否对婚姻状况有特殊要求</td></tr>
<tr><td>政治面貌</td><td>是否对党员、团员等身份有特殊要求</td></tr>
<tr><td rowspan="6">教育培训要求</td><td>毕业院校</td><td>对毕业院校是否有特殊要求</td></tr>
<tr><td>专业方向</td><td>对专业方向有何要求</td></tr>
<tr><td>学历程度</td><td>对学历程度有何要求</td></tr>
<tr><td>外语、计算机</td><td>对外语、计算机水平有何要求</td></tr>
<tr><td>培训经历</td><td>对接受过何种与岗位工作有关的培训的要求</td></tr>
<tr><td>资格证书</td><td>对所应取得的职业资格证书的要求</td></tr>
<tr><td rowspan="2">心理要求</td><td>性格</td><td>对性格特征有何特殊要求</td></tr>
<tr><td>能力</td><td>对总体能力水平及强势能力有何特殊要求</td></tr>
<tr><td colspan="2">工作经验</td><td>对与岗位工作有关的工作经验有何要求</td></tr>
<tr><td colspan="2">社会关系</td><td>对社会关系网有何特殊要求</td></tr>
</table>

二、维度二——“做”

做，即在某个职业职位中要求做什么、怎么做、怎么评估等。对工作对象、任务、责任及过程的了解是职位探索的关键。

维度二：工作实况

<table>
<tr><td rowspan="3">工作实况</td><td rowspan="3">工作内容</td><td>对象</td><td>职业行动的直接对象以及为了完成岗位职责所需的活动指向领域</td></tr>
<tr><td>任务、责任</td><td>需要做什么、达到什么目标</td></tr>
<tr><td>设备</td><td>工作所借助的仪器、工具等</td></tr>
</table>

续表

工作实况	工作强度	工作时间	上下班	从事该岗位工作的上下班时间
			加班	从事该岗位工作需要加班的频率和时间长度
			节假日	从事该岗位工作是否影响节假日休息
			出差	从事该岗位工作需要出差的频率和时间长度
		工作方式		有固定的上下班时间还是可以在家自由办公
		工作量		工作任务的饱满程度，是否有时间照顾家庭等
	工作环境	物理环境	工作设施	工作场所的办公设备、办公用品、设施等
			工作空间	工作场所的照明、空气、温度以及户外作业所占的时间比例等情况
		社会环境	人际关系	工作场所的人际氛围、同事间的关系等
			工作气氛	工作场所员工的工作积极性、配合性等
			学习氛围	员工的学习积极性、谋求再培训和再发展的积极性
	工作控制		直接上司	分管领导的风格、喜好、能力水平及价值倾向等
			监督与管理	对该岗位工作进行监督、管理的方式及严格程度等
			绩效考评	如何对该岗位工作进行考评

三、维度三——“得”

得，即通过工作可以获得的报酬及相关的心理感受。工作给人带来的不完全是物质收入，还有很多心理感受、情感体验。

维度三：所得所感

所得所感	薪酬福利	工资	根据职务等级、岗位测评结果以及工龄、学历、资历等因素确定的报酬
		奖金	根据业绩及单位的经济效益而支付给员工的额外报酬
		津贴	一般不与业绩直接挂钩而作为政策性的报酬，是薪酬的补充
		福利	由单位及职位带来的所有非货币报酬
	工作满意感	公平感	从事该岗位工作相对于其他岗位或工作，是否觉得付出与得到成正比
		成就感	完成该岗位工作任务得到的满足感
		自我实现	从事该岗位工作是否能充分发挥个人潜能

四、维度四——“拓”

拓，即职业给你带来的发展与挑战，包括岗位晋升等组织内的层级提升，也包括外界变化带来的新要求和挑战。

维度四：发展与拓展

<table>
<tr><td rowspan="8">发展与拓展</td><td rowspan="3">个人发展</td><td>培训、进修</td><td>岗前、职后所能接受的培训和进修项目，以及培训、进修的频率与机会</td></tr>
<tr><td>晋升</td><td>从事该岗位工作能得到的晋升空间与机会</td></tr>
<tr><td>职业变通</td><td>横向转换职业或岗位的机会</td></tr>
<tr><td rowspan="2">社会资源</td><td>人际关系资源</td><td>从事该岗位工作能获得的人际关系网</td></tr>
<tr><td>社会地位</td><td>社会上对该岗位的认识和尊重程度</td></tr>
<tr><td rowspan="3">要求与挑战</td><td>环境变化</td><td>劳动力市场、社会文化、科学技术等环境变化对岗位提出的新要求及其应对</td></tr>
<tr><td>组织要求</td><td>组织结构调整、用人生态、岗位要求变化对个人的影响及其应对</td></tr>
<tr><td>个人自身</td><td>个人自身因素如学历提升、工作家庭平衡、个人价值观、工作倦怠等对岗位工作提出的要求及其应对</td></tr>
</table>

五、维度五——“失”

失，即职业发展和成长带来的负面的影响可能有哪些。例如：身体健康面临挑战，工作内容和强度增加可能对生活造成影响，等等。

维度五：职业负面清单

<table>
<tr><td rowspan="5">职业负面清单</td><td>健康安全威胁</td><td>岗位工作环境不佳，对个人身体健康可能造成侵害甚至形成职业病症。或者岗位需要长期加班，个体随着年龄增加不能承受高强度的工作等</td></tr>
<tr><td>家庭关系威胁</td><td>与家庭联系不紧密，团聚时间少，夫妻或亲子关系疏远</td></tr>
<tr><td>岗位技能威胁</td><td>岗位对行业知识储备要求高，理论前沿、专业技能更新迭代速度快，造成个人对岗位不适应</td></tr>
<tr><td>归属激励威胁</td><td>个人价值观与组织价值观可能发生冲突，如找不到自己在组织中的位置，或者人际关系不和谐导致缺乏职业安全感</td></tr>
<tr><td>其他威胁</td><td>可能遇到外部的各种干扰和风险，有可能面对失败等</td></tr>
</table>

对职业的探索可以是多方面的，从广义的角度来说，了解社会、行业等宏观信息尤为必要，因为这是职业赖以生存的社会环境基础，而从狭义的角度来说，了解“职业”具体的内容是从微观层面对职业进行深度剖析。无论是了解其宏观环境还是剖析其微观内涵，都需要我们在日常生活中注重积累、留心观察。职业探索的方法丰富多样，大致分为五个方面——“找一找”“聊一聊”“看一看”“问一问”“做一做”。“找一找”包括纸质媒体、视听媒体、网上搜索等渠道；“聊一聊”包括与家人或朋友讨论、进行生涯人物访谈等渠道；“看一看”包括实地参观、参加人才交流会/行业展览会、职业角色示范等渠道；“问一问”包括参加就业服务组织/专业俱乐部/学会、访问从业人员等渠道；“做一做”包括利用假期打工、参加岗位实习锻炼等渠道。

需要说明的是，获取职业信息的方法不同，其过程或结果会呈现出不同的特点。如通过“找一找”获得的信息比较直接、海量，通过“做一做”获取信息则需要同学们主动出击，甚至是走出校门深入生产和工作一线，其余的“聊一聊”“看一看”“问一问”，则可以兼顾查阅资料、访谈交流、深入职场等多种形式加以运用。

对于高中生来说，职业探索的过程可以归纳为以下几个步骤：

1. 自我评估：了解自己的兴趣、优势、价值观和人格特质。可以借助一些测评工具，如霍兰德职业兴趣量表、MBTI 性格类型测试等，更深入地了解自己。

2. 观察和探索行业和职业：通过就业网站、职业书籍、高校网站、职业博览会、实习实践、生涯访谈等方式了解不同的行业和职业，观察和了解这些行业和职业的工作内容、薪资、发展空间等信息。

3. 技能和证书：针对自己感兴趣的职业，了解需要具备的技能和证书。明确这些技能和证书中哪些可以通过学校学习获得，哪些需要额外的学习和培训。

4. 实习和志愿者工作：寻找与感兴趣的职业相关的实习和志愿者工作机会。这有助于更深入地了解该职业的工作环境、工作内容，建立起与该行业相关的人脉关系。

5. 确定职业方向：经过前面的步骤，应当对自己的职业兴趣和方向更加明确。此时可以列出几个最感兴趣的职业，并进一步深入研究这些职业。

6. 制订行动计划：明确职业目标后，需要制订一个详细的行动计划。计划的内容包括如何获取所需的技能和证书，如何寻找实习机会，如何在学校中学习等。

7. 持续反馈和调整：随着时间和经验的积累，可能会发现之前的某些认知有误或者不合适，这时就需要对计划进行适当的调整。同时要注意保持对行业的持续关注，及时获取最新的行业信息。

总的来说，职业探索是一个持续的过程，需要不断地学习、观察、实践和调整。通过这样的路径，高中生可以更好地为未来的职业生涯做好准备。

【生涯实践】

◎我的生涯探索一

大学生学业与职业发展平台——学职平台

学职平台是由教育部学生服务与素质发展中心（原全国高等学校学生信息咨询与就业指导中心）开发的大学生学业与职业发展平台。该平台于2014年启动研发，于2016年11月试开通。平台旨在帮助大学生全面认识职业，深入了解自我，做好职业规划，提升职业能力。专业性和本土化是平台最鲜明的特点，因为该平台由教育部学生服务与素质发展中心组织国内大量高校开展课题研究和样本调查，基于大数据优势构建了我国大学生职业生涯发展模型，开发了适合我国国情的职业测评工具，建设了适合大学生的职业信息库，呈现了专业、学业、职业、行业之间的关系图谱。

学职平台简介

职业百科	职业微视频	职业测评	专业百科
目前囊括23类112个职业方向，每个词条下含11个条目，涵盖职业定义、岗位职责、工作环境、发展路径、工作者的一天等，内容翔实全面，指导性和借鉴性强，为学生快速了解目标职业、进行职业选择提供有力的信息支持	精选每个职业的代表性人物进行访谈和总结，以“过来人”的眼光对职业进行剖析。视频短小精悍，浓缩着职业精华，每一个微视频就是一幅生动的职业图景，让我们得以站在前人的肩膀上看问题	好的工作必定是适合的工作，在适合的岗位上工作会如鱼得水，反之则如涸辙之鲋。作为职业生涯规划的起点，职业测评能为你提供的就是你与职业的适配性，帮助你更好地进行自身的职业定位	涵盖本科和专科共千余专业方向，创新性地将专业与从业方向相结合，设置课程的实用性和难易度评分，为学生选择专业提供多个侧面的观察视角，同时将职业生涯规划提前至专业选择阶段

学职平台的主要功能包括：一是职业信息库。涵盖大学生就业去向比较集中的100多个典型职业，提供超过400个鲜活生动的职业案例、100多个职业微视频，全面、生动地反映各个职业的基本特征。二是职业测评。主要包括通用能力和兴趣、价值观测评，帮助大学生深入探索自我、发现潜能，树立正确的职业价值观，主动对照职场，选对方向，有针对性地提升能力。三是专业百科。能够多角度帮助学生了解专业相关信息以及对专业、课程的评价，帮助学生合理规划学业课程。以“职业百科”功能模块为例，平台从职业定义、任务职责等11个方面对职业进行了详细描述，为同学们了解职业提供了丰富而实用的信息。

做一做：

请登录学职平台网址（https://xz.chsi.com.cn），选择自己感兴趣的职业进行探索，并填写如下表格。

我的意向职业探索

意向职业：（　　　　　　）

序号	项目	具体内容
1	职业定义	
2	任务职责	
3	知识背景	
4	大学课程	
5	职业技能	
6	从业资格	
7	常用工具	
8	薪酬待遇	
9	工作环境	
10	发展前景	
11	职业道德	

◎我的生涯探索二

5-3-1职业定位法

王彪是一名大三学生，除了社团活动，几乎毫无职场经验。选择就业方向时他遇到了困惑：一切想法皆基于想象，“我觉得我适合做营销，因为我有不少好的想法”“做销售收入多，可是我担心自己不能八面玲珑”……

为此，老师介绍了5-3-1职业定位法，即尝试5个不同工作，比对之后选择其中3个进行深度实践，然后根据结果确定1个作为自己的职业定位。

王彪的5个初始职业方向如下。

1. 研发类。和同学一起搭建了校园内部的电子商务网站，一个月后失败。
2. 销售类。和同学一起推销网游的点卡，两周后放弃。

3. 市场类。承接了一个留学公司的校园宣讲，承诺组织至少100人，结果只来了39个（还有9个是自己朋友来充数的）。

4. 银行理财类。推销信用卡，给客户讲解部分理财产品。

5. 技术服务类。为自己朋友的淘宝网店提供技术支持，设计宣传海报、上传链接文件等。

2个月之后，王彪确定了3个深度实践方向：

1. 研发类。把那个失败了的网站重新做起来。

2. 银行理财类。推销理财产品。

3. 技术服务类。继续给朋友的淘宝网店提供技术支持，并协助他开京东店铺。

又过了2个月，王彪决定了一个意向职业：研发！

王彪的经历告诉我们，充分了解职业是选择的前提。只有亲身体验，确定职业目标才会切合实际。没有任何经验作为参照物，一切想法都将只能来自想象。

想一想：

5-3-1 职业定位法为什么能够帮助王彪确定意向职业？你有什么启发？

【生涯小结】

1. 所谓“职业世界地图”，就是将职业世界的工作岗位分成若干类别，这些类别的区分能够帮助我们更好地聚焦感兴趣的职业。这些职业类别与之前章节介绍的运用霍兰德兴趣理论探索职业兴趣有着密切的联系。

2. 每种职业兴趣类型其实都可以对应着我们感兴趣的职业，这些职业与行业和专业究竟是什么样的关系？我们要在职业探索中将这些概念串联起来。可以说，没有脱离社会需求的专业，更没有脱离行业和职业而存在的专业。了解职业发展，就要将专业相关的行业和岗位了解清楚，知道学什么专业，将来能进入什么行业，做什么样的职业。

3. 职业探索的内容和途径是需要重点掌握的知识点。一定要在紧张的高中学习之余抽出时间，运用“找一找”“聊一聊”“看一看”“问一问”“做一做”等方法，从“入”“做”“得”“拓”“失”等方面对未来职业发展加以全面了解，尤其要学会使用职业探索的相关网站（重点是官方网站），与专业相关的职场人士进行一场深度访谈。千万不能让这些职业探索的知识和技巧停留在书面。

【生涯展望】

问：ACT 工作世界地图中的六大职业族群，哪种更适合你？

答：______________________________

问：你的职业兴趣类型和意向职业分别是什么？

答：______________________________

问：行业前景、职业发展与个人专业选择有什么样的联系？

答：______________________________

问：你身边有哪些值得访谈的生涯人物或者职场人士？你打算从他们身上了解哪些职业相关的内容？

答：______________________________

【生涯资讯】

· 图书类

阿尔约沙·诺伊鲍尔《做自己擅长的事，还是喜欢的？》

推荐理由：

择业是每个人都必须做的一项功课。要想成功，既需要恰当的努力，也需要做出正确的选择。究竟应该选择自己擅长的职业，还是自己喜欢的？其实这个问题指向了两个核心因素：能力与倾向，能力对应的是擅长，倾向对应的是喜欢。面对两个看似抽象的概念，作者一一拆解，并按重要性和优先程度将其所含要点逐个分析排序，既有扎实可靠的理论依据，又有自评问卷、行动建议等能立刻上手的实用工具，以期全方位提升读者的职场竞争力。

· 政策类

人力资源社会保障部、市场监管总局、统计局关于颁布《中华人民共和国职业分类大典（2022 年版）》的通知（2022 年 9 月 27 日）

推荐理由：

职业分类作为制定职业标准的依据，是开展职业教育培训和人才评价的重要基础性工作。此次新版大典特别是新增职业的发布，对于增强从业人员的社会认同度、促进就业创业、推动经济高质量发展等，都具有重要意义。考生可以从职业分类大典中了解职业分类的体系，了解各类职业的基本情况、发展趋势、技能要求等，为未来的专业选择和职业发展提供指导。

国家质量监督检验检疫总局、国家标准化管理委员会发布的《国民经济行业分类》（GB/T 4754—2017）

推荐理由：

新版《国民经济行业分类》新增了体现新经济发展特征的新行业活动，及时、准确地反映我国在经济新常态和产业结构转型升级阶段涌现出来的新产业、新业态、新商业模式。考生可以由此对国内各行各业有一个全面的了解，特别是对国家在未来行业调整和发展方面的趋势布局有所把握，从而为自己选择未来从事的行业打下基础。

工业和信息化部等四部门关于印发《新产业标准化领航工程实施方案（2023—2035年）》的通知（2023年8月3日）

推荐理由：

《实施方案》综合考虑产业发展现状与发展潜力，提出了“8+9”的新产业以及重点领域。其中，新兴产业聚焦新一代信息技术、新能源、新材料、高端装备、新能源汽车、绿色环保、民用航空、船舶与海洋工程装备等8大领域；未来产业聚焦元宇宙、脑机接口、量子信息、人形机器人、生成式人工智能、生物制造、未来显示、未来网络、新型储能等9大领域。这为考生把握未来产业发展、确定个人自身未来职业发展提供了重要参考。

工业和信息化部等七部门关于推动未来产业创新发展的实施意见（2024年1月18日）

推荐理由：

《实施意见》提出，把握全球科技创新和产业发展趋势，重点推进未来制造、未来信息、未来材料、未来能源、未来空间和未来健康六大方向产业发展。到2025年，未来产业技术创新、产业培育、安全治理等全面发展，部分领域达到国际先进水平，产业规模稳步提升。到2027年，未来产业综合实力显著提升，部分领域实现全球引领。关键核心技术取得重大突破，一批新技术、新产品、新业态、新模式得到普遍应用，成为世界未来产业重要策源地。考生和家长可以根据最新的产业发展相关文件，了解未来行业发展的前沿趋势，并将其作为专业选择和未来就业的重要参考。

第五篇

生涯决策

（高中选科、升学路径）

模块八

高中选科——看似简单而影响深远的抉择

【生涯格言】

利害有常势，取舍无定姿。

——韩愈

【关键词】

选科方案制定

【思维导图】

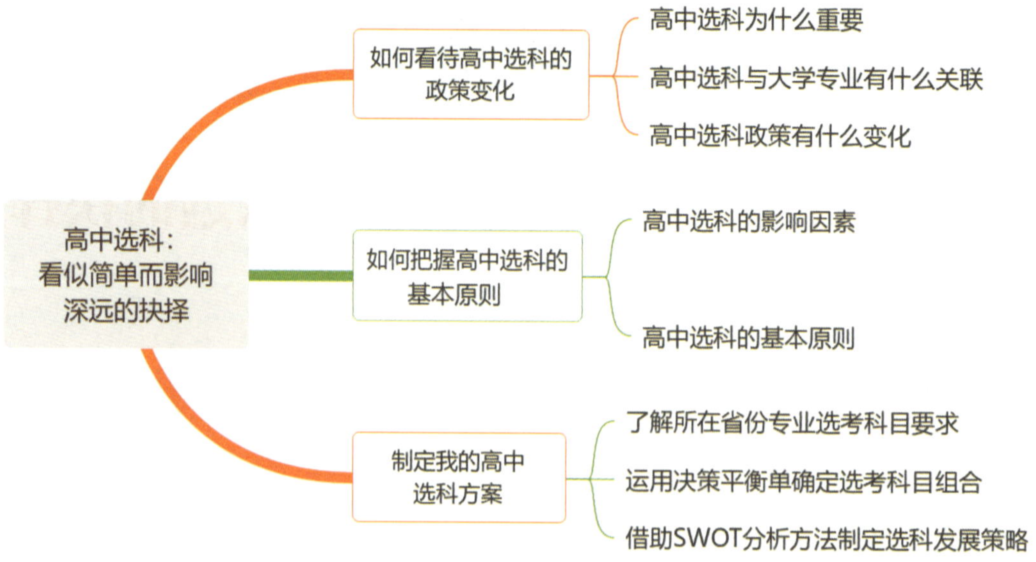

【我的生涯困惑】

在表格中写下你在高中选科方面遇到的困难、疑惑，或者是你目前遇到的问题、难点。待我们学完本模块课程内容后再来回顾：这些困惑或难题都解决了吗？

序号	我的生涯困惑	紧迫程度
1		☆☆☆☆☆
2		☆☆☆☆☆
3		☆☆☆☆☆
4		☆☆☆☆☆
5		☆☆☆☆☆

紧迫程度：最紧迫程度为五颗星，可以根据实际情况将☆填满颜色。

第一节　如何看待高中选科的政策变化

【生涯故事】

因选科不当而与理想大学擦肩而过

萧墨，参加高考“3+1+2”模式，当初选科的时候并没有系统考虑。分析原因，可能和家庭环境有关系。父亲做工程管理，算是跨行进入该领域，发展也不错，因此在父亲眼里专业并不重要，从大方向考虑建议选择理科，再从其他四门课程中选择两门课作为高考科目，这两门课当然得是既擅长又喜欢的；母亲长期出差在外，并没有深度参与孩子的选科选课。最终萧墨选择了物理、生物、地理。

选择生物是出于真爱，萧墨经常在学校实验室做生物实验，课余时间养养果蝇、斑马鱼，种种豌豆、拟南芥，生物成绩名列前茅；选择地理，是受妈妈职业的影响，因为妈妈从事地质勘探工作，经常外出，萧墨在学习之余跟着游历了不少城市，领略了敦煌莫高窟、喀斯特地貌等景观，也去过非洲、中亚等很多极具地域特色的地方，对自然地理和人文地理都非常热爱。

就成绩来说，萧墨一直保持在全校前十名。她想冲刺名校，更希望有机会去国外深造，最喜欢的大学和专业是某大学生物专业。填报大学志愿时，却发现压根就没有资格报考，因为该专业只允许选修化学科目的学生报考，而她选的是物理、生物、地理……

【生涯点拨】

有人说，高中选科就像一个“分水岭”，由于选科不同，每个人的学习重点也发生了变化。只是这个“分水岭”对于不同的人来说，到底是一次充分挖掘自身潜力的机遇，还是一次“别人选什么我就选什么”的盲从，又或者是一次面对父母意见的一味遵从……每个人可能都会有不同的经历和答案。选科到底为什么重要？现在的选择跟未来又有什么联系？当下，高考选科政策又有什么新的变化？对于这些问题，我们必须在选科之前了解清楚。

一、高中选科为什么重要

选科是高考前的必经之路，它不仅关系到高中阶段选科后的学习计划，还会影响到未来的专业选择。从长远来看，选科更会影响个人未来的职业生涯。

高中生选择合适的科目组合，能够充分激发学习兴趣和学习动力，更好地挖掘自身的潜力。比如，小李一直以来对物理、化学非常感兴趣，生物成绩也不错，于是他在选科时选择了物理、化学和生物这三门科目。对于小李来说，这个选择是有利的。首先，可以充分发挥他在物理、化学方面的优势，有助于提高高考成绩。其次，物理、化学是很多理工科专业的必修科目，这也为将来确定专业和职业提供了更广阔的选择空间。当然，如果一个学生对历史和政治都很感兴趣，同时地理成绩也很好，那么他选科时可以选择历史、政治和地理这三门科目。这样的选择可以让他在未来学习和职业规划中更好地发挥自己的优势。

然而，不少学生在选科时存在一些不理性行为。比如，有些同学可能会盲目跟风或者随意选择科目组合，而没有考虑到自己的兴趣和能力所在。如果选择的科目没有激发个人的兴趣，那么可能会让人感到厌倦和无聊。如果对选择的科目感兴趣，但个人能力不太匹配，那么学生很可能会在学习中遇到不少困难和挑战。有的人因为选科不对，与自己心仪的大学擦肩而过；有的人因为上不了自己理想的专业，在大学期间失去学习兴趣和动力。更为重要的是，不适合的选科组合还可能会间接导致个人职业道路变得狭窄，无法获得理想的就业机会，从而影响到未来职业的发展。

选科对职业规划的影响

选科与职业之间存在着密切的联系。不同的选科组合将为学生提供不同的学术和职业发展路径。通过选择与职业目标相关的科目，学生可以更好地了解和培养所需的专业技能，为未来就业和职业发展做好准备。例如，选择理科方向的学生可能更适合进入工程、医学、理学等领域；选择文科方向的学生可能更适合从事法律、教育、传媒等领域的职业。

正确选科有助于学生了解不同专业领域的特点和要求。选择自己感兴趣领域的相关科目，可以更深入地了解相关专业的学科内容、就业前景和发展方向。例如，对经济学、工商管理等感兴趣的学生可以聚焦历史、政治等科目的学习，提前了解经济管理相关领域的特点和要求，为未来从事商业管理、市场营销等职业做好准备。

选科对于兴趣、能力的发现和培养至关重要。学生选择了与兴趣相关的科目，会更有动力和热情去学习探索，并逐渐培养出与职业发展相关的技能和素质。这将为他们未来的职业发展奠定基础。

总之，每个高中生都要认真考虑高中选科的利弊，了解各种选科组合的特点和不足，尽可能根据自己的兴趣爱好、学科能力、职业规划等进行选择，从而更好地发挥自己的优势。

二、高中选科与大学专业有什么关联

学生和家长能否把握高中选科与大学专业之间的关系，将直接影响到选科成功与否。实际上，高中学科所涉及的知识，特别是这些知识的学习和思维方法，对于大学专业的学习非常有帮助。

高中学科按照功能划分可以分为三类：偏知识类、偏应用类和偏兴趣类。之所以都加上“偏”字，是因为这些学科对不同的学生和大学的各个专业都兼有知识基础、应用培养及兴趣补偿的作用。

偏知识类的学科包括数学、物理、化学、生物、历史、地理、政治，偏应用类的学科包括语文、外语（一般是英语）、信息技术，偏兴趣类的学科包括音乐、体育、美术等。部分校本课程，如学科类、语言类、科技类、竞赛类、社团类、运动类、艺术类、讲座类等，可以作为高中学科的学习和思维技巧补充，以及学生兴趣满足和综合素质发展的重要途径。

1. 高中学科知识是大学专业学习的重要基础

偏应用类的语文、外语和信息技术是一个人最基本的能力素质，也是学好大学专业非常重要的基础。语文知识和能力的掌握，如阅读、写作等，在大学专业课程的学习中起到非常重要的作用，无论是对知识点的理解和掌握，还是各类调研、实验报告的撰写，科研论文的发表，毕业论文的写作等，都需要扎实的语文功底。英语是一种最普遍使用的国际语言，目前很多前沿的科技知识依然是用英语写成的，很多前沿的国际刊物、国际学术会议，都将英文作为第一语言，因此，掌握英语成为大学专业学习的基本条件。不少用人单位对大学生的英语水平也有明确的要求。同时，信息技术的发展，使得学习越来越信息化、网络化了，大学里很多专业知识的学习，光靠教材和老师的讲解是远远不够的，如果想要学好专业知识，必须学会利用图书馆和网络信息技术。

偏知识类的数学、物理、化学、生物、历史、地理、政治等学科中，数学是部分大学专业非常必要的基础。大学中的很多种理工类专业，如计算机、金融工程、材料科学、生物科学等，都需要学习高数、数理统计等数学知识。这些知识对于很多同学而言非常深奥难懂，必须有良好的高中数学底子，才能学好这些知识。其他学科如物理、化学等，也是类似的道理，大学中与之相关的专业，如应用物理、材料物理、材料化学、高分子化学等，都需要较强的相关高中学科知识。因此，偏知识类的高中学科，对于大学部分相关专业而言，也是非常重要的。

2. 高中学科知识是大学专业学习的催化剂

即使大学所学专业与高中某个学科没有关联，这些高中的学科知识储备对于大学专业知识的学习也有很强的促进作用。当今的科学知识，已经突破了专业间的壁垒，不同学科之间的交叉联系越来越普遍。对于专业学习而言，不仅需要掌握本专业的相关知识，还要掌握其他学科专业的相关知识。以国际经济与贸易专业为例，学习该专业可能用不到高中时化学的知识，但如果你将来想从事化工产品的贸易工作，化学知识将会给你提供很大的帮助，当然，该工作对化学知识的要求并不会像化学专业那样高。

偏兴趣类的学科，对大学专业的学习和研究也有一定的帮助。调查结果显示，很多学术成就较高的院士在大学期间都有不少兴趣特长，有的曾是学校艺术团的小提琴手，有的对书法绘画钻研颇深，有的曾是学院篮球队的主力队员，等等。可见，兴趣类的学科对于个人综合素质提升和全面发展起到重要作用。

三、高中选科政策有什么变化

2014 年起，国家对高考招生进行改革，即所谓新高考改革。截至目前，全国 31 省（市、自治区）除西藏和新疆外，已有五批共 29 个省份加入新高考阵营。

第一批：2014 年，上海、浙江；

第二批：2017 年，北京、天津、山东、海南；

第三批：2018 年，河北、辽宁、江苏、福建、湖北、湖南、广东、重庆；

第四批：2021 年，黑龙江、甘肃、吉林、安徽、江西、贵州、广西；

第五批：2022 年，河南、四川、山西、内蒙古、云南、陕西、青海、宁夏。

新的选考科目要求对引导学生健康成长有何意义？

学生只有在充分考虑国家经济社会发展需要、个人兴趣特长和高校人才培养要求的前提下进行选科，对个人的职业生涯做出理性规划，才能在人生道路上获得更好的发展。从改革省份前几届录取的情况来看，高校提出明确选考科目要求的专业，入学后学生的基础比较扎实，后续学习能力更强。因此，选考科目的优化调整，有利于学生进一步明确选择方向，有利于学生未来的成长发展，也有利于推动形成良好的基础教育生态。

新高考的最大特征是“不分文理”。旧高考的文理分科，仅有 2 种固定组合供考生选择：语数外 + 文科综合（政治、历史、地理）；语数外 + 理科综合（物理、化学、生物）。新高考包括“3+3”模式和“3+1+2”模式。语数外 3 科是必考科目，而另外 3 科选考科目由学生从物理、化学、生物、历史、地理、政治（有的省份还包含“技术”）中自行选择。

在第一批改革省份，上海采用“6 选 3”（6 个科目中任选 3 科）选科方案，浙江则采用“7 选 3”（多了一门“技术”科目）选科方案。

在第二批改革省份，沿用“6 选 3”选科方案，即“3+3”模式，第一个“3”是语数外，第二个“3”是从物化生史地政 6 科中任选 3 科。

从第三批开始，所有省份都对“3+3”模式做了调整，采用了“3+1+2”模式：“3”即语文、数学、外语三门统一高考科目，“1”即考生须在物理、历史中选择 1 门作为首选考试科目，“2”即考生可在政治、地理、化学、生物中选择 2 门作为再选考试科目。12 种考试科目组合给学生提供了更多的选择机会。学生可根据个人爱好、兴趣、特长和拟报考学校专业的招生要求进行自主选择。

“3+1+2”模式的 12 种选科组合

序号	首选考试科目	选科组合
1	物理	物理 + 化学 + 生物
2		物理 + 化学 + 地理
3		物理 + 化学 + 政治
4		物理 + 生物 + 地理
5		物理 + 生物 + 政治
6		物理 + 地理 + 政治
7	历史	历史 + 化学 + 生物
8		历史 + 化学 + 地理
9		历史 + 化学 + 政治
10		历史 + 生物 + 政治
11		历史 + 生物 + 地理
12		历史 + 政治 + 地理

为做好高中生选科指导，教育部先后印发《普通高校本科招生专业选考科目要求指引（试行）》和《普通高校本科招生专业选考科目要求指引（3+1+2 模式）》等指引文件。2021 年 7 月，教育部印发《普通高校本科招生专业选考科目要求指引（通用版）》，

由于它是对前两份文件的整合和修订，社会也将其称为《指引》3.0 版。最新《指引》适用于北京市、天津市、河北省、辽宁省、上海市、江苏省、浙江省、福建省、山东省、湖北省、湖南省、广东省、海南省、重庆市及后续启动高考综合改革的省份，从 2021 年秋季入学的高一新生开始实行。

《指引》3.0 版结构和选科要点如下：

1. 以本科专业类为单位设定科目范围一和科目范围二。科目范围一包括物理、历史两科，高校可提 1 科或不提；科目范围二包括政治、地理、化学、生物 4 科（在浙江可增选技术），高校最多提 2 科或不提。

2. 科目设置要求。高校各专业从科目范围一、二内，根据实际选择 1 科、2 科、3 科或不提。选择 1 科的专业表示考生必须选考该科目；选择 2 科或 3 科的专业，表示考生必须同时选考规定的 2 科或者 3 科。未提出科目要求的，考生自行选考 3 科。以哲学类的哲学专业为例：

A 高校科目范围一选择“历史”，科目范围二选择“政治”，考生选考科目中必须有“历史”和“政治”2 科。

B 高校科目范围一选择“历史”，科目范围二未提要求，考生选考科目中有“历史”即可。

C 高校科目范围一未提要求，科目范围二选择“政治”，考生选考科目中有“政治”即可。

D 高校科目范围一未提要求，科目范围二选择“政治”“地理”2 科，考生选考科目中必须有“政治”“地理”2 科。

E 高校科目范围一未提要求，科目范围二也未提要求，考生自行选考 3 科即可。

3. 同一专业类的内设专业的选考科目要求可以相同，也可不同。如哲学类下，某高校哲学专业提“历史”“政治”2 科要求，逻辑学专业可提“物理”要求。

4. 指引共涵盖 12 个学科门类，92 个本科专业类，其中 65 个本科专业类要求必选物理，占比 70.65%；56 个本科专业类要求必选化学，占比 60.87%；55 个本科专业类要求必选物理和化学，占比 59.78%。

5. 相比以往，选科要求中物理、化学的权重有了非常大的提升。由于物理非常强调体系性，也是逻辑思维训练的重要载体，在普通高校本科列出的专业大类中，有七成需要学生具备扎实的物理基础。另有六成涉及化学。

6. 公安学类、政治学类、马克思主义理论三个专业类，要求必选政治。经济学类中的金融数学、经济统计学等专业要求首选科目必须是物理。

【生涯实践】

◎我的生涯探索一

高中学科和大学专业的关系

高中学科知识是大学专业学习的重要基础。根据《高中学科与大学专业（类）对应表》，可以大致了解高中的学科与大学专业（类）的关系，为个人选科提供另外一个思考的视角。

高中学科与大学专业（类）对应表

高中学科	对应大学专业（类）
语文	中国语言文学类、新闻传播学类、教育学类
数学	数学类、经济学类、心理学类、统计学类
英语	外国语言类
政治	哲学类、法学类、马克思主义理论类、社会学类、政治学类、管理类、农业经济管理类、工商管理类、公共管理类
历史	历史学类、图书档案学类、马克思主义理论类、政治学类
地理	天文学类、地质学类、地理科学类、大气科学类、海洋科学类、测绘类
化学	化学类、化工与制药类、环境与安全类、轻工纺织食品类、材料类
物理	物理学类、地矿类、机械类、仪器仪表类、电子信息科学类、电气信息类、土建类、水利类、能源动力类、交通运输类、海洋工程类、航空航天类、武器类、工程力学类、公安技术类、农业工程类、林业工程类
生物	科学类、生物工程类、医学类、环境科学类、植物生产类、草叶科学类、森林资源类、环境生态类、动物生产类、动物医学类、水产类
美术	美术类、音乐类、表演类
体育	体育类
信息	数学类、管理类、工商管理类、电子信息科学类、电气信息类

想一想：

1. 你对自己在高中各学科的学习状态和学习成效如何评价？

2. 结合个人兴趣和学习成绩，根据《高中学科与大学专业（类）对应表》，你打算如何选科？

◎我的生涯探索二

选科政策变化带来的机遇和挑战

项目	序号	内容	如何应对
机遇	1	（示例）可选科目范围相对较广，可以选择自己感兴趣的	
	2		
	3		
挑战	1	（示例）如果想学理工科相关专业就必须选择物理，而自身物理成绩一般	
	2		
	3		

想一想：

1. 选科政策给个人带来了哪些影响？分别从机遇和挑战维度说说自己的看法。
2. 如何应对高考选科带来的机遇和挑战？说说自己的打算。
3. 高考选科后，你有什么具体规划？如何选择更适合自己的学习方法？

第二节　如何把握高中选科的基本原则

【生涯故事】

一名高中生选科背后的考虑

高中生张梓涵热爱科学，对物理、化学学科有着浓厚的兴趣。经过一段时间的思考和探索，他在选科时决定选择物理、化学和生物。他认为，物理和化学是他最感兴趣的学科，而生物则是他学习成绩较好的学科，这样选择有利于他在高考中发挥优势。

选科后，他继续努力提高自己的学科成绩。每天都会花费大量的时间、精力学习，尤其是在物理和化学这两门学科上。他深知，只有成绩优秀才能为未来赢得更多的机会。

除了学习，他还积极参加各种学科竞赛。他认为，这些活动不仅可以锻炼能力，还可以拓宽视野。在学校科技创新比赛中，他凭借物理和化学的扎实基础，成功完成了有关能源转换的课题。参加该课题，是因为他未来想研究新能源相关的技术，为进入新能源汽车、航空航天等行业打下基础。

经历选科，张梓涵深刻体会到，只有勤奋学习和勇于探索，才能在未来竞争中获得更多的优势。同时，他也认识到选择适合自己的科目是实现职业规划的关键步骤。这些收获让他更加明确了自己的方向和目标。

【生涯点拨】

选科没有选对，想读的一些专业就读不了。选科直接与大学的专业选择相关联，倒逼学生从刚上高中起，就要思考很多事情，比如以后要往哪里就业，去学什么专业，能做什么工作……如果不会选科，学业、就业就可能出现“多米诺骨牌效应”。在一定意义上，高中选科是高中生面临的第一次重要抉择，弄清与此相关的影响因素、选科原则、主要策略等，是做好高考科目选择的重要前提。

一、高中选科的影响因素

1. 政策因素。随着新高考改革的深入，与高考选科相关的制度规定不断出现。这就需要学生和家长重视并加强高考选科政策研究，不能人云亦云，更不能将个人命运托付于别人之手。对于政策规定，必须亲力亲为、仔细研究，做到细节了然于胸。

2. 个人因素。一般包括学生本人的兴趣爱好、天赋特长、性格特点、身体条件、学业基础、发展志向等。高中生应通过自我观察、与同伴比较，听取家长和老师的评析，参考一些标准化的性向测试结果，同时参加一些必要的体验性实践，明确自己喜欢做什么、适合做什么。选择高考科目从一定程度来说，其实是在选择今后继续深造的专业和从事的职业，所以明确未来发展方向和职业兴趣，是高中生认识自我的“重中之重”。

3. 家庭因素。选择高考科目时，家庭长辈的意见也是值得高中生认真考虑的，毕竟他们对自己特别关爱也最为了解。不妨从长辈那获取一些自己认为合理的期望及建议，比如，中医世家希望下一代学习中医类专业以延续祖传经验；私营企业家希望后代继承父业，要求孩子学习有助于接班的专业知识……当然，选择科目的过程中，要心平气和地听取家长的意见、建议并与之沟通，毕竟“父母之爱子，则为之计深远”，长辈们的出发点都是孩子的长远发展和未来幸福，我们一定要理性看待、虚心接受、平和交流。此外，家庭经济状况也是需要认真考虑的因素，若经济条件相对拮据，选择报考费用相对较低、今后较容易就业的专业，不失为一种切合实际的考量。

4. 学校因素。一方面指意向报考的大学和专业情况。要提前了解大学培养目标、专业特色和办学条件，特别是相关专业（类）所要求的高考科目、单科成绩、身体条件，还有总分相同时排序规则等。这些直接决定了将来是否有机会报考意向学校和专业。另一方面指所在高中的课程安排、教学组织、师资结构、学科优势等。比如，有的学校高一年级未开设某些学科课程，或这些课程的教学时间相对较短，学生若选择这类科目作为高考科目就会有一定劣势；有的学校不同学科之间师资力量、教学质量相差较大，学生选择科目时需要注意，尽量寻求资源条件与自身条件及意愿之间的匹配度。这些因素都可能会对高考成绩产生一定影响。

5. 社会因素。随着经济、政治、文化、科技的发展以及国家发展战略的调整，行业、产业、职业都会发生相应的变化，带来新的就业形势和创业机会，这是高中生选科时应当关心的。如我国正在实施的京津冀协同发展、长江经济带发展、粤港澳大湾区建设、长三角一体化发展、黄河流域生态保护和高质量发展等战略，以及经济结构调整、产业改造升级、新型工业化等举措，必然对今后人才需求产生重大影响。

高中生在选择科目、志愿填报、生涯规划时，应当具备一定的前瞻思考和远见卓识，要对个人未来就业创业、职业发展有清晰的认识和相对明确的规划。“选科决定专业，专业决定就业，就业决定发展”，至少要针对选科后的十年做好远景规划，力求在学业、职业、事业上实现有序衔接，实现个人长远可持续发展。

二、高中选科的基本原则

选择高考科目时，高中生要了解的情况、思考的问题颇多，因素错综复杂，个体差异很大，必须具体问题具体分析。以下四个“相结合”是获得不少考生和家长认可的基本原则，可供选择科目时参考。

1. 个人意愿与社会需要相结合。高中生选择高考科目，在一定意义上就是选择有助于实现人生意义的发展路径，这就要求将个人抱负与社会需要有机结合起来，在促进社会进步的伟大实践中发挥自己的聪明才智，彰显自己的社会价值。在规划未来、谋划升学、选择职业时，既要考虑自身特点和个人意愿，也要考虑国民经济、社会发展和百姓生活的需要，甘于从事基础科学、长线专业的研究；除了关注新兴产业、热门行业，还要重视那些冷门、艰苦的行业。社会最需要的领域，恰恰是年轻人大显身手、大有作为的广阔舞台。将个人事业、家庭幸福的正当追求同国家需要、社会召唤有机结合，这是每一个有情怀、有担当的有志青年应有的精神境界。

2. 当前现状与变化趋势相结合。高中生选择高考科目，应基于现有的条件，如学科成绩、个人兴趣、身体状况、认识水平等。高中生正处于长身体、长知识、长才干的重要时期，必须学会用发展的眼光看待自己，对自身的潜质要有乐观合理的判断。不能因为眼下成绩欠佳就轻易放弃，也不能因为学习难度大就刻意逃避，总之要尽自己最大的努力去改进学习方法、端正学习态度，选择适合的高考科目。

3. 本人意愿与他人意见相结合。选择高考科目是一件人生大事，学生的家人都非常关心，会提出一些建议，教师也会给予指导性意见，学生之间也会交流，往往是众说纷纭。正确的态度应当是多方听意见、自己拿主意，既不自以为是、固执己见，也不人云亦云、莫衷一是。只有从不同意见甚至反面意见中汲取合理成分，才能使自己考虑得更全面、更细致，进而做出更加合适的理性选择。

4. 慎重选择与坦然面对相结合。选择高考科目对高考成绩和升学会有一定的影响，但这种影响究竟有多大，是好还是坏，则是无法完全确定的，有可能是“有意栽花花不发，无心插柳柳成荫”。因此，在确定高考科目之前一定要考虑周全、慎重决定，确定之后就不要心猿意马、朝三暮四。选择本身就是一种权衡、取舍，有得有失，存在一定的不确定性和风险性。多方综合、审慎决策、坦然面对，才是正确和理性的态度。

【生涯实践】

◎我的生涯探索

高中选科初印象

高中学科	印象关键词	家长、老师或朋友的意见 / 建议	个人意向程度
政治			☆☆☆☆☆
历史			☆☆☆☆☆
地理			☆☆☆☆☆
化学			☆☆☆☆☆
物理			☆☆☆☆☆
生物			☆☆☆☆☆

说一说：

1. 你对高中各学科有哪些评价或印象？请以关键词写出当下你最强烈的感受。
2. 对于这些学科，你身边的家人、老师和朋友是如何建议的？
3. 综合多方评价和意见，你对不同学科选择的意向程度如何？

第三节　制定我的高中选科方案

【生涯故事】

李艺铭的选科方案

高中生李艺铭，所在省份采用了“3+1+2”高考模式。他成绩在年级里中等偏上，父母都从事于金融领域，但对孩子以后的职业并没有明显的倾向，只要孩子喜欢就行，一切以兴趣为主，希望有继续深造的机会，并不急于让孩子就业。

在学科兴趣方面，他对物理钟爱有加，尤为擅长力学，曾参加过几次物理竞赛，都获得不错的成绩，单科排名全校前五；就化学而言，虽不像对物理那样的痴迷，但他还算喜欢，也积极参加兴趣讨论课，成绩不错但不稳定；对生物兴趣一般，他并不擅长整理碎片化知识，成绩表现一般；觉得地理学科还行，和许多同龄的孩子一样，他也有一个环游世界的梦想，相对于自然地理更喜欢人文地理，成绩偏上；对历史有些兴趣，闲暇之余他喜欢听别人讲历史故事，但这科成绩相对其他科目来说不够理想；对政治课程兴趣一般，成绩也一般。

在学科能力方面，他具有较强的逻辑思维能力、运算能力，空间感很好；不擅长背记，对历史的喜爱停留在感性层面，对真正意义上的历史事件对比分析及其相关的利弊影响并不关注，历史对他而言并非以后打算研究或从事的领域。

在职业方向方面，他自己有过一些想法，如警察、法医、考古工作者等。想当警察是受电影电视剧的影响，他从小仰慕英雄，有一颗惩恶扬善的赤胆忠心；想做法医，完全是被这种职业的神秘感吸引，但如果让他去医院近距离接触浸泡在福尔马林里的生物样本，就无法接受；至于想当考古工作者，可能是受一些玄幻小说影响，但如果需要深入研究古文字，则兴趣不是很浓。

选科时，他综合学科成绩、学科能力、职业方向，运用“减法”和“加法”进行了筛选。减法——去掉兴趣不浓的，如政治；删去成绩不理想的，如生物；除去“假兴趣”且成绩不理想的，如历史。这些科目难以有较好赋分（高考分）。加法——选择不仅喜欢而且成绩不错的，如物理、化学、地理。

李艺铭最终的选科结果是物理、化学、地理。选择理科，是因为有了扎实的物理学科基础和数学运算能力，学起来相对容易。选择化学是因为根据最新选科指引要求，选择物理方向后如果要覆盖最大的专业选择率，就要选择化学。理工农医学科门类下的专业（如计算机、机械、电子，甚至智能科学、人工智能、医学等专业），几乎都要求必选化学。

【生涯点拨】

尽管我们已经对高考选科的政策以及高中选科的基本原则有了一定的把握，但归根到底，还是要对所在省份招生专业的选科要求了解透彻。因为不同高校在不同省份的招生要求是不一样的，其招生计划、招生专业甚至是录取方式都不尽相同。我们需要详细了解所在省份的专业选考科目要求，在此基础上，借助一些科学决策的理论方法，让个人的选科抉择更加合理规范。

一、了解所在省份专业选考科目要求

以江苏省“3+1+2”高考模式为例，2022 年初，江苏省教育厅汇总了全国普通高校根据教育部《普通高校本科招生专业选考科目要求指引（通用版）》框架编制的 2024 年选考科目要求，发布了《2024 年拟在江苏招生的普通高校本科专业选考科目要求》(可在江苏教育考试院官方网站下载）。适用对象从 2021 年“3+1+2”高考模式改革后的首届高一学生（2024 年参加高考）开始。当然，在 2024 年以后的年份，原则上是以选科指引 3.0 为蓝本，教育部、江苏省会结合实际情况略作调整。这些都提示我们，高考相关政策与时俱进，要按照每年最新的招生考试政策要求进行准备。

经过分析，高校对江苏考生提出的选考科目要求，可分为四类。

第一类是对首选科目和再选科目都未提出要求的，即“不提科目要求”，表示首选科目为物理或历史的考生均可报考。

第二类是只对首选科目提出要求的，如“物理（1 门科目考生必须选考方可报考）”，表示首选科目为物理、再选科目为任意 2 科的考生方可报考。

第三类是只对再选科目提出要求的，如“化学（1门科目考生必须选考方可报考）”，表示首选科目为物理或历史、再选科目选考化学的考生方可报考；如“化学，生物（2门科目考生均须选考方可报考）”，表示首选科目为物理或历史、再选科目选考化学和生物的考生方可报考。

第四类是对首选科目和再选科目均提出选考要求的，如“物理，化学（2门科目考生均须选考方可报考）”，表示首选科目为物理、再选科目选考化学的考生方可报考；如“物理，化学，生物（3门科目考生均须选考方可报考）”，表示首选科目为物理、再选科目选考化学和生物的考生方可报考。

2024年在江苏招生专业选科组合覆盖率统计

选科组合	可选专业数量	专业覆盖率
物化生	35395	96.67%
物化地	35112	95.90%
物化政	35244	96.26%
物地政	18940	51.73%
物生政	18917	51.67%
物生地	18783	51.30%
史地政	17436	47.62%
史生政	17344	47.37%
史化政	17341	47.36%
史生地	17123	46.77%
史化地	17118	46.75%
史化生	17065	46.61%

通过对2024年在江苏招生专业选科组合覆盖率的统计可以发现，物化生和物化政这两类选科组合可覆盖专业最多，紧随其后的是物化地。所以如果从未来可选专业数量来看，最适合的搭配是“物理+化学”，再选择1门学科。历史组的选科中，整体的专业覆盖率相对比较接近。史地政、史生地和史生政都是学校开设专业比较多的选科组合。

不同省份的招生院校及专业选考科目要求都可以在相关省份教育考试院官方网站查询。需要说明的是高校向教育部报送的招生专业选考科目要求，是高校在实施高考综合改革省份的选科要求，招生当年并非所有编报的专业都会在该省安排招生计划。

换言之，在某省实际招生的高校、专业及选考科目要求，都需要以招生院校当年在该省公布的招生计划为准。这一点需要考生和家长特别注意。

二、运用决策平衡单确定选考科目组合

做好重大决定，你需要一个“纠结的终结者”——决策平衡单。决策平衡单法是一种高效便捷的职业生涯规划方法，通常用来协助决策者从若干种备选方案中，选择合适的方案，做好重大事项的决定。决策平衡单可以帮助决策者具体地分析每一种可能的方案，考虑各种方案实施后的利弊得失，最后排定优先顺序，供决策者参考并择一而行。

当面临生涯机会选择（如就业还是升学，选择哪家单位就业），甚至是日常生活选择（如买车买房，购买哪种型号的手机）等“选择纠结”时，可以使用决策平衡单法为我们提供参考。当然，高中选科、挑大学选专业、志愿填报时如果使用决策平衡单，它更会助我们一臂之力。

决策平衡单法一般包括因素筛选、权重分配、罗列选项、方案评估、确定方案、决策复盘等环节。以高中选科方案决策为例，根据选科特点，可以进一步细化具体步骤如下：

第一步，筛选相关因素。列出选科时个人比较看重的考虑因素，如个人能力、兴趣、价值观、专业、大学、学习成绩、学校师资、学科资源、未来发展、家长意见等。一般来说，考虑因素如果太多，就会冲淡选科时的关键因素，因此考虑因素不宜过多，以 5~6 个为宜。

第二步，评估因素重要程度。确定考虑因素的重要程度，分别赋予相应的权重（1 ~ 5），数值越大代表重视程度越高。如在选科时比较看重未来发展，就可以赋予其权重“5”；对学校师资并不在意，则可以赋予其低于“5”的权重如“2”；其他因素以此类推。

第三步，选择意向学科。选择 2 ~ 3 个最有意向的学科填入表格，可以根据需要增加或减少学科项。此处以选择物理还是历史学科为例进行说明。

第四步，评估每一个备选方案。为每个学科的满意度打分（选项分，1 ~ 5 分），并计算加权分（加权分 = 权重 × 选项分）。如在“未来发展”因素维度，假设对两个学科的满意程度不同，打分时分别赋予物理学科 5 分，历史学科 4 分。分别计算物理、历史学科在“未来发展”这方面的加权分（如下表所示），依次为 25 分（5 × 5），20 分（5 × 4）。

第五步，确定最佳方案。计算每个学科的加权总分，讨论并得出结论。经过计算，物理、历史的总分分别为 102 分、82 分。仅从计算结果分析，学科选择的顺序为：物理学科优于历史学科。

根据“3+1+2”模式特点，选科的难点一般在“1”和“2”。其中“1”是从物理和历史中选择，“2”是从化学、生物、政治、地理等学科中选择。可以仿照上述流程再进行其他学科的比较，在此基础上确定选科组合方案。

高中学科选择决策平衡单

考虑因素（示例）	权重（1～5）	物理学科（1～5分）		历史学科（1～5分）	
		分数	加权分	分数	加权分
未来发展	5	5	25	4	20
学习能力	4	4	16	3	12
报考专业	5	5	25	4	20
学习成绩	4	4	16	3	12
父母意见	3	4	12	4	12
学校师资	2	4	8	3	6
总分		—	102	—	82

第六步，选科决策复盘。对整个决策流程做一次复盘，检查考虑因素和因素权重等细节，针对决策平衡单的结果与家长、老师进行讨论，并对选科组合方案做最终确认。

三、借助SWOT分析方法制定选科发展策略

在确定高考选考科目后，高中生要围绕自己的未来职业生涯发展目标，充分“发挥优势、消除劣势、抓住机会、避免威胁”，最终实现个人发展目标，而SWOT分析就是非常有效的方法。S、W、O、T分别代表Strengths（即内部优势因素）、Weaknesses（即内部弱势因素）、Opportunities（即外部机会因素）和Threats（即外部威胁因素）。其中S、W主要用于分析内部因素，O和T则主要用于分析外部因素。运用SWOT分析法，可以通过自我分析得出内部优势因素与弱势因素，通过环境分析得出外部机会因素与威胁因素，最后通过系统分析得出相应的目标及对策。

内部优势因素（S）	外部机会因素（O）
1. 2. 3. 4. ……	1. 2. 3. 4. ……
内部弱势因素（W）	**外部威胁因素（T）**
1. 2. 3. 4. ……	1. 2. 3. 4. ……

SWOT 分析——因素分析

在 SWOT 分析矩阵中，可以将对个人选择有直接、重要、长期影响的因素优先排列出来，将那些有间接、次要、短暂影响的因素排列在后面。然后运用系统分析的方法，将各种因素相互匹配进行分析，得出一系列适合的目标及对策。

显然，SWOT 分析矩阵提供了四种可供选择的策略。S—O 策略，即优势—机会区（强化区），是有利于我们发展的方面，应当充分利用这些优势并把握机遇；S—T 策略，即优势—威胁区（储备区），表明虽然在某些方面具有优势，但很可能面临非常激烈的竞争；W—O 策略，即劣势—机会区（提升区），是需要努力提升的方面，这样才能获得更多的发展空间；W—T 策略，即劣势—威胁区（规避区），是需要客观面对的方面，应该根据实际情况尽可能避免。

四种策略该如何运用？总体原则可以概括为 USED，即“用”（Use，善用每个优势）、“停”（Stop，停止每个劣势）、“成”（Exploit，成就每个机会）、“御”（Defend，抵御每个威胁），在此基础上制定个人发展目标及行动计划。

SWOT 分析——策略分析

<table>
<tr><td colspan="2" rowspan="2">外部因素分析
内部因素分析</td><td>机会（O）</td><td>威胁（T）</td></tr>
<tr><td>1.
2.
3.
4.
……</td><td>1.
2.
3.
4.
……</td></tr>
<tr><td rowspan="2">优势
（S）</td><td rowspan="2">1.
2.
3.
4.
……</td><td>优势机会策略分析
（S—O）</td><td>优势威胁策略分析
（S—T）</td></tr>
<tr><td>（强化区）</td><td>（储备区）</td></tr>
<tr><td rowspan="2">劣势
（W）</td><td rowspan="2">1.
2.
3.
4.
……</td><td>劣势机会策略分析
（W—O）</td><td>劣势威胁策略分析
（W—T）</td></tr>
<tr><td>（提升区）</td><td>（规避区）</td></tr>
</table>

接下来，以小 G 同学的实际案例来谈谈如何运用 SWOT 分析法制定选科发展策略。一般来说，在高考选科方面，可以分析的自身优势和劣势包括：对自己能力的分析；对自己性格特点的分析；对自己兴趣爱好的分析；对自己有无获得成就的分析；对自己习惯的分析等。可以分析的外部机会和威胁包括：对经济社会大环境的认识和分析；对地域、学校、专业等环境的分析；对人际关系的分析等。

小 G 同学经过认真分析和思考，确定了个人的高考选考科目组合：物理 + 化学 + 生物。随后，他运用 SWOT 分析方法，结合自身的优劣势以及外部环境的机会和威胁分析，形成了自身行动策略，为自己接下来的学习生活明确了方向，提升了个人努力拼搏的信心。

小 G 同学运用 SWOT 分析法制定的发展策略

选科组合：物理 + 化学 + 生物

<table>
<tr><td colspan="2" rowspan="2">外部因素分析
内部因素分析</td><td>机会（O）</td><td>威胁（T）</td></tr>
<tr><td>1. 互联网企业发展势头强劲
2. 某市文化氛围开放、包容
3. 某大学 ×× 专业是其优势专业
4. 班级学习氛围好，能得到帮助
5. 学校竞赛氛围浓厚</td><td>1. 很多职业对学历要求越来越高
2. 我想读 ×× 专业，但所在城市就业机会不多
3. 未来职业发展对综合组织协调能力要求较高
4. 家人不能就专业选择提供建议</td></tr>
<tr><td rowspan="2">优势（S）</td><td rowspan="2">1. 语文、英语是优势科目
2. 性格外向
3. 外语水平尤其是口语水平不错
4. 学习习惯好，能按时完成学习计划</td><td>优势机会策略分析（S—O）</td><td>优势威胁策略分析（S—T）</td></tr>
<tr><td>1. 参加英语竞赛，强化英语优势
2. 性格外向，与老师同学交流，解决学习困难
……</td><td>1. 积极参与班级和年级活动，提升组织协调能力
2. 平常与老师交流，加强选科、挑大学选专业等方面的知识储备
……</td></tr>
<tr><td rowspan="2">劣势（W）</td><td rowspan="2">1. 数学、物理是劣势科目
2. 有的时候很粗心
3. 兴趣广泛，但没有什么是我擅长的
4. 抽象思维一般</td><td>劣势机会策略分析（W—O）</td><td>劣势威胁策略分析（W—T）</td></tr>
<tr><td>1. 向身边老师、同学多请教，结合抽象思维训练，提升逻辑思维能力，提高数学、物理成绩
2. 聚焦自身英语特长等，尝试参加学科竞赛、充分挖掘自身兴趣
……</td><td>1. 通过各类活动锻炼自身能力，规避自身不足
2. 平衡各科目学习，争取各科目齐头并进，为未来研究生深造打牢基础
……</td></tr>
</table>

S—O 分析：着重考虑优势因素和机会因素，使得两种因素均趋于最大。如小 G 外语水平尤其是口语水平不错，适逢一场英语学科竞赛，于是他可以把握这次良机，更大限度地锻炼自己，强化自己的英语水平。

S—T 分析：着重考虑内部优势因素和外部威胁因素，使得内部优势趋于最大，使得外部威胁因素或限制因素趋于最小。如小 G 发现家人不能就选科选课、专业选择等给自己提供参考和建议，那么他可以充分发挥自身性格外向的优势，主动与老师、同学甚至是职场人士进行交流，主动获取相关信息，为相关选择决策打好基础。

W—O 分析：着重考虑内部弱势因素和外部机会因素，使得弱势趋于最小，使得机会趋于最大。如小 G 分析自己，数学、物理是劣势科目，抽象思维也一般。因此他可以通过主动请教和抽象思维训练等方式提高自己的数学、物理成绩，同时要进一步巩固自身的英语等优势，尽力为将来高考提高分数。

W—T 分析：考虑内部弱势因素和外部威胁因素，使这些因素都趋于最小。如小 G 分析自己，语文、英语成绩好，而物理、数学成绩一般，“文理”发展不平衡；从未来发展角度来说，很多职业对学历要求又比较高。因此他必须确保自身能够均衡发展各个学科，尽量扬长避短，避免出现“偏科”现象。

“3+1+2”新高考 12 种选科组合分析

序号	选科组合	组合分析
1	物理 + 化学 + 生物	理科逻辑思维能力优于文科水平；高考选专业时有更大的选择空间
2	物理 + 化学 + 地理	善于独立研究、思考问题；对自然科学有较浓厚兴趣，地理成绩比生物成绩好
3	物理 + 化学 + 政治	物理、化学成绩比较好；对于背诵较为擅长，兼具较好的文科思维能力；有考研、考公准备
4	物理 + 政治 + 生物	三门学科关联度不高，平时学习难度较大
5	物理 + 政治 + 地理	适合物理成绩不错的偏文科学生
6	物理 + 生物 + 地理	地理和生物相对简单且不需要大量背诵，新的选科要求下，专业覆盖率低
7	历史 + 地理 + 政治	明确报考专业属于人文社科类，例如法学、新闻学、艺术设计学等；历史、地理、政治成绩相对不错
8	历史 + 政治 + 生物	历史、政治、生物成绩相对不错。适合记忆、背诵能力强，但不想局限于文科思维的学生
9	历史 + 政治 + 化学	未来报考专业主要集中在人文社科类，选化学主要是因为该科成绩比较好
10	历史 + 化学 + 地理	对物理不感兴趣或物理成绩不理想。逻辑思维较为清晰，不擅长文科记忆背诵
11	历史 + 生物 + 地理	历史、地理、生物成绩相对不错。对单独学科可选专业情有独钟
12	历史 + 化学 + 生物	学习难度大，需兼具文理科思维，专业覆盖率低

【生涯实践】

◎我的生涯探索一

我的高考选考科目决策

做一做：

运用决策平衡单确定你的高考选考科目。根据自己的实际情况选择关键的因素，合理确定每个因素的权重。

我的高中学科选择决策平衡单

考虑因素	权重（1～5）	高中学科 A（1～5 分）		高中学科 B（1～5 分）		高中学科 C（1～5 分）	
		分数	加权分	分数	加权分	分数	加权分
总分		—		—		—	

1. 根据决策平衡单结果，第一选择是（　　　　），第二选择是（　　　　），第三选择是（　　　　）。

2. 这个选择顺序与你之前预测的顺序一致吗？如果不一致，有哪些不同？

3. 你有没有觉得自己遗漏了哪些因素，或者对因素的权重设置有误？检查一遍，调整一下，看看结果有没有变化。

◎我的生涯探索二

运用 SWOT 分析法制定选科发展策略

做一做：

请在思考以下问题的基础上，运用 SWOT 分析方法进行探索并制定个人选科发展策略。

1. 你的选科组合是什么？

2. 你的内部优势和劣势是什么？外部机会和威胁是什么？

3. 你的选科发展策略有哪些？如何去落实这些策略？

请将个人思考结果填入 SWOT 分析表。

我的 SWOT 分析及选科发展策略

选科组合：（　　　）+（　　　）+（　　　）

<table>
<tr><td colspan="2" rowspan="2">外部因素分析
内部因素分析</td><td>机会（O）</td><td>威胁（T）</td></tr>
<tr><td>1.
2.
3.
4.
……</td><td>1.
2.
3.
4.
……</td></tr>
<tr><td rowspan="2">优势
（S）</td><td rowspan="2">1.
2.
3.
4.
……</td><td>优势机会策略分析
（S—O）</td><td>优势威胁策略分析
（S—T）</td></tr>
<tr><td>1.
2.
3.
4.
……</td><td>1.
2.
3.
4.
……</td></tr>
<tr><td rowspan="2">劣势
（W）</td><td rowspan="2">1.
2.
3.
4.
……</td><td>劣势机会策略分析
（W—O）</td><td>劣势威胁策略分析
（W—T）</td></tr>
<tr><td>1.
2.
3.
4.
……</td><td>1.
2.
3.
4.
……</td></tr>
</table>

【生涯小结】

1. “选科就是选未来”。不能只是将选科当成平凡日子中的平凡事件。选科对于高中学习、志愿填报、大学学习、专业发展、求职就业、升学出国、职场发展等都有着一连串的影响，不可谓不重要，不能不重视。

2. “父母之爱子，则为之计深远”。这句话的真正意思是，父母要在孩子的关键选择和关键事件上做建议、献计谋，而不是缺席或缺位，当然也不是越权或者越位。相应地，孩子也要在关键时刻尊重和听取父母的意见、建议，不管你最终采不采纳。因为人生是你的，你做出选择了，就理应风雨兼程，勇往直前。

3.“工欲善其事，必先利其器”。生涯规划的关键在于决策。对于选科选课、挑大学选专业等决策，要想做到合情合理，就必须有科学高效的方法论做支撑。不妨深入研究和好好把握一两种生涯决策方法，如平衡单法和SWOT分析法，这将会让你长久受用。

【生涯展望】

问：你认为高中选科的难点是什么？

答：______

问：高中阶段的哪些科目是你喜欢的？哪些科目是你擅长的？两者是否一致？如果不一致，你该如何取舍？“鱼”和“熊掌”可以兼得吗？

答：______

问：假设你喜欢（　　　）（括号中可以填你喜欢的职业或者技术领域，如无人机、人工智能等），高中选什么科目、大学选什么专业更有助于拉近现实和梦想的距离？

答：______

问：没有选考科目要求的高校招生专业，对于考生来说有何利弊？

答：______

【生涯资讯】

· 图书类

蒋嫦娥《新高考3+1+2背景下的中学生学涯规划》

推荐理由：

本书聚焦新高考“3+1+2”背景下的高中生学涯规划，从新高考改革的关键点引导读者开启生涯探索、学涯规划的思考。先通过“知己”篇帮助读者认知自我，让他们在探索中了解自己的性格、兴趣、能力和价值观，再带领读者走进“知彼”篇了解大学、专业与职业，教会他们如何正确选科，开启高中的升学规划，更重要的是唤醒他们的生涯意识，帮助他们掌握生涯规划方法，提升生涯规划能力。

· 影视类

医学类：《手术两百年》

推荐理由：

这是中国第一部全景式展现人类与疾病抗争的科学纪录片，内容包括解剖学发展、麻醉消毒止血、打开腹部、攻入头颅、打开心脏、移植置换、癌症、手术未来。剧组历时 3 年，前往英国、美国、德国、法国、意大利、匈牙利、土耳其、印度等国家，拍摄到重要的医学博物馆、医院和医疗研究机构，采访 50 多位国际顶级专家，以此呈现手术的发展历程并展望未来。

文学类：《英国小说家们的自述》

推荐理由：

通过一系列罕见的访谈视频，串联起 20 世纪英国文学的发展轨迹，更折射出英伦百年社会的兴衰脉络。

数学类：《数学的故事》

推荐理由：

数学是一门研究数量、结构、变化以及空间模型等概念的学科。这些数学概念是数学家们透过抽象思维和逻辑推理的使用，在计数、计算、量度、观察物体形状及运动时提出的。当然，数学家们还要继续拓展数学概念，有新的猜想时要去验证，比如从已知的定义或公理出发，经过严谨的推导来证明新的猜想是否正确。本片分为 4 部分，为大家讲述数学之谜。

经济学类：《货币崛起》

推荐理由：

尼尔·弗格森说明在每一个巨大历史现象（帝国和共和国，战争和革命）背后，总存在一个金融秘密。信用和债务的演化与促成文明崛起（从古代的巴比伦到今天的中国香港）的任何科技革新一样重要。

计算机学类：《互联网之子》

推荐理由：

本片讲的是编程天才和信息活动家亚伦·斯沃茨的故事。从参与基础互联网协议 RSS 到联合创办 Reddit，斯沃茨的足迹遍及整个互联网。但斯沃茨在社会公正和政治组织方面的开创性工作，以及对信息存取的雄心壮志，使他陷入了一场两年之久的法律噩梦。

· 政策类

教育部办公厅关于印发《普通高校本科招生专业选考科目要求指引（通用版）》的通知（2021 年 7 月 19 日）

推荐理由：

2021 年 7 月，教育部印发《普通高校本科招生专业选考科目要求指引（通用版）》（简称《指引》），适用于新高考改革的省份。2024 年起，参加高考的学生都将按照新的《指引》要求填报志愿。该《指引》对高中选科有非常现实的指导意义。

江苏省教育厅关于发布 2024 年拟在江苏招生的普通高校本科专业选考科目要求的公告（2022 年 1 月 18 日）

推荐理由：

根据教育部最新的高考招生考试改革要求，2024 年起不少省份高考政策发生一定的变动。以江苏省为例，根据教育部统一部署，高校按照《指引》要求，编制了 2024 年拟在江苏招生的普通高校本科专业选考科目要求，供参加江苏省 2024 年普通高考的学生选科时参考使用。其余省份相关选考科目要求，考生和家长可以详见本省考试院发布的最新政策规定。

模块九

升学路径——遵循自身实际的升学赛道选择

【生涯格言】

来而不可失者，时也；蹈而不可失者，机也。

——苏轼

【关键词】

升学路径的抉择

【思维导图】

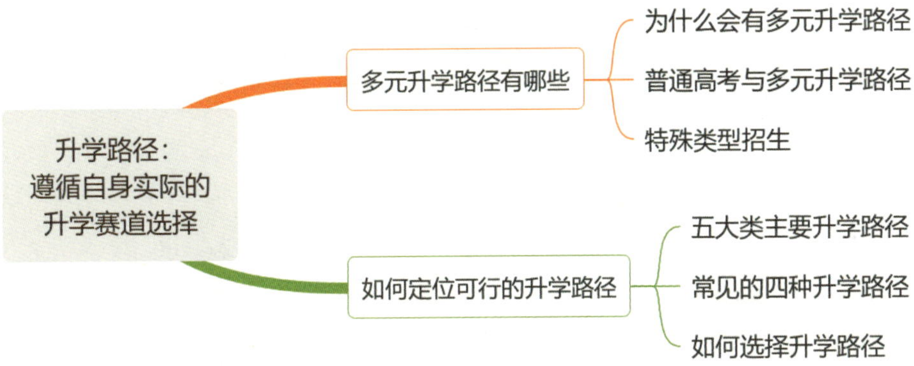

【我的生涯困惑】

在表格中写下你在升学路径方面遇到的困难、疑惑，或者是你目前遇到的问题、难点。待我们学完本模块课程内容后再来回顾：这些困惑或难题都解决了吗？

序号	我的生涯困惑	紧迫程度
1		☆☆☆☆☆
2		☆☆☆☆☆
3		☆☆☆☆☆
4		☆☆☆☆☆
5		☆☆☆☆☆

紧迫程度：最紧迫程度为五颗星，可以根据实际情况将☆填满颜色。

第一节 多元升学路径有哪些

【生涯故事】

小苏的升学之路

某实验中学男生小苏，性格内敛，学习成绩较好，尤其在生物学科上多次名列前茅。他对生物可以说非常着迷，能够为此牺牲很多，比如为了生物竞赛放弃娱乐时间，每天学习到十一点半。他在高中阶段参加了两次全国中学生奥林匹克竞赛（生物），并大量查阅了生物类书籍，如《生物化学原理》《动物学》《植物学》《动物行为学》《细胞生物学》等，也逐渐对分子生物学和细胞生物学更加痴迷，最终获得全国中学生生物学联赛国家二等奖、三等奖。

结合兴趣和成绩情况，小苏梳理了自身的优劣势，合理规划了强基计划和综合评价的升学途径。后来，他成功通过了厦门大学的强基计划测试，也通过了东南大学、南京师范大学、上海科技大学的综合评价测试。高考分数公布之后，小苏最终被南京师范大学生物学相关专业录取。

【生涯点拨】

新高考背景下，高校对学生综合素质的考察越来越全面，普通高考已不再是学生唯一的升学途径，越来越多的考生可以通过强基计划、综合评价等升学路径获得进入名校学习、深造的机会。了解多元升学路径，有利于考生把握更多的升学机会，提高进入理想学府的可能性。

一、为什么会有多元升学路径

多元升学路径，实际是指高校招生多元录取模式。升学路径多元化是新高考改革的必然趋势和基本要求。这些多元升学路径充分体现了国家改革高考招生录取机制，赋予广大考生更多自主选择权，让不同兴趣、不同特征的考生都能成长成才的初衷。

新高考改革后，“分类考试、综合评价、多元录取”成为高校招生考试模式的核心要求，“一考定终身”“唯分数论”的招生模式已经不再符合当下人才培养的要求。高校对于考生的选拔倾向于全方位发展、具有分析问题和解决问题能力的人，高中教育更加注重学生核心素养的培养，学生不仅要有优异的高考成绩、学科能力和综合素质，还要有应对和选择各类升学路径的能力。

随着“千军万马过独木桥”的升学方式已成过去，多元升学路径受关注程度日益提升。越来越多中学生开始通过多元升学路径，以不同的学习方式成为大学校园里的一员。多元升学路径的优势明显，考生可以根据自己的兴趣特长选择不同学科和不同方向，有针对性地探索和挖掘自身潜力，提高进入理想大学的机会，打开更广阔的人生舞台。

无论选择哪种升学路径，我们既要看到其中的机会，发挥自身的优势，也要看到背后的一些不确定性因素。比如，有些考生尽管通过一定的途径进入大学，但是进入大学后，可能在校园适应方面存在不足，适应能力有待提升；有些考生在某些学科上学习兴趣浓厚、基础扎实，而在其他学科上基础不够牢靠；也有一些考生进入大学后发现学习难度较大，所学专业与自己的兴趣、能力、性格等并不完全契合。

二、普通高考与多元升学路径

在众多升学路径中，普通高考一直以来是高校招生主要的入学选拔方式。高三毕业生要参加普通高考并被大学录取，必须经过高考报名、体检、高考、填报志愿等环节。除个别特殊的升学路径以外，参加全国统一高考是参加其他各项升学途径的前提。

多元升学路径盘点

普通高考	强基计划	综合评价
高校专项计划	国家专项计划	地方专项计划
保送生	少年班	港澳高校招生
中外合作项目	国际本科	高职单招
空军招飞	海军招飞	民航招飞
农村专项计划	乡村教师计划	免费医学生
军队院校招生	公安类院校招生	定向培养军士
航海类专业招生	艺术类	少数民族预科班
体育类	体育单招	高水平运动队

注：2024年起，高校高水平艺术团不再从高校招生环节选拔，由相关高校从在校生中遴选培养。

多元升学背景下，可供考生选择的升学路径非常广泛，有二十余种（细分后类别数量可能更多），如体育类招生、艺术类招生、保送类招生等。选择升学路径时，应结合自身能力、学习兴趣、目标院校和家庭资源等多方面因素，详细分析自身的学习情况，制定好符合自己的升学规划。同时，还需要不断调整自身的心理状态，对照相关招生要求提前做好准备，掌握学习技巧，强化学习自信心，努力实现自身目标。

三、特殊类型招生

所谓特殊类型招生，其实并没有严格的定义，一般是指普通高校招生中的一些特殊类型或特殊政策。大多数特殊类型招生仍要求考生参加全国统一高考并按规定程序录取；个别特殊类型招生（如高职提前招生、保送生、体育单招等）不需要参加全国统一高考，采取单独的选拔录取方式。入学后，特殊类型招收的考生（除强基计划、高水平运动队等以外）待遇一般与普通类考生相同。

特殊类型招生一般包括强基计划、综合评价、保送生、高水平运动队、高校专项计划、艺术类专业、体育类专业、港澳高校招生等。由于教育部和各省招生考试机构对各类形式的招生报名和录取都做出了严格、明确的规定，考生要想选到自己理想的大学和合适的专业，就必须先去熟悉和掌握相应的招生政策。不同高校的招生政策不尽相同，千万不能想当然地去对待。

比如，东南大学招生类别包括普通高考、强基计划、综合评价、高校专项计划、国家专项计划、保送生、高水平艺术团、高水平运动队、少年班、艺术类、西藏高中班、新疆高中班、少数民族预科班等（以 2023 年本科生招生章程为例，以下同）。南京信息工程大学招生类别除普通高考外还包括艺术类招生、综合评价录取招生、高水平运动队招生、外语类保送生招生等特殊类型招生，以及国家专项计划考生、地方专项计划考生、乡村教师定向培养考生、定向计划考生、南疆单列计划考生、内地高中班毕业生、少数民族预科班结业后转入本科考生等。兰州大学招生类别除普通高考外还包括强基计划、艺术类专业、保送生、高水平运动队、农村订单定向免费医学生、国家专项计划、高校专项计划、少数民族预科、民族班、内地西藏班、内地新疆班和港澳台侨招生等。可见，高校招生类型多种多样，可供选择的机会很多，但是这些机会需要我们提前关注并合理把握。

特别需要关注的是，特殊类型招生比例在不少高校呈现上升趋势。以 2023 年北京大学招生情况为例，在新入学的 3000 多名学生中，通过高考裸分录取的 1225 人，占比 39.67%，不到总人数四成；其余 1863 人均是通过特殊招生渠道招录，占比 60.33%。在特殊类型招生录取新生中，人数最多的是强基计划，共计 898 人，占比

48.2%，其次为国家专项计划、五大学科竞赛保送、筑梦计划等。从录取数据来看，北京大学通过裸分招录的学生人数呈减少趋势。

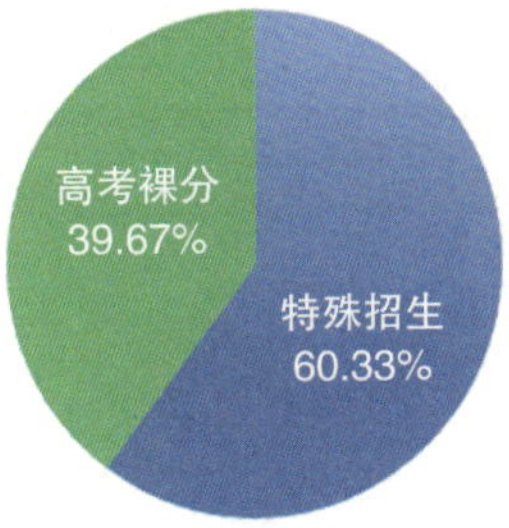

2023 年北京大学招生情况

渠 道	数 量	百分比
特殊招生	1863	60.33%
高考裸分	1225	39.67%
总 计	3088	

2023 年北京大学特殊类型招生情况

特殊招生	数量	百分比	备注
五大学科竞赛保送	141	7.57%	免高考
外语保送	53	2.84%	免高考
物理卓越计划	100	5.37%	免高考
高水平运动员	68	3.65%	高考成绩要求低
高水平艺术团	17	0.91%	高考成绩要求低
飞行员	25	1.34%	高考成绩要求低
国家专项计划	277	14.87%	定向招收原贫困地区学生
筑梦计划	114	6.12%	招收优秀农村学生
强基计划	898	48.20%	通过考核获得录取优惠政策
数学英才班	100	5.37%	仅招收高二、高三学生
港澳台	70	3.76%	—

因此，考生和家长要在多元升学路径上提前做足功课，了解高考招生的各项政策，研究各种录取方式的利弊，甚至从高一开始，就要着手准备，充分考虑考生自身的特长进行规划。

【生涯实践】

◎我的生涯探索一

说说我感兴趣的升学路径

升学路径	是否感兴趣	选择理由

做一做：

1. 请在表格中填写：你了解哪些升学路径？其中有哪些升学路径是你感兴趣的？

2. 说一说自己选择某种路径的理由，比如：自己有哪些兴趣特长，在哪些学科有明显优势；结合自己的优势，将来往哪个方向发展，可以把自己的优势充分发挥出来。

◎我的生涯探索二

查一查理想的大学都有哪些升学路径

理想大学	升学路径	感兴趣的升学路径

查一查：

针对你理想中的大学，查一查都有哪些升学路径。你对其中哪种升学路径最感兴趣？

第二节 如何定位可行的升学路径

【生涯故事】

多元选择，精准定位

江苏物理类考生小F，分数从高一到高三比较接近层次一般的“双一流”高校，高二、高三年级学期期末考试成绩排名均位于年级前20%，喜欢生物学科，获得生物奥林匹克竞赛的省级二等奖。

结合自身情况，小F申报了“强基计划”类别的大连理工大学，“综合评价”类别的南方科技大学、南京信息工程大学和南京中医药大学，“公安政法”类别的江苏警官学院以及“港澳高校”类别的澳门大学。经过一系列的初审、笔试和面试，他最终通过“强基计划”升学路径，相比普通高考降了近20分考入大连理工大学。

【生涯点拨】

如果把高考比作一场战役，那么选择合适的升学路径，事关这场“战役”的战略决策。在选择合适的升学路径前，考生应对升学路径进行详细深入的了解，比如：每一种升学路径有什么特点？适合哪种类型的考生？如何根据个人情况进行选择？

一、五大类主要升学路径

从当前各个高校实施的升学路径来看，考生可以选择的空间非常广阔。通过对不同升学路径的报名条件进行梳理，大致可以归为五大类。

第一类：成绩优秀或有学科特长等潜质的学生。对应的升学路径有强基计划、综合评价、保送生等。

第二类：有英语单科特长的学生。对应的升学路径有综合评价、保送生、港澳高校、中外合作办学、出国留学等。

第三类：有体育特长的学生。对应的升学路径有保送生、体育单招、高水平运动队、体育类等。

第四类：政治条件和身体素质过硬的学生。对应的升学路径有三大招飞（空军、海军、民航）、军校、公安政法等。

第五类：偏远农村、原贫困地区的考生。对应的升学路径有三大专项计划（国家专项、地方专项、高校专项）、乡村教师、定向医学生等。此外，还包括一些针对少数民族学生实施优惠升学政策的民族预科班等。

二、常见的四种升学路径

升学路径包含的内容非常丰富，如不同升学路径的基本内涵、适合对象、具体路径、注意事项等。以下对部分主要升学路径及其要求进行简单介绍，并且在此基础上，重点介绍四种常见的升学路径。

部分主要升学路径简介

序号	升学路径	路径简介
1	强基计划	选拔培养有志于服务国家重大战略需求且综合素质优秀或基础学科拔尖的学生，重点在数学、物理、化学、生物及历史、哲学、古文字学等相关专业招生。考生参加统一高考和高校考核后，由高校根据考生高考成绩、高校综合考核结果及综合素质评价情况等按比例合成考生综合成绩，择优录取
2	综合评价	基于考生高考成绩、高校综合测试成绩和高中学业水平测试成绩，按照一定比例计算形成考生综合总分，最后按照综合总分择优录取。分为 A、B 两类，A 类综评是在提前批之前录取，B 类综评是在提前批之后、本科批之前录取
3	三大专项计划	国家专项计划指原贫困地区定向招生专项计划。地方专项计划指地方重点高校招收农村学生专项计划。高校专项计划主要招收边远、原贫困、民族等地区县（含县级市）以下高中勤奋好学、成绩优良的农村学生。该路径适合原贫困地区或农村地区的学生
4	中外合作办学	中外合作在提前批、本科批、专科批都有招生。一般来说，毕业后可以拿到本校毕业证和学位证，有的还可以拿到外方的学位证。只是学费普遍较高，选择时需要酌情考虑家庭经济条件
5	保送生	中学生学科奥林匹克竞赛国家集训队成员、部分外国语中学推荐优秀学生、公安英烈子女、退役运动员这 4 类人员，具备高校保送资格。无须参加高考，经高中学校推荐以及高校考察考核通过，即可进入大学就读
6	艺术类专业招生	大学艺术类专业通过省级招生机构组织的专业测试和（或）学校的专业测试，结合高考成绩，择优录取艺术类人才。该路径特别适合有美术、绘画特长的学生

续表

序号	升学路径	路径简介
7	三大体育类招生	体育专业招生：需分别参加全省体育专业统考和普通高考 体育单招：特指报考运动训练、武术与民族传统体育专业的考生 高水平运动队：2024 年起，符合生源省份高考报名条件，获得国家一级运动员（含）以上技术等级称号者方可报考高水平运动队，且文化考试成绩全部使用全国统一高考文化课考试成绩
8	军队武警部队招生	在校期间享受军人待遇，并计算军龄，毕业后直接面向军队、武警安排工作。按照就业岗位的不同，分为指挥类和非指挥类两种
9	定向培养士官	军队与地方联培联训，为部队培养高素质新型士官人才。专科提前批，学制三年，前两年半在院校学习，最后半年进入部队实习，合格后办理大专毕业，授予下士军衔
10	公安院校招生	为培养和选拔警察人员而设置的一种特殊招生模式，包括普通公安院校招生（含定向培养特殊公安专业人才招生）、现役公安院校招生两种模式。目前就读公安院校的公安类专业的毕业生通过公安联考后，入警率较高
11	航海类专业招生	主要包括航海技术、轮机工程和船舶电子电气工程三个专业，一般开设于海事类大学。该路径一般比较适合男生
12	三大招飞	空军招飞，采取两种培养模式：军事高等教育模式和“3+1”军地联合培养模式。“双学籍”飞行员颁发空军航空大学和地方高校同时具印的大学本科毕业证书。 海军招飞，本科学业期满合格，按规定授予少尉军衔。可推荐至北京大学、清华大学和北京航空航天大学进行“双学籍”军地联合培养。 民航招飞，即民用航空公司（如国航、东航、南航等）委托高校（如中国民航大学、中国民用航空飞行学院、南京航空航天大学通用航空与飞行学院、上海工程技术大学航空运输学院等）培养飞行学员
13	公费师范生	可报考教育部六所直属师范大学（北京师范大学、华东师范大学、东北师范大学、华中师范大学、陕西师范大学、西南大学），接受公费师范教育，毕业后必须履约任教 6 年以上。该路径比较适合有志于从事教育行业的学生
14	免费医学生	分 5 年制本科和 3 年制专科两种，以 5 年制本科为主，培养专业主要是临床医学和中医学。需参加高考，提前批次录取。免费医学生需要重点关注的是就业地域和考执业医师资格的问题
15	民族班 / 民族预科班	专门面向少数民族考生，考生在录取过程中享受一定程度的加分优惠。该路径只适合少数民族学生。报考预科班，要考虑学校层次和高校针对民族班投放的专业

续表

序号	升学路径	路径简介
16	港澳高校	主要考察高考成绩及英语单科成绩，部分大学需要现场面试。该路径对英语能力要求较高，考生需提前准备。包括香港大学、香港科技大学、香港中文大学、香港城市大学、香港理工大学、香港浸会大学，以及澳门大学、澳门理工学院、澳门科技大学、澳门城市大学等高校
17	少年生（班）	主要包括少年班、少创班、清北英才班及清华数学领军计划、北大物理卓越计划等，是面向低年级考生特有的招生方式。比如，清华大学丘成桐数学科学领军人才计划，面向初三及高中学生招生，通过测试及预科培养的考生不用参加高考即可被录取；北京大学物理卓越人才计划，招收初三到高三学生，通过测试即被录取，无需参加高考。中国科学技术大学少年班和少创班招生对象是高二及以下学生。东南大学少年生招生对象是十五周岁以下在校高二（含）以下的理科学生。西安交通大学少年班招生对象是应届初中毕业生

注：以上信息仅供参考，请以当年教育部或省（市）教育考试院发布的最新公告为准。

1. 强基计划

——强基计划选拔什么样的人才？

旨在服务国家战略，招收一批有志向、有兴趣、有天赋的学生进行专门培养，为国家重大战略领域输送后备人才。主要选拔有志于服务国家重大战略需求且综合素质优秀或基础学科拔尖的学生。

——强基计划招生专业范围有哪些？

突出基础学科的支撑引领作用，重点在数学、物理、化学、生物、力学、基础医学、育种及历史、哲学、古文字学等相关专业招生。聚焦高端芯片与软件、智能科技、新材料、先进制造和国家安全等关键领域，以及国家人才紧缺的人文社会科学领域。

——强基计划试点院校范围有哪些？

强基计划起步阶段，在部分“一流大学”建设高校范围内遴选高校开展试点。

试点高校名单：北京大学、中国人民大学、清华大学、北京航空航天大学、北京理工大学、中国农业大学、北京师范大学、中央民族大学、南开大学、天津大学、大连理工大学、吉林大学、哈尔滨工业大学、复旦大学、同济大学、上海交通大学、华东师范大学、南京大学、东南大学、浙江大学、中国科学技术大学、厦门大学、山东大学、中国海洋大学、武汉大学、华中科技大学、中南大学、中山大学、华南理工大学、四川大学、重庆大学、电子科技大学、西安交通大学、西北工业大学、兰州大学、国防科技大学。

2022 年增加东北大学、湖南大学、西北农林科技大学三所高校开展强基计划试点。

——强基计划的报名条件有哪些?

中国科学技术大学2024年强基计划招生简章(部分)

一、招生对象及报名条件

符合2024年普通高等学校招生全国统一考试报名条件,具有强烈的专业兴趣、科研志向和吃苦耐劳的精神,综合素质优秀,基础学科拔尖,有志于服务国家重大战略需求,有志于从事相关领域科学技术工作的高中毕业生均可报名。报名考生分为以下两类:

第一类:学业成绩优异的考生。

第二类:相关学科领域具有突出才能和表现的考生,须获得以下奖项之一:数学、物理、化学、生物学、信息学全国中学生学科奥林匹克竞赛全国决赛一等奖或二等奖。

从中国科学技术大学的强基计划报名条件,可以看出强基计划主要招收两类考生。第一类:学业成绩优异的考生。第二类:相关学科领域具有突出才能和表现的考生,即高中阶段在中学生学科奥林匹克竞赛(数学、物理、化学、生物学、信息学)中获得全国决赛一等奖或二等奖的考生。

——强基计划的报名录取是怎样的?

符合条件的考生,由本人提出申请,根据各高校发布的招生简章要求进行网上报名。考生参加高考后,一部分高校如浙江大学、中国科学技术大学、南京大学等,会让所有报名学生参加学校的校测,然后根据校测成绩确定入围考生名单;另一部分高校如清华大学、北京大学、东南大学等,会根据高考成绩确定和公布入围考生名单,然后通过笔试、面试、实践操作等方式,考查学生分析问题、解决问题的能力和创新思维。两种类型的考核方式最终都是将考生的高考成绩、高校综合考核结果及综合素质评价情况等,按比例合成考生综合成绩(其中高考成绩所占比例不得低于85%),并根据考生填报志愿,按综合成绩由高到低确定录取名单。

2. 综合评价

——设立综合评价升学的主要考虑?

综合评价是对“分类考试、综合评价、多元录取”考试招生模式的积极探索。通过综合评价,每个高校可以逐步探索建立符合自身培养目标和要求的人才选拔标准,从考生高考文化分、高校考核结果、高中学业水平考试成绩、综合素质评价以及高校自身培养的特色要求等多个维度综合考量考生实力水平。

——综合评价的实施区域？

一种是单个院校针对全国多地进行招生，如北外、南科大等；另一种是各地单独实施，一般是本省院校针对本省招生。

（1）多省份招生：中国科学院大学、香港中文大学（深圳）、北京外国语大学、南方科技大学、上海科技大学、深圳北理莫斯科大学、昆山杜克大学、上海纽约大学、华南理工大学、浙江大学等高校综合评价招生面向全国大多数省份进行。

（2）单个省份招生：如山东省综合评价招生、江苏省综合评价招生、浙江省三位一体综合评价招生、上海市综合评价录取改革试点、广东省综合评价招生等。

一般来说，各省份参与综合评价的招生高校是不一样的，且每所高校的招生条件也会有所不同。以江苏省为例，经教育部批准 2024 年在江苏实行综合评价的高校有 24 所，分为 A 类高校和 B 类高校。其中，12 所 A 类高校包括南京大学、东南大学、中国科学院大学、浙江大学、华南理工大学、北京外国语大学、上海科技大学、南方科技大学、上海纽约大学、昆山杜克大学、香港中文大学（深圳）、深圳北理莫斯科大学；12 所 B 类高校包括南京师范大学、南京信息工程大学、南京工业大学、南京邮电大学、南京医科大学、南京中医药大学、南京林业大学、江苏师范大学、南通大学、扬州大学、江苏大学、西交利物浦大学。

——综合评价的报考条件？

从近几年招生政策来看，综合评价招生条件主要分为 3 大类。

第一类，综合成绩优秀。比如，北京外国语大学报名条件之一，要求高三第一学期期末（或最近一次模考）成绩在年级同科类排名前 10% 以内，并且语文和外语成绩均在同科类排名的前 10% 以内。

第二类，学科特长突出。在理科竞赛、文科赛事、科创赛事、文艺体育等赛事中获得突出成就的考生。

第三类，思想品德优秀。获得省优秀、省三好、省优干荣誉等。

需要提醒的是，有一些地区将社会实践活动及研究性学习作为报名的必要条件。举例来说，山东省综合评价院校将学生参加社区服务、社会实践、考察探究活动的情况作为资格审查的必要内容和进入面试的必要条件。如山东大学综合评价招生简章中规定，高中三年参加不少于 10 个工作日的社区服务和 1 周社会实践，并完成不少于 6 学分的考察探究活动（研究性学习、研学旅行、野外考察等）。

——综合评价的报名和录取？

各高校招生简章发布时间不一致，如上海纽约大学、昆山杜克大学 9、10 月发布，浙江省属三位一体院校 2 月底、3 月初发布，北京外国语大学 3 月发布，其他院校大多集中在每年的 4、5 月份发布。各高校录取时间也并不相同，以江苏省为例，被 A 类高校确定为拟录取的考生，在本科提前批次之前完成投档录取；被 B 类高校确定为入选范围的考生，在本科提前批次之后、本科批次之前，根据考生所填志愿投档，由高校根据公布的录取规则择优录取。高校录取时，绝大多数按照“631”模式（或者类似比例）进行，即高考成绩（折算成百分制）占综合成绩的 60%，学校组织的能力测试成绩占 30%（笔试和面试），高中学业成绩占 10%（综合素质 3%、高中学业水平考试成绩 7%）。

3. 中外合作办学

——中外合作办学的类型？

中外合作办学可以分为中外合作办学机构和中外合作办学项目两大类。中外合作办学机构有两种形式：一种是独立法人，这类机构通常被称为中外合作大学，如宁波诺丁汉大学、西交利物浦大学、上海纽约大学等；另外一种是非独立法人，这类机构类似于大学下设的二级学院，实行独立管理，如北京航空航天大学的中法工程师学院、中国人民大学的中法学院、上海交通大学巴黎卓越工程师学院等。中外合作办学项目是指中方和外方院校合作开设的专业项目，不是独立的办学机构。例如中央财经大学与澳大利亚维多利亚大学合作举办的国际经济与贸易专业本科教育项目。

——中外合作办学的优势和不足？

优势方面：一是专业设置较好。一般而言，中外合作办学，所选择的专业都是合作双方的优势专业。比如南京航空航天大学中外合作办学主要包括与英国伦敦城市大学合作办学的自动化（航空电子与控制）专业，以及与澳大利亚皇家墨尔本理工大学合作办学的交通运输（机场运行与管理）专业，两个专业都是合作双方的强项优势，学生可在国内外学习到先进的知识和技术。二是“双证书”。不少中外合作办学类高校毕业生，可以获得国内合作大学以及国外合作学校颁发的毕业（学位）证书，国外高校颁发的毕业（学位）证书同样是得到国际国内认可的。三是“国外就读无缝衔接”。中外合作办学项目不仅可以提供出国的平台，而且有可能提供攻读外方硕士学位的机会。得到了中外合作办学院校的认可，考生再次出国学习就可以缩短学习时间，降低学习成本。四是“分数要求相对低”。从目前各高校录取分数来看，中外合作办学相关专业录取时，录取分数一般都会低于同类专业（组）。如果经济条件允许，不少考生可以通过中外合作办学项目获得进入理想高校的机会。

不足方面：一是费用相对较高。一些中外合作办学项目的学制是 3+1 或者 2+2，其中在国内的学费需要正常缴纳，而每年在国外的学费和生活费从数万元到数十万元不等，具体依据留学国家、院校和专业不同而有所差异。因此，出国学习的经济压力对于不少家庭来说确实会较大。二是回国读研难度较大。中外合作办学本科阶段的学习方案和学习计划与中国国内普通本科生的情况并不相同，如果本科在读生打算参加国内研究生考试，那么第四学年复习考研阶段很有可能在国外学习，在学习内容、复习时间等方面并不占优势，所以考研难度也比较大（不少考生届时申请国外高校读研，则难度相对较小）。三是文化适应存在差异。这一点因人而异，对于有些考生来讲，国外的学习和生活会带来心理上、文化上的考验和挑战。

——中外合作办学选不选？

中外合作办学的优势和不足可以说是十分明显的。选不选中外合作办学路径，必须结合自身实际进行分析判断。一是家庭经济条件是否允许。中外合作办学的学费从几万到几十万不等，准备报考中外合作办学的考生和家长需要慎重评估家庭经济实力。二是英语能力是否比较强。很多中外合作办学专业开设国外原版课程，外籍教师英文授课，英语能力水平较低的学生可能会有很大的学习压力；如果选择出国学习，对英语的要求就更高。有些中外合作办学要求英语单科达到一定成绩才能报考。三是是否有较强的自控力和学习能力。很多中外合作办学专业的学习压力比普通专业还要大，自学、自控能力不强的学生很难完成学业。

需要提醒的是，升学路径的选择一定是服从个人未来职业生涯规划大方向的，对于是否选择中外合作办学尤其要考虑这一点。比如，所就读的专业是否与未来想从事的职业相关，未来是不是有在国外继续深造的考虑，将来是否有意向在外资企业工作等。

4. 三大专项计划

——“三大专项计划”的招生对象分别是哪些学生？

重点高校招收农村和原贫困地区学生计划统称为“专项计划”，共包含三个具体计划：国家专项计划定向招收原贫困地区学生；地方专项计划定向招收各省（区、市）实施区域的农村学生；高校专项计划定向招收边远、原贫困、民族等地区县（含县级市）以下高中勤奋好学、成绩优良的农村学生。

——“三大专项计划”有何区别？

（1）招生院校不同

国家专项计划：招生学校为中央部门所属高校和各省（区、市）所属重点高校。

地方专项计划：招生学校为各省（区、市）所属重点高校。

高校专项计划：招生学校为教育部直属高校和其他自主招生试点高校。

（2）招生范围不同

国家专项计划：原集中连片特殊困难县、原国家级扶贫开发重点县以及新疆南疆四地州。

地方专项计划：实施区域由各省（区、市）根据本地实际情况确定。

高校专项计划：招收边远、原贫困、民族等地区县（含县级市）以下的农村学生。具体实施区域由有关省（区、市）确定。

（3）申请、录取方式上的不同

国家专项计划：在本科一批前开始投档录取，录取分数原则上不低于招生学校普通类招生所在批次录取控制分数线。对于合并本科录取批次的省份，国家专项计划在本科批次前开始投档录取，录取分数不低于本科批次录取控制分数线。

地方专项计划：综合考虑高校招生实际、实施区域农村考生情况，合理确定投档办法和录取要求，高校生源不足时，要多次公开征集志愿、适当降分录取。

高校专项计划：招生办法由有关高校确定并在招生简章中明确，确保优惠政策惠及农村学生。录取分数原则上不低于有关高校普通类招生所在批次录取控制分数线。

——“三大专项计划”是不是每个省份都有？

“三大专项计划”并不是在每个省份都有，有的省份可能只有其中的部分计划。以江苏省为例，2024年面向农村和原贫困地区实施重点高校招生专项计划，具体包括高校专项计划和地方专项计划。这两个计划在实施区域和报考条件上基本相同，但是在招生高校、报考流程、志愿填报和录取方面并不相同。

在招生高校方面，高校专项计划由教育部直属高校（72所）和其他有关高校（23所）承担，地方专项计划由部分省属高校（12所）承担。

在报考流程方面，高校专项计划考生可登录教育部阳光高考平台和拟报考高校网站，查阅招生简章，了解报考具体时间、办法和要求等，高校一般在高考前完成相关条件审核。地方专项计划一般在高考后由有关设区市、县（市、区）完成资格审核。

在志愿填报和录取方面，高校专项计划入选考生须在规定时间登录省教育考试院高考志愿填报系统填报高校专项计划志愿。若考生同时获得多所高校多种招生形式（高校专项计划、综合评价招生、高水平运动队等）入选资格，只能选择其一填报。地方专项计划列入本科提前批次，单设一类“地方专项计划”，执行特殊类型招生控制线。

三、如何选择升学路径

每个考生条件各不相同，适合的升学路径也并不一样。如何才能选择合适的升学途径？可以从下几个方面着手。

1. 对照未来规划与目标

你大学毕业后是倾向于读研深造，还是倾向于就业？

你是否有意向在数学、物理、化学等基础学科方面继续深耕？

你是倾向于本科阶段在国内就读，还是更倾向于出国？

你是否有参军入伍、就读军校或者当飞行员的考虑？

你是否有当教师的理想？

你是否有意向从事医学相关工作？

你是将来是否有意从事艺术类/体育类相关工作？

…………

选择升学路径时，一定要提前做好未来发展的初步规划，确定好自己的发展目标。无论做什么决定，首先要考虑的都是自己内心深处最真实的想法。一旦确定了自己的理想，就心无旁骛地去坚持和努力。

2. 根据自身条件筛选目标院校

有了未来规划与发展目标，就可以确定几个主要的升学路径，然后根据自身条件和招生政策要求进行筛选。比如，某物理类考生，平时成绩中等偏上，未来就业偏向于一线城市，打算从事专业技术岗位，有意向继续读研深造；此外，该考生有警校情结。根据考生自身条件和个人规划，可以重点关注一所强基计划高校（强基计划招生政策只能报考一所高校）；关注两到三所综合评价高校并且按照梯度进行排序；关注提前批次的公安政法类高校。通过对以上几种升学途径的分析和关注，考生可以大大增加进入理想高校的概率。

3. 客观评估自身能力

虽然关注了多种升学路径并着手准备，但是要考虑到申请报名过程中不被高校通过的可能；同时，不同升学路径之间还有可能因高校考核测试的环节而产生冲突。因此，要多方综合权衡，确定院校选择的重点。这时有必要进一步综合评估自己的能力，做出合理的判断与选择。评估内容包括但不限于：

你的优势在哪里？是否有信心通过高校的面试环节？

你的文化课水平如何？是否重点考虑高考成绩占比较高的高校？

是否有自然科学类或者人文素养类的赛事奖项？申报哪些高校会额外加分？

是否分析清楚各升学路径的利弊？

你的性格是什么样的？语言组织能力、口头表达能力、心态调整能力怎么样？

…………

总而言之，要全方位地进行一次自我评估，你所拥有的能力、素质、证书、奖励等条件优势，直接决定了个人最后可以选择哪所学校作为努力的目标，或者说自己够得着的目标。

4. 及早关注相关政策要求

选择升学路径，是一个很重要的判断和抉择的过程。不少考生在参加完高考后才开始了解，这时候显然已经错过了很多选择的机会。因此，需要在了解自身优势特长、升学路径难易的前提下，结合个人规划，及早关注高校招生章程，选定合适的升学路径，按照招生政策和录取规则一步一步提前做好准备，通过不同升学路径的准备来增加自己进入理想大学的机会。

【生涯实践】

◎我的生涯探索一

我的强基计划和综合评价

选取并详读 2 所强基计划高校和 4 所综合评价高校的往年招生简章，列出每种升学途径对应高校的报名时间、报考流程、报考条件、招生专业和招生计划、自己感兴趣的专业和计划数、录取办法等。

序号	高校	报名时间	报考流程	报考条件	招生专业和招生计划	自己感兴趣的专业和计划数	录取办法
1							
2							
3							
4							
5							
6							

想一想：

1. 不同高校注重选拔什么样的学生？
2. 强基计划和综合评价是不是适合你的升学路径？

◎我的生涯探索二

我的升学路径及规划时间表

我的升学路径：(　　　　　　)

时间	阶段	需要准备的事项	备注
高一	上学期		
	下学期		
高二	上学期		
	下学期		
高三	上学期		
	下学期		

做一做：

1. 请在括号中填写你有意向的升学路径。

2. 围绕所填升学路径，想一想每个年级（可以具体到上、下学期，或者具体到每个月份）有哪些具体准备事项（如学业、竞赛、奖项、艺术体育特长和个人兴趣等）。

【生涯小结】

1. 多元升学路径是高中生涯规划必须提前了解的重要方面。只有根据自身情况合理规划，才能找到最合适的升学路径，考入自己理想的院校和专业。

2. 从高一开始，我们就要做一个有心人，提前规划和准备好高中各阶段需要准备的事项。每种升学路径有多所院校，其招生政策也有异同，可以提前锁定3~4所高校，详细分析其报考条件和注意事项，未雨绸缪、及早规划。

3. 对普通高考之外的机会，一定要认真了解、理性选择。如果是能够助力高考乃至长远发展的，就一定要积极争取；如果觉得和长远发展规划相关性不大，那就无须过多投入时间和精力，以免错过其他机会。

【生涯展望】

问：你觉得哪种升学路径有可能助力自己实现理想的大学梦？

答：____

问：针对所选的升学路径，你觉得有哪些方面需要提前准备？

答：____

问：多元录取模式下，我们该如何发掘自身优势，争取更多升学机会？

答：____

【生涯资讯】

· 图书类

周鹏飞《综合评价招生——你必须知道的高考升学新路径》

推荐理由：

本书对新高考形势下综合评价招生进行介绍和实践经验总结，梳理高考升学的多种途径，解读新高考方案，介绍综合评价招生的优势、详细流程、面试题型及应答方法，帮助高中生用生涯思维决胜未来，适合高中生及家长阅读参考。

上海交通大学出版社“高校强基计划直通车”系列图书

推荐理由：

“高校强基计划直通车”系列包括物理、数学、化学以及强基计划面试等书籍，主要结合近几年高校强基计划、综合评价录取的新动向，为考生和家长梳理政策、答疑解惑。可供有志于报考高校强基计划和综合评价的考生及其家长参考。

· 政策类

教育部办公厅关于做好2024年普通高等学校部分特殊类型招生工作的通知（2023年11月9日）

推荐理由：

通知文件对高校艺术类专业、高水平运动队、保送生招生工作提出了明确而具体的要求，较以往有了很大的变化，是有关高考特殊类型招生的最新权威文件。另外，文件提及，教育部授权各地各高校组织的单独招生、强基计划、高校专项、综合评价、拔尖创新人才选拔培养等考试招生工作参照执行。考生和家长可以结合本年度本省（市）

考试院的文件对照学习和了解。

教育部、国家体育总局关于进一步完善和规范高校高水平运动队考试招生工作的指导意见（2021 年 9 月 7 日）

推荐理由：

根据指导意见，2024 年起，符合生源省份高考报名条件，获得国家一级运动员（含）以上技术等级称号者方可以报考高水平运动队。2027 年起，符合生源省份高考报名条件，获得国家一级运动员（含）以上技术等级称号且近三年在国家体育总局、教育部规定的全国性比赛中获得前八名者方可以报考高水平运动队。有关高校可进一步提高报考本校高水平运动队的具体条件要求。

教育部关于进一步加强和改进普通高等学校艺术类专业考试招生工作的指导意见（2021 年 9 月 16 日）

推荐理由：

指导意见要求，2024 年基本建立以统一高考为基础、省级专业考试（省级统考）为主体，依据高考文化成绩、专业考试成绩，参考学生综合素质评价，分类考试、综合评价、多元录取的高校艺术类专业考试招生制度。2024 年起，高校高水平艺术团不再从高校招生环节选拔，由相关高校从在校生中遴选培养。艺术史论、戏剧影视文学等高校艺术类专业，直接依据考生高考文化课成绩、参考考生综合素质评价，择优录取。

第六篇

志愿规划

（目标抉择、志愿填报）

模块十

目标抉择——挑大学选专业的方法策略

【生涯格言】

要成就一件大事业，必须从小事做起。

——列宁

【关键词】

大学和专业选择

【思维导图】

- 目标抉择：挑大学选专业的方法策略
  - 如何确定挑大学选专业的核心指标
    - “双一流”建设情况
    - 教育部学科评估情况
    - 国家级省部级科研平台
    - 一流本科专业建设情况
    - 卓越工程师教育培养计划
  - 如何把握挑大学选专业的方法策略
    - 如何挑选大学
      - 从大学的类型选择
      - 从大学的综合实力选择
      - 综合考虑大学所处的地域
    - 如何选择专业
      - 根据兴趣、志向选择专业
      - 根据能力、特长选择专业
      - 根据学科专长选择专业
      - 根据职业理想选择专业
      - 根据家庭行业背景选择专业
      - 根据国家战略、区域规划选择专业
      - 根据未来就业选择专业
      - 关注新兴专业和引导性专业
      - 重视大类招生的专业
    - 大学和专业的权衡

【我的生涯困惑】

在表格中写下你在目标抉择方面遇到的困难、疑惑，或者是你目前遇到的问题、难点。待我们学完本模块课程内容后再来回顾：这些困惑或难题都解决了吗？

序号	我的生涯困惑	紧迫程度
1		☆☆☆☆☆
2		☆☆☆☆☆
3		☆☆☆☆☆
4		☆☆☆☆☆

紧迫程度：最紧迫程度为五颗星，可以根据实际情况将☆填满颜色。

第一节　如何确定挑大学选专业的核心指标

【生涯故事】

挑大学，选专业

小磊当初高考失利，未能进入多年梦想的大学，情绪有些沮丧。但在大学新生入学考试中，他因成绩优秀而获得一次重新选择专业的机会。根据自己的兴趣及对专业的了解，他选择了学校的强势学科——生命科学试验班，经过四年学习，获得了保研资格，进入清华大学生物学专业硕博连读，苦读五年后，以优异成绩获得博士学位，目前已在美国哈佛大学从事博士后研究工作。

小海对于自己毕业后能够进入心仪的公司工作，感到特别自豪，竞争者中不乏一些“双一流”大学本科生、研究生，为什么被录用的会是他？他后来得知，单位招聘时特别看重他的教育背景和实践经历。他学的是计算机科学与技术专业，该专业实施“卓越工程师教育培养计划”的培养模式（校内导师负责学生科研能力的培养，校外企业工程师导师负责学生实践能力的培养）。大学期间在国家体育总局信息中心全程参与大型体育赛事信息系统的开发和应用，极大锻炼了他的软件开发能力、解决实际问题的能力以及人际沟通能力。

小浩从小就梦想成为一名优秀的工业设计师。他酷爱美术，高考时专业课成绩非常优秀，但文化课发挥不理想，于是进入了一所普通院校的动画专业。但他坚定地朝着成为一名优秀设计师的梦想而前进，一心想去该领域最优秀的清华大学学习。为了师从“中国工业设计之父”柳冠中教授，他付出了超乎常人的努力，只要有机会他就会到清华大学旁听课程，考研时以专业第一名的成绩成为清华大学美术学院工业设计专业的硕士研究生，毕业后创办了自己的智能家居公司，一步步实现了自己的理想。

【生涯点拨】

何为好大学？何为好专业？社会上的各种评价数据满天飞，众说纷纭。而对于每个考生和家长来说，大家对好大学、好专业的判断标准都是不一样的。比如故事中的小磊同学，尽管最初没有考入清华大学，但其本科专业是学校的强势学科，这为他在保研时进入清华大学奠定了基础。小海同学选择了“卓越工程师教育培养计划”相关专业，教学和产业深度融合的专业培养模式直接培养了企业最急需或者匹配企业发展战略的重点人才，让他实现了高质量就业。小浩同学是一个对梦想有着执着追求的人，他对个人发展的规划非常清晰，就是要到中国最好的工业设计专业学习，实现自己工业设计师的梦想，最终如愿以偿。

可以看出，每个人对于大学和专业的关注点并不一样。那么，挑大学选专业究竟有哪些核心指标？我们应该如何看待这些指标？接下来，从教育部、科技部等官方公布的大学和专业评价体系中总结出几项核心指标，供大家在选择大学和专业时进行参考。

一、“双一流”建设情况

“双一流”建设指的是世界一流大学和一流学科建设，是中国在高等教育领域提出的继“985 工程”“211 工程”之后的又一项国家战略，旨在让更多的大学和学科进入世界一流行列，进一步推动高等教育整体实力显著提升。

2017 年 9 月，教育部、财政部、国家发展改革委等三部委公布了“双一流”建设高校名单和学科名单，其中一流大学建设高校共 42 所，包括 36 所 A 类高校和 6 所 B 类高校；一流学科建设高校共 95 所。

2022 年 2 月，第二轮“双一流”建设高校及建设学科名单正式发布，全国 147 所高校入选。建设学科中数学、物理、化学、生物学等基础学科布局 59 个，工程类学科 180 个，哲学社会科学学科 92 个。

“双一流”建设名单对于考生来说，有着重要的参考价值。考上“双一流”高校一般会有以下几个方面的优势：一是能够接触到更优质的教育资源，包括更强大的师资力量、更完善的教学设施、更丰富的科研资源等。二是有更宽广的就业道路选择，包括更多的就业机会、更好的职业发展前景等。三是能够获得更高的社会认可度，包括更好的社会声誉、更多的荣誉和奖励等。四是能够拓展自己的视野，包括更广泛地接触全球高水平科研同行，了解更前沿的学术成果和学术动态，更好地发展自己的学术潜力。

值得注意的是，第二轮建设名单不再区分一流大学建设高校和一流学科建设高校，各高校以“大学＋学科”模式进入“双一流”名单。从第一轮的“两个名单”，即一流大学建设高校和一流学科建设名单，到第二轮的“一个名单”，即“双一流”建设高校及建设学科名单，意味着中国高校发展将更加强调学科建设。这与“新阶段‘双一流’建设坚持以学科为基础，探索自主特色发展新模式，着重引导各高校在各具特色的优势领域和方向上创建一流”的国家政策导向是一致的。

考生和家长要经常关注国家相关政策和高校改革动态，选择高校和学科专业时，更要重点结合考生自身的职业发展来考虑。具体来说，有几个方面需要特别注意。

一是严格意义上的“双一流”是“大学＋学科”模式。举例来说，北京邮电大学信息与通信工程，或北京邮电大学计算机科学与技术，才是严格意义上的“双一流”。

二是“双一流”并非人人都适合。比如，华南农业大学的作物学入选“双一流”，但现实情况是很多家长对专业了解程度不深，对农学类专业的热情有待提升。北京师范大学作为国内首屈一指的师范类学府，其环境科学与工程也入选了“双一流”，如果对此类专业不感兴趣，考生和家长也是需要谨慎选择的。

三是未入选的高校也并非不值得关注。比如，燕山大学的机械在业内认可度较高，深圳大学的建筑和金融很有特色，杭州电子科技大学的计算机及电子信息学科实力强，等等。此类高校虽暂未入选，但并非不值得一报。所以，要辩证看待和审慎参考“双一流”名单。

总之，考生和家长在报考阶段可以将“双一流”建设名单作为参考，一方面关注高校的师资力量、城市位置、校招企业、深造率、实验室等，另一方面关注考生自身的个性特质、学科能力、学科就业趋势等。多方综合考虑后，选择将会更加合理。

二、教育部学科评估情况

学科评估是教育部学位与研究生教育发展中心按照国务院学位委员会和教育部颁布的《学位授予和人才培养学科目录》，对具有博士硕士学位授予权的一级学科进行整体水平评估，平均四年开展一次。自 2002 年以来，我国已组织开展 5 轮学科评估。由于第五轮评估结果不对外公布，将重点以第四轮评估为例进行介绍。

第四轮学科评估按师资队伍与资源、人才培养质量、科学研究水平、社会服务与学科声誉四个一级指标框架，共设置人文、社科、理工、农学、医学、管理、艺术、建筑、体育等 9 套指标体系框架，并且给每个一级学科设置不同的权重。根据“学科整体水平得分”的位次百分位，将排位前 70% 的学科分为 9 档公布，前 2%（或前 2 名）为 A+，2%~5% 为 A（不含 2%），5%~10% 为 A−，10%~20% 为 B+，20%~30% 为 B，30%~40% 为 B−，40%~50% 为 C+，50%~60% 为 C，60%~70% 为 C−。

第五轮学科评估在第四轮的基础上，对指标体系和分档规则进行了进一步的优化和改变。主要分为四个一级指标，分别是人才培养质量、师资队伍与资源、科学研究水平、社会服务与学科声誉。每个一级指标设有更具体的二级、三级指标进行考核评价。

第五轮学科评估指标体系框架

一级指标	二级指标	三级指标
A. 人才培养质量	A1. 思政教育	S1. 思想政治教育特色与成效
	A2. 培养过程	S2. 出版教材质量
		S3. 课程建设与教学质量
		S4. 科研育人成效
		S5. 学生国际交流情况
	A3. 在校生	S6. 在校生代表性成果
		S7. 学位论文质量
	A4. 毕业生	S8. 学生就业与职业发展质量
		S9. 用人单位评价（部分学科）
B. 师资队伍与资源	B1. 师资队伍	S10. 师德师风建设成效
		S11. 师资队伍建设质量
	B2. 平台资源	S12. 支撑平台和重大仪器情况（部分学科）
C. 科学研究（与艺术/设计实践）水平	C1. 科研成果（与转化）	S13. 学术论文质量
		S14. 学术著作质量（部分学科）
		S15. 专利转化情况（部分学科）
		S16. 新品种研发与转化情况（部分学科）
		S17. 新药研发情况（部分学科）
	C2. 科研项目与获奖	S18. 科研项目情况
		S19. 科研获奖情况
	C3. 艺术实践成果	S20. 艺术实践成果（部分学科）
	C4. 艺术/设计实践项目与获奖	S21. 艺术/设计实践项目（部分学科）
		S22. 艺术/设计实践获奖（部分学科）
D. 社会服务与学科声誉	D1. 社会服务	S23. 社会服务贡献
	D2. 学科声誉	S24. 国内声誉调查情况
		S25. 国际声誉调查情况（部分学科）

注：按一级学科分别设置 99 套指标体系，各学科按学科特色分别设置 17 ~ 21 个三级指标。

学科评估结果可以为学生挑大学选专业提供科学依据。因为评估结果反映了高校学科建设总体水平，不仅可以帮助高校了解学科优势与不足，提高学科水平和人才培养质量，而且为社会了解和分析学科水平与质量信息提供参考。一般来说，选择学科评估级别高的院校专业，有利于在大学期间获得高质量的教育。

无论是第四轮学科评估还是第五轮学科评估，除了关注这些评估结果，还需要对评价指标多加关注，因为这些指标的背后反映的是国家对高校学科建设的具体要求，具有鲜明的政策导向。在填报志愿时，需要对照指标体系对心仪的学校和专业进行深入了解，为未来的职业发展打下良好基础。

由于第五轮学科评估结果并未对外公开，因此下文以第四轮学科评估结果为例进行分析。

例如，如果考生对电气工程专业感兴趣，就可以查询电气工程学科评估结果：本一级学科中，全国具有“博士授权”的高校共 40 所，参评 39 所；部分具有“硕士授权”的高校也参加了评估；参评高校共计 84 所。

第四轮学科评估结果——电气工程

评估结果	学校代码及名称	评估结果	学校代码及名称
A+	10003 清华大学	B−	10386 福州大学
A+	10698 西安交通大学	B−	10536 长沙理工大学
A	10079 华北电力大学	B−	10610 四川大学
A	10487 华中科技大学	B−	11075 三峡大学
A−	10213 哈尔滨工业大学	C+	10006 北京航空航天大学
A−	10335 浙江大学	C+	10145 东北大学
A−	10611 重庆大学	C+	10216 燕山大学
A−	90038 海军工程大学	C+	10247 同济大学
B+	10056 天津大学	C+	10254 上海海事大学
B+	10142 沈阳工业大学	C+	10280 上海大学
B+	10248 上海交通大学	C+	10299 江苏大学
B+	10286 东南大学	C+	10593 广西大学
B+	10287 南京航空航天大学	C+	10700 西安理工大学
B+	10422 山东大学	C+	10755 新疆大学
B+	10532 湖南大学	C	10147 辽宁工程技术大学

续表

评估结果	学校代码及名称	评估结果	学校代码及名称
B+	10613 西南交通大学	C	10288 南京理工大学
B	10004 北京交通大学	C	10433 山东理工大学
B	10080 河北工业大学	C	10459 郑州大学
B	10188 东北电力大学	C	10462 郑州轻工业学院
B	10214 哈尔滨理工大学	C	10533 中南大学
B	10290 中国矿业大学	C	10614 电子科技大学
B	10359 合肥工业大学	C−	10019 中国农业大学
B	10486 武汉大学	C−	10060 天津理工大学
B	10561 华南理工大学	C−	10217 哈尔滨工程大学
B	10699 西北工业大学	C−	10219 黑龙江科技大学
B−	10112 太原理工大学	C−	10252 上海理工大学
B−	10141 大连理工大学	C−	10424 山东科技大学
B−	10256 上海电力大学	C−	10460 河南理工大学

根据评估结果，清华大学、西安交通大学为 A+，华中科技大学、华北电力大学为 A，浙江大学、哈尔滨工业大学、重庆大学、海军工程大学为 A−，其余大学从 B 至 C−不等。对照评估结果，不同高考成绩的考生可以从对应学科评估等级的高校中进行选择。如果对某些高校有特别兴趣，那么考生可以同时兼顾学科和学校，选择合适的志愿。

此外，还可以结合国家重点学科、一级学科博士点等指标进行考虑。

国家重点学科是国家根据发展战略与重大需求，择优确定并重点建设的培养创新人才、开展科学研究的重要基地，在高等教育学科体系中居于骨干和引导地位。重点学科建设对高校促进学科交叉融合、优化学科结构和布局起到了积极的作用，相对应的专业实力也比较强。国家重点学科代表着大学办学特色、学科优势和科研水平。一所大学的国家重点学科数量反映该校综合实力强弱。

一级学科博士学位授权，表示在这个一级学科下的所有二级学科都有博士学位授予权，也就意味着，学生只要选择了这个学科中的任何一个专业，就有机会从本科一直念到博士。这能反映出大学或科研院所在这个学科的实力和水平。要了解这个学科是否全国领先，可以看其二级学科有没有国家重点学科，以及有多少重点学科。

三、国家级省部级科研平台

科研平台是国家创新体系的重要组成部分，是自主创新的重要阵地，在承担国家和地方重大科研任务、培养高水平科技创新人才方面起到了重要作用。

目前，依托高校建设的科研平台主要分为三大类：第一类，是由科技部、国家发展改革委批准成立的以“国家”命名的科研平台，如国家发展改革委主管的国家实验室、国家大科学装置、国家工程研究中心、国家工程实验室、国家科技创新中心等，科技部主管的国家重点实验室、国家工程技术研究中心、国家国际科技合作基地、国家野外科学观测研究站等，国防科工局、装备发展部主管的国防重点学科实验室、国防科技重点实验室，工信部主管的国家制造业创新中心等；第二类，是由教育部、农业农村部、民政部等部委（局）以及各省、自治区和直辖市科技厅（委）、国家发展改革委批准成立的省部级平台；第三类，是由高校为了整合相关优势研究力量或培育新的省部级或部级平台而自行设立的校级研究平台。

一般来说，考生可以重点关注一所学校拥有的国家级、省部级重要科研平台，因为科研平台是高水平科研工作的基础条件，能够提供高端仪器设备和高水平科研人才队伍，是组织和承担重大科研项目的重要载体，能够为科技人才的培养提供最佳的空间。这些科研平台在科研设施、人才队伍、成果转化等方面都具有很高的水准，代表着相关领域的最高水平。可以说，有无国家级科研平台，是衡量一所大学专业实力的重要标志。通过了解国家级、省部级科研平台的情况，可以快速判断学校及相关学科的实力和水平。

以国家重点实验室为例，它不但是国家科技创新体系的重要组成部分，更是国家组织高水平基础研究和应用基础研究、聚集和培养优秀科学家、开展高层次学术交流的重要基地，体现了一所大学在相关专业领域的实力和地位。国家重点实验室的特点是集聚院士、首席科学家、知名教授、杰出青年科学家等大批顶尖人才，得到国家大规模投资，承担很多国家级的高精尖科研项目等。因此，如果有机会参与国家重点实验室的科技创新实践和专业实习，那么个人在未来的保研、考研、就业方面优势十分明显。

举例来说，哈尔滨工业大学现代焊接生产技术国家重点实验室是哈工大拥有的众多国家级科研平台之一。资料显示，实验室每年招收本科生 50 余人，硕士研究生 70 余人，博士研究生 20 余人，“每年焊接方向大概招收 60 名硕士研究生，其中的 2/3 来自保研，1/3 来自考研”。总的来说，在本科阶段选择进入有国家重点实验室的大学，学生在毕业时会有更多的机会保研或考研进入国家重点实验室深造。

2018 年以来，国家提出“重组国家重点实验室体系”，正式开启全国重点实验室优化重组。这里要对全国重点实验室和国家重点实验室有所区分。全国重点实验室基本上是基于原国家重点实验室优化调整后重新组建的，可以说，全国重点实验室是国家重点实验室的升级版。2022 年，首批 20 个标杆全国重点实验室正式发布，主要涵盖集成电路、人工智能、能源电力、生物育种等领域，每个领域都有相应高校及科研院所作为依托单位，承担着聚焦科技发展战略需求、实现关键核心技术突破的重大责任。

据不完全统计，目前已有超过 200 所国家重点实验室完成了重组，被纳入全国重点实验室的新序列之中，其中超过百所高校获得了全国重点实验室的批复。获批高校相关学科的专业实力不容小觑，均为国内一流水平，如安徽理工大学的矿业工程，北京工业大学的土木工程，大连理工大学的水产养殖学，东南大学的通信工程，南京航空航天大学的航空宇航科学与技术、力学、控制科学与工程，海南大学的数字医学工程，广州医科大学、广州中医药大学的呼吸疾病和中医症候学，哈尔滨医科大学、河南大学的药学，燕山大学的机械工程等。

四、一流本科专业建设情况

一流本科专业（简称“一流专业”）指以一流本科教育为基础实施“双万计划”建设的本科专业，分为国家级一流本科专业、省级一流本科专业、校级一流本科专业。

以国家一流专业为例，它指在某一领域内，具有国际领先水平、具有国内领先地位、对国家经济社会发展有重要作用的高水平专业。这些专业在学科建设、师资队伍、课程设置、教学质量、科研能力、社会服务等方面都达到了国内领先水平，具有很高的学术影响力和社会影响力。国家一流专业的评选标准主要包括以下几个方面：一是学科建设，包括学科体系的完整性、学科发展的前沿性、学科的学术规范性和学科的学术影响力等方面。二是师资队伍，包括教师的学术水平、教师的教学能力、教师的科研能力和教师的社会服务能力等方面。三是课程设置，包括课程的科学性、课程的前沿性、课程的适应性和课程的实践性等方面。四是教学质量，包括教学效果、教学方法、教学资源和教学管理等方面。五是科研能力，包括科研项目、科研成果、科研团队和科研平台等方面。六是社会服务，包括服务对象、服务内容、服务方式和服务效果等方面。这些都可以成为我们衡量专业质量的参考标准。

由于国家级一流本科专业建设在一定程度上反映出高校专业建设的成果，一流本科专业名单将会被家长和考生重点关注。这些专业名单具体可以参考教育部发布的公告。建议在选择专业时，首先要考虑自己的兴趣、性格、能力与专业的匹配程度，然后综合考察专业的整体实力，如博硕点、重点学科、特色专业、师资队伍、科研平台、专业认证情况、专业升学率、专业对口率、就业满意度等，对这些体现专业实力的因素进行综合评估和全面比较，最终确定适合自己的专业。

此外，还可以从国家特色专业建设的角度评价专业实力。特色专业是能充分体现学校办学定位，在教育目标、师资队伍、课程体系、教学条件和培养质量等方面，具有较高的办学水平和鲜明的办学特色，获得社会认同并有较高社会声誉的专业。教育部、财政部早在“十一五”期间就开始国家特色专业建设点的建设，帮助学校形成自己的特色与品牌。例如，北京工业大学国家级特色专业包括信息安全、电子科学与技术、软件工程、机械工程及自动化、材料科学与工程、建筑环境与设备工程、建筑学等，北京工商大学国家级特色专业为金融学、会计学、财务管理、物流管理、食品科学与工程等，北京物资学院国家级特色专业为经济学、物流管理等。在报考时，可以重点关注学校有关特色专业的介绍并详细了解。

国家级特色专业的建设得到了国家的支持，相关高校会在人、财、物上跟进投入，倾力打造优势专业。相关专业及毕业生因此就容易得到社会的认可，特别是用人单位的青睐。在特色专业就读的学生不仅可以获得更多的教育教学资源，而且在就业时会比较有竞争优势。

五、卓越工程师教育培养计划

卓越工程师教育培养计划（简称“卓越计划”），旨在培养造就一大批创新能力强、适应经济社会发展需要的高质量各类型工程技术人才，有助于摆脱教育与生产实践相脱离的尴尬局面。该计划的特点是行业企业深度参与培养过程，学校按通用标准和行业标准培养工程人才，强化培养学生的工程能力和创新能力。卓越计划实施的专业包括传统产业和战略性新兴产业的相关专业，实施的层次包括工科的本科生、硕士研究生、博士研究生三个层次，培养现场工程师、设计开发工程师和研究型工程师等多种类型的工程师后备人才。参与该计划的高校学生会获得更多参与企业生产实践的机会，为今后就业打下基础。

“卓越计划”始于 2010 年，至今已经实施三批，共计 200 余所大学入选，涵盖了我国工程教育实力最强的高校。首批有 61 所高校入选，包括清华大学、北京航空航天大学、北京交通大学、北京科技大学、北京邮电大学、哈尔滨工程大学、华东理工大学、东南大学、河海大学、浙江工业大学、宁波工程学院、湖南工程学院和北京石油化工学院等。第二批有中国石油大学（北京）、南京航空航天大学等 133 所大学入选。第三批共 433 个本科专业、126 个研究生层次学科领域加入“卓越计划”。

为什么建议考生关注“卓越计划”呢？因为“卓越计划”有三个显著的特征：一是行业企业深度参与培养过程，学生会在大学期间获得更多与行业企业接触的机会。

二是学校按通用标准和行业标准培养工程人才，学生具备的能力和素质将会与社会和行业直接匹配，不会出现能力和素质的“断层”。三是强化培养学生的工程能力和创新能力，这一点是很多企业特别看重的，学生进入企业生产的研究、实践等环节，能够实实在在地帮助企业解决实际问题，助力关键核心技术攻关。因此，从“卓越计划”公布的名单入手，考生可以很清楚地知道哪些学校在哪些工程类专业具有较强的水平和实力，了解未来在这些学校的此类专业中可能接受的教育教学模式。

2022 年 9 月，为了服务国家重大战略需求，面向急需关键领域培养行业领军人才，教育部、国资委启动国家卓越工程师学院建设。清华大学、北京航空航天大学、北京理工大学、浙江大学、哈尔滨工业大学、上海交通大学、东南大学、华中科技大学、重庆大学以及西北工业大学等 10 所高校入选首批国家卓越工程师学院建设名单。

2023 年 9 月，第二批国家卓越工程师学院公布，北京科技大学、北京邮电大学、天津大学、大连理工大学、哈尔滨工程大学、同济大学、南京航空航天大学、南京理工大学、华南理工大学、电子科技大学、西安交通大学、西安电子科技大学、中国石油大学（北京）、南方科技大学等 14 所高水平大学入选。

上述成立国家卓越工程师学院的 24 所大学，可以说是卓越工程师培养的排头兵。这意味着国家对这些高校相关学科专业的大力投入，同时也意味着这些高校在卓越工程师培养方面的重大责任和重要机遇。这些高校值得考生和家长重点关注。

【生涯实践】

◎我的生涯探索一

我的意向学校和学科 / 专业评估

序号	评估项目	学校 1（ ）	学校 2（ ）	学校 3（ ）
		学科 / 专业（ ）	学科 / 专业（ ）	学科 / 专业（ ）
1	是否入选“双一流”			
2	学科评估等级			
3	是否属于特色学科			
4	是否属于“一流专业”			
5	是否入选“卓越计划”			
6	科研平台情况			
其他				

做一做：

请在表格中填入感兴趣的大学和学科/专业，然后按照列出的评估项目进行对比分析。如果有关注的其他评估项目，也可以在“其他”栏目中添加。

◎我的生涯探索二

从选调生招录看大学和专业选择

一、江苏省2024年应届优秀大学毕业生选调工作

江苏省2024年应届优秀大学毕业生选调工作分两批进行。

第一批，县级以上机关职位选调（名校优生选调）：面向全国部分“双一流”建设高校、政法类高校（名单如下），选调600人到县级以上机关工作。

1. 北京大学、中国人民大学、清华大学、北京航空航天大学、中国科学院大学、南开大学、天津大学、哈尔滨工业大学、复旦大学、同济大学、上海交通大学、南京大学、东南大学、浙江大学、中国科学技术大学、厦门大学、山东大学、武汉大学、华中科技大学、中山大学、四川大学、西安交通大学。

2. 中国矿业大学、河海大学、南京林业大学、华南理工大学、重庆大学。

3. 中国政法大学、大连海事大学、吉林大学、华东政法大学、苏州大学、南京师范大学、中南财经政法大学、西南政法大学、西北政法大学。

4. 中央财经大学、对外经济贸易大学、上海财经大学、南京农业大学。

5. 北京邮电大学、华东师范大学、南京航空航天大学、南京理工大学、南京邮电大学、电子科技大学。

第二批，乡镇（街道）职位选调：面向全国部分“双一流”建设高校、省内普通高校（名单略，可自行查阅），选调570人到乡镇（街道）工作。

选调对象不含委培、定向、专升本和独立学院毕业生。优先选调经济金融、信息技术、智能制造、城乡建设、社会治理、生态环境、公共卫生等大类紧缺专业人才。每职位选调数量男女保持平衡。

二、2024年度浙江省党政机关选调应届优秀大学毕业生工作

选调分为常规选调和定向紧缺专业选调，两类选调同步进行。

（一）常规选调：区分省市机关、县乡机关2个层级，共面向58所高校开展选调，选调计划共795名。常规选调高校范围如下。

省市机关选调高校：36所“双一流”高校：清华大学、北京大学、中国人民大学、北京航空航天大学、北京理工大学、中国农业大学、北京师范大学、中央民族大学、南开大学、天津大学、大连理工大学、吉林大学、哈尔滨工业大学、复旦大学、同济大学、上海交通大学、华东师范大学、南京大学、东南大学、浙江大学、中国科学技术大学、厦门大学、山东大学、中国海洋大学、武汉大学、华中科技大学、中南大学、中山大学、华南理工大学、四川大学、电子科技大学、重庆大学、西安交通大学、西北工业大学、兰州大学、国防科技大学。2所研究型大学：中国科学院大学、中国社会科学院大学。

县乡机关选调高校：36所“双一流”高校（名单同上）；15所省内重点建设本科院校：中国美术学院、浙江工业大学、浙江师范大学、宁波大学、杭州电子科技大学、浙江理工大学、浙江工商大学、浙江中医药大学、浙江农林大学、温州医科大学、浙江财经大学、杭州师范大学、温州大学、浙江海洋大学、中国计量大学。

省纪委省监委机关和省市县公安、检察、法院等系统要求法律专业背景的选调计划，在对应相应层级选调高校的基础上，同时面向中国政法大学、西南政法大学、华东政法大学、中南财经政法大学、西北政法大学选调。

（二）定向紧缺专业选调：定向部分高校选调31类紧缺专业开展选调，计划共219名。

想一想：

上述材料仅以江苏、浙江为例，列举了党政机关对选调对象在大学和专业上的基本要求。结合个人自身实际，请思考：

1. 对比两省的选调要求，有什么共同点和不同点？

2. 查阅近五年所在省份的选调生招录通告，你发现学校和专业要求有什么变化趋势？这对个人的大学和专业选择有什么启发？

第二节　如何把握挑大学选专业的方法策略

【生涯故事】

思思的大学和专业选择

思思是一个北京女孩，从小到大都没有离开过北京。谈到大学的选择，她与家人一致的意见就是在北京上大学，对于女孩子去外地家人都感到不放心。因此，她在大学选择上首先考虑地域（北京），其次是大学层次，最后考虑专业。

高考分数公布时，全家陷入了两难境地。因为同平时的成绩相比，思思发挥失常，在北京很难上好大学。纠结之余，思思心中萌生了一个想法：如果不受地域的限制，到外地求学，那么无论大学还是专业都有很大的可选性。于是，她把目标锁定在地处黑龙江的哈尔滨工业大学材料科学与工程专业。理由有三，第一是自己的数学、物理和化学成绩都很好；第二，新材料是国家的战略性新兴产业；第三，哈尔滨工业大学是 C9 联盟高校，材料学科已进入 ESI 全球前 1‰，学校和学科层次都不错。

经过慎重思考，她笃定决心，说服父母和爷爷奶奶，到素有“东方小巴黎”和“东方莫斯科”之称的哈尔滨市就读大学。由于她思维开阔、语言表达能力和组织能力较强，在大学的社团活动和学习生活中表现突出，加之平常学业成绩优秀，本科毕业时她被直接保送为该专业的硕士研究生。

【生涯点拨】

不同的个体对大学和专业有着不同的认识，落实到具体的挑大学选专业环节，不同的学生和家庭会基于不同因素做出不同的选择。那么，你在选择大学和专业时最看重的是哪些因素呢？在众多可能影响大学、专业选择的因素中，又该如何确定优先等级？

一、如何挑选大学

1. 从大学的类型选择

国内大学一般分为综合类、理工类、财经类、医药类、师范类、语言类、政法类、农业类、林业类、民族类、艺术类和体育类等多种类型。不同类型的大学具有不同的特色和优势，要从职业发展方向、专业选择等方面综合考虑并对大学有深度了解。

综合性大学学科种类齐全，各学科门类的专业相对全面，特别是理学、人文社会学科基础深厚，更加注重学生的通识培养，学生未来的专业延展性较大。代表性的学校包括北京大学、复旦大学、南京大学、南开大学、武汉大学、厦门大学、中山大学、四川大学、山东大学、吉林大学等。

理工类院校以工学、理学为主，同时涵盖管理学、经济学、文学类等专业。例如，华中科技大学、北京工业大学，主要开设有控制科学、计算机、机械、建筑学等工学类专业，其次有数学、物理学、化学等理学类专业。此外华中科技大学还设有临床医学、新闻学、社会学等专业，北京工业大学还设有英语、会计学等专业。

财经类、医药类、语言类、农林类等院校以本学科领域的专业为主，兼有工学类、理学类等其他学科专业。例如，西南财经大学、首都经济贸易大学，主要开设有经济学、金融学、会计学、财务管理等经济学、工商管理类专业，兼有计算机、法学等专业；中国政法大学、西南政法大学以法学类专业为主，兼有经济学、工商管理、英语等专业；医药类院校主要开设临床医学、药学类专业，也可能会开有英语、法学等专业。

说到师范类院校，社会上有两个常见的误区，一是认为师范类院校毕业生只能当老师。实际上师范院校招生分师范类、非师范类生源，免费师范类毕业生当老师的比例 100%，而非师范类、非免费师范类毕业生当教师的比例并不高。以北京师范大学为例，非免费师范生和免费师范生一般分别占本科毕业人数的 80% 和 20%。免费师范生去向全部为初高中教育单位。非免费师范生主要去向是国内升学和出国深造，合计比例超过 60%，而就业比例约占 40%，去初高中教育单位人数仅占全部非免费师范生的 5% 左右。二是认为只要从师范类院校毕业就能当老师。一般来说，当老师需要考取教师资格证，同时不同层次、不同地区的中学对老师的要求不一样，去郊区、农村、原贫困地区任教相对容易，而去大城市、示范类中学任教相对较难。北京、天津的中学，即使是在郊区的示范类高中，有的也会要求应聘人员为本科毕业于“双一流”高校的硕士，甚至是博士生，而不一定要求是师范院校毕业生。这类中学对应聘者在综合能力与素质方面要求很高。

对于农林类院校，社会上看法并不一致，这主要是因为许多人对农林类院校的专业学习、就业、考研、出国等情况缺乏了解。有的人简单认为，上农林类大学后要留在农村工作，而实际情况是农林类院校毕业生就业去向比较广泛。以中国农业大学本科毕业生就业情况为例，就业和升学人数分别约占 40%，出国人数约占 20%。就业去向一般包括党政机关、高等院校、科研单位、其他事业单位以及各类企业等。就业行业除农林牧渔外，还有制造业、水利、环境、建筑业、金融业、信息传输、软件和信息技术服务业等。

艺术类、体育类院校，分别是艺术类、体育类专业较强的专业类学校。不同高校的录取规则不同，学生在报考时不仅需要通过专业课考试，并且需要取得一定的文化课成绩。在这类高校中，并不是所有的专业都是艺术类或体育类专业。如北京体育大学设有公共事业管理（体育管理）、体育经济与管理、新闻学（体育新闻）、广告学（体育营销传播）、英语（国际体育）、汉语国际教育、运动人体科学、应用心理学（运动心理）、运动康复等专业，这些专业与体育领域相关，但不一定需要很好的体育运动能力，对其感兴趣的学生可以重点考虑。

2. 从大学的综合实力选择

所谓大学综合实力，主要包括师资力量、师生比、科研情况、院校规模、学科门类、学科特色、重点学科、国家重点实验室、国家级特色专业等。一般在大学官方网站的“学校概况”中可以了解这些信息。

以西安交通大学为例，该校重要科研平台包括国家重点实验室、教育部重点实验室、国家工程技术研究中心等。具体说来，国家重点实验室有金属材料强度国家重点实验室、电工材料电气绝缘国家重点实验室、机械结构强度与振动国家重点实验室、机械制造系统工程国家重点实验室、动力工程多相流国家重点实验室；教育部重点实验室有物质非平衡合成与调控、过程控制与效率工程、现代设计及转子轴承系统、电子物理与器件、电子陶瓷与器件、生物医学信息工程、环境与疾病相关基因、智能网络与网络安全、热流科学与工程；国家工程技术研究中心有国家数据广播工程技术研究中心、快速制造国家工程研究中心等。

在学科建设方面，该校 2017 年入选国家一流大学建设名单 A 类建设高校，2022 年入选国家第二轮“双一流”建设高校，力学、机械工程、材料科学与工程、动力工程及工程热物理、电气工程、控制科学与工程、管理科学与工程、工商管理等 8 个学科入选“双一流”建设学科。根据第四轮学科评估结果，动力工程及工程热物理、电气工程为 A+ 学科，数学、力学、机械工程、工商管理为 A 学科，应用经济学、马克思主义理论、材料科学与工程、电子科学与技术、控制科学与工程、计算机科学与技术、管理科学与工程、公共管理等学科为 A– 学科。

该校的国家重点学科分布在一级学科和二级学科。其中一级学科国家重点学科有电气工程、机械工程、控制科学与工程、材料科学与工程、动力工程及工程热物理、生物医学工程、管理科学与工程、工商管理；二级学科国家重点学科有产业经济学、计算数学、生理学、固体力学、微电子学与固体电子学、核能科学与工程、法医学、外科学（泌尿外）等。

在“卓越计划”方面，该校第一批“卓越工程师教育培养计划”参与专业有机械工程及自动化、能源动力系统及自动化、电气工程与自动化；第二批“卓越工程师教育培养计划”参与专业有石油工程、地质工程、化学工程与工艺、自动化、通信工程、高分子材料与工程、印刷工程、建筑学等；第三批“卓越工程师教育培养计划”参与专业有工业设计、过程装备与控制工程、生物医学工程、测控技术与仪器、材料科学与工程、电子科学与技术、微电子科学与工程、信息工程、自动化、核工程与核技术、环境工程等。

此外，该校一级学科博士学位授权点有应用经济学、数学、物理学、力学、机械工程、仪器科学与技术、材料科学与工程、动力工程及工程热物理、电气工程、电子科学与技术、信息与通信工程、控制科学与工程、核科学与技术、生物医学工程、基础医学、管理科学与工程、工商管理、哲学、生物学、化学工程与技术、航空宇航科学与技术、临床医学、公共管理、马克思主义理论、统计学、计算机科学与技术、人工智能等。

综合以上数据，考生可以对学校的科研实力、学科建设、专业特色等有所了解，随后结合自身特长、个人兴趣、高考分数等综合对比权衡，做出合理的选择。

3. 综合考虑大学所处的地域

一般来说，北京、天津、上海、江苏等地经济发达，国际化氛围浓厚，高等教育实力雄厚；浙江、广东等南方经济发达地区发展机会多，就业空间大。这些省份的高校都备受考生和家长关注。

西部地区以陕西省高校居多，历史文化底蕴深厚，不少考生也十分青睐。例如，西安交通大学是C9联盟高校，西北工业大学是以航空、航天、航海等领域人才培养和科学研究为特色的多科性、研究型大学，西安电子科技大学、长安大学等都是国内知名高校。此外，甘肃省兰州大学的化学、大气科学、生态学、草学等学科专业水平位居全国前列，自然也在不少考生的关注范围。

东北地区也有很多知名高校，如哈尔滨工业大学、吉林大学、东北大学、东北师范大学、大连理工大学等。东北财经大学是一所突出经济学、管理学优势和特色，经济学、管理学、法学、文学、理学等多学科协调发展的研究型大学。东北电力大学是1949年中国共产党创建的第一所电力工科学校，入选教育部“卓越工程师教育培养计划”、首批“中西部高校基础能力建设工程”重点建设高校。

西南地区的四川和重庆不但饮食和生活颇有特色，而且特色重点院校汇集。四川大学的医学专业在国内享有很高的声誉，尤其口腔医学是国家级重点学科，高分子材料与工程、数学、化学、汉语言文学、历史学等也是王牌专业。电子科技大学的通信工程、软件工程、网络工程、新能源材料与器件、数学与应用数学、测控技术与仪器、集成电路设计与集成系统、电磁场与无线技术等是国家级特色专业。重庆大学的国家级特色专业是软件工程、电气工程及其自动化、机械设计制造及其自动化、车辆工程、生物工程等。

华中地区的湖北武汉，聚集着众多强势高校。华中科技大学学科门类齐全、综合实力强劲，特别是在工程、医学、管理学等领域，具有较高的知名度和影响力，机械工程、光学工程、材料科学与工程、动力工程及工程热物理、电气工程、控制科学与工程、生物医学工程、病理学与病理生理学、内科学、外科学等是国家级重点学科。武汉大学的汉语言文学、历史学、法语、图书馆学、化学、环境工程、水利水电工程、电气工程及其自动化、核工程与核技术、土木工程、遥感科学与技术、通信工程、测绘工程等是国家级特色专业。以遥感科学与技术为例，其所在的遥感信息工程学院被业界誉为中国乃至世界测绘遥感领域人才培养的摇篮，可见实力不同寻常。

不同地区各有特点、各有所长，考生和家长在选择学校时要摒除一些偏见。比如，有的学生不想出省（市）去外地上大学。以北京地区学生和家长为例，他们通常能接受的“最远的天涯海角”就是天津市，此外上海市也可以勉强考虑，因为不少家长和学生担心进入大学之后不可控的因素太多。还有不少家长尤其是女生家长不愿意孩子远离家乡，即使孩子分数不占优，也一定要选择省（市）内院校。江苏、浙江和上海地区的考生在选择高校时有不少人选择“江浙沪包邮”地区，不愿意远离长三角得天独厚的政治、经济、科技、文化等区位优势。

客观来说，在交通网络发达的今天，由地理空间距离造成的地区差距在不断缩小，地域因素在大学选择中的影响正在逐渐降低。考生应该根据个人学习情况、家庭情况权衡选择，无论身在哪个地区，都应该放眼全国、志在四方，综合考虑东南、中西、东北等不同地区的高校。各个地区都有不少综合实力和学科优势相对较强的高校，考生可以选择就读相关高校的优势学科与特色专业，未来通过保研、考研或者出国留学等路径再谋发展。

二、如何选择专业

1. 根据兴趣、志向选择专业

兴趣是最好的老师。有的人喜欢读书，天生对诗词歌赋感兴趣，善于思辨和表达，可以考虑选择汉语言文学、新闻学等需要文字功底的专业。有的人从小喜欢涂涂画画，空间思维突出，可以考虑学美术类专业比如速写、素描等，也可以选择建筑类、工业设计等专业，因为这些专业需要具备美术的基本功底和较好的构思创新能力。还有的人好奇心很强，愿意把家里的收音机、钟表、电扇等拆了又装上，即便有些零件装不回去了，也能说明这类人愿意动手或动手能力很强，一般比较适合选择机械类、电气类等工科专业。

2. 根据能力、特长选择专业

不同专业对个人能力有不同的要求，比如法学专业，一般来说比较适合口才好、记忆力强、逻辑思维能力强的文科生。学习新闻相关专业需要有丰富的知识面，有极强的文字能力和实践能力，特别要具备与社会接触、与人打交道的能力。学习语言相关的专业不仅要有语言的悟性和吃苦的精神，还需要有很强的跨文化交际能力。如果对数字比较敏感，愿意承担事务性工作，做事严谨细致，那么可以考虑会计相关专业。

3. 根据学科专长选择专业

数学、物理较好的学生可以选择机械类、电气工程、车辆工程、电子信息类专业。化学比较好的学生适合选择化学工程、材料、食品类专业。另外需要注意的是，机械类、电气类、电子通信类、工程管理、土木工程等专业，未来的学习和工作很可能围绕图纸展开，所以空间思维能力较差、立体几何基础薄弱的学生学习起来也许会比较困难。文科较为出色的学生可以考虑语言类、师范类、财经类等专业。生物有优势的学生可以考虑生物工程、生物制药等专业。

4. 根据职业理想选择专业

理想的专业一定是与未来的职业理想挂钩的。如果未来志愿从事财经类工作，考虑到财经行业中不同的业态、工作岗位对人才的专业要求不同，那么考生既可以直接在本科阶段就选择相关专业，也可以在本科阶段选择数学、物理学、化学、统计学或其他理工类专业，先行打下数理基础，读研、出国深造时再根据学习情况和个人规划选择经济、金融类专业。如果将来立志从事记者工作，定位为一名优秀的国际记者，那么考生可以重点关注新闻类、传媒类等专业。当然，与之相关的知识技能是必不可少的，除了需要拥有丰富的知识面、极强的语言文字能力和新闻采编能力，还要了解不同国家的文化差异和风土人情，掌握一门流利的外语等。

5. 根据家庭行业背景选择专业

家庭背景对下一代发展的影响很大，原因在于家庭成员具备的行业背景对学生的成长有潜移默化的影响，他们对相关行业领域有着特别的感悟和认知，从而对孩子的专业选择和职业发展有着先天的优势。如果家长在相关领域有着较为丰富的经验和实践积淀，考生不妨与家长进行深入交流，通过家长的经历和体验对相关专业进一步深入了解。一方面这些知识经验比较可靠可信，另外一方面对个人未来的就业选择和职业发展有着重要的指导作用。

6. 根据国家战略、区域规划选择专业

尽管个人和家庭的意见在专业选择过程中往往占据主导的地位，但是考生和家长千万不能忽视了自身所处的社会大环境。要了解当前和今后国家、社会对什么样的专业人才需求强烈，哪些专业能在未来更加适应社会的发展而不会被淘汰。在专业选择中，要关注那些国家和行业紧缺的专业，关注新兴产业所需要的专业，关注战略性发展的产业，而不要只关注热门专业，因为现在的所谓热门专业，四年本科或七年研究生毕业后，并不一定符合社会的热门需求。在经济社会快速发展的今天，个人的选择、未来的发展应当与国家的战略相结合。以往的国家级特色专业的设立就是国家从战略层面为学生提供了一个规划未来的参考，如果考生能根据国家相关战略做出判断，把自己的未来规划与国家、地方的长远发展相结合，就更容易赢得未来发展的先机。

7. 根据未来就业选择专业

现实中，很多家长和孩子容易在专业选择上产生分歧的原因是，孩子更加注重“感觉”，家长更加注重“实际”。所谓“感觉”可能是一种理想化的评判，诸如自己对某个专业特别感兴趣，尽管对该专业的未来发展并不十分明晰。所谓“实际”表现在家长恨不能在填报志愿时就知道将来到什么单位就业，或者到某某单位就业有没有可能，难度大不大。两者的关注点各有道理，并无对错之分，但是如果能够将“感觉”和“实际”相结合，未尝不是报考过程的一种最佳状态。

考生在做专业选择时不能人云亦云，而要将未来就业发展贯穿报考过程。因为一般情况下，志愿填报的专业和将来从事的行业是密不可分的，专业是决定将来工作岗位的重要因素之一。了解一所学校的就业情况，比较权威的途径是查阅该校按年对外发布的《毕业生就业质量年度报告》，其中包括毕业生就业率、就业状况、就业质量评价等具体信息，考生和家长可以清醒地认识到所选专业的毕业生面临的就业难易、工作条件、待遇水平、区域环境等情况。

8. 关注新兴专业和引导性专业

“新增”和“新兴”是两个完全不同的概念。新增专业不一定是新的专业，可能仅仅是一个大学新开的专业，例如原来某高校没有会计学专业，今年新增该专业。新兴专业，是根据国家需要而新开设的专业，比如金融工程、大数据科学与技术、核物理等。新增专业的强弱，要看其涉及哪些学科，开设该专业的院校相关学科实力如何。举例来说，新增金融工程专业，涉及经济、金融、数学、统计、计算机等学科，中国人民大学、南开大学、中央财经大学、西南财经大学等高校的经济学、金融学、数学、统计学等都是强势学科，这些院校新增的金融工程专业在实力上就会有所保证。如果某些院校新增金融数学、金融工程等类似专业，但是了解后发现其经济学、金融学、数学、统计学等实力皆弱，那么该专业的发展还需时日。对于这些情况，考生在报考时要多加了解和甄别。

随着大数据、人工智能和物联网走进人们的生产生活，各类高校犹如雨后春笋般纷纷开设这些专业。这些新兴专业都是交叉学科，要求高校原有的学科体系和师资结构要足够强大，比如数学、统计学、物理学等学科实力都比较雄厚。选择新增专业时需慎重，不要只顾追逐热门，而要了解相关学校、学科的背景和实力后再做决断。

引导性专业，指的是在专业建设和发展上承担示范引领功能的专业。目前，教育部围绕新农科、新医科等设置了引导性专业，这些专业具有鲜明的适应性和引导性，是当前和今后社会紧缺或者急需的，并且将会带动和引导更多的学校进行相关学科专业建设。从未来就业来讲，引导性专业优势明显，感兴趣的考生和家长可以重点关注。比如，《新农科人才培养引导性专业指南》聚焦服务农业农村现代化进程中的新产业新业态，面向粮食安全、生态文明、智慧农业、营养与健康、乡村发展等五大领域，设置生物育种科学等 12 个新农科人才培养引导性专业；《服务健康事业和健康产业人才培养引导性专业指南》聚焦服务健康事业和健康产业发展新态势，设置医疗器械与装备工程、老年医学与健康、健康与医疗保障、药物经济与管理、生物医药数据科学等 5 个新医科人才培养引导性专业。这些专业在未来将会大有可为。

9. 重视大类招生的专业

大类招生，是指高校将相同或相近学科门类的专业合并后按某个大类招生。学生入校后，经过一到两年的基础学习和通识培养，可根据兴趣专长和成绩情况，进行双向选择和专业分流，再接受某一具体专业的专精培养。由于大类招生和大类培养能让学生很好地拓展未来的发展路径，并且能够整合高校的学科优势，为学生未来的发展打下坚实的根基，因此大类招生模式已经被很多高校采用。但是，其中也不乏一些不利的因素。比如，有的大类招生专业组内专业方向和实力差异较大，考生需要评估是否能接受大类中所有专业的学习内容、培养模式、未来发展等。

选择专业的常见误区

陷入选专业的误区，其实是由于对专业不了解，想当然做出了选择。只有提前做好功课，探索专业的内涵、前景、特色，再结合个人特点，看看自己是否适合，考生才能挑选到理想的专业。

看分数选专业

一般意义上，专业没有好坏之分，只有合适与否。但是考生报考时，往往还是愿意选择好大学的优势专业。对于一个专业来讲，很多大学都会设置，但是不同的大学之间，相同专业的实力是不一样的，这也直接体现在录取分数线上。

好大学的优势专业，往往录取分数线每年都相对较高，报考时要量力而行。但反之，录取分数高的专业不一定是某所大学的好专业，首先录取分数高有可能是因为该专业当下比较热门而报考人数很多，其次有的专业录取分数高可能是前一年该专业录取分数低致使当年报考人数较多。

看热门选专业

面对大学毕业生严峻的就业形势，选择就业前景好的专业已经成了众多考生和家长填报志愿的倾向。然而不少考生和家长容易陷入一个理解误区：只要是热门专业，就业前景就一定看好。

事实上，表面看起来热门的专业，就业率不一定高。某项调查显示，近几年本科就业率排名前十位的专业为：能源动力类、化学类、机械类、化工与制药类、土建类、电气信息类、工程力学类、材料科学类、管理科学与工程类、工商管理类。这十类专业，有的在报考时是冷门专业，甚至在一些专业中，90% 以上为调剂生。

因此，与其在选择专业时紧盯热门，不如参考由教育部公布的专业就业状况、社会调查机构的相关数据、专业所在高校的就业情况、专业行业的统计数据、招聘网站的供求情况等。但同时，也要注意社会对不同专业毕业生的需求并不平衡，这些专业的供求状况，在不同学校、不同学历层次的表现不一样，并随着时间的推移而变化。那么，考生和家长就要对某专业社会需求情况有一个前瞻性的了解，还要着重了解欲报考院校某专业的就业率及就业质量。

猜就业选专业

学生物医学工程是不是可以当医生？生物医学工程是生物科学，还是临床医学与医学技术？其职业方向是利用先进的生物技术给人治病？学生毕业以后肯定是到医院工作？其实，这个专业既不属于生物科学类，也不属于医学技术类，而是不折不扣地属于工科专业。毕业后，生物医学工程专业的同学既可以在医疗仪器、电子技术、计算机及信息技术等领域从事研究、设计、制造与应用工作，也可以在各类医院从事通用医疗器械设备的操作使用、维护维修和采购管理等工作。

学地质学将来就从事挖矿？一提到“地质”专业，很多同学就联想到“背着仪器上山挖矿石”的场景。时代在发展，地质科学也不意味着挖地找矿了，遥感技术、全球定位系统、计算机技术、超高温高压技术和示踪同位素技术等先进技术的广泛应用，显著拓展了地质探测与模拟的广度、深度和精度。地质学在探寻能源、开发资源、保护生态环境、防治自然灾害和开发新型材料的工作中都起到了重要的作用。同时，不少高校的地质学专业还涉及了“珠宝玉石鉴赏”方面的学习，这是珠宝贸易行业中不可或缺的一个环节。地质学专业的同学毕业后可以在与专业相关的教学、科研部门，在能源、交通、矿业、冶金、建材等企事业单位找到合适的就业机会。同时，珠宝鉴定行业也欢迎地质学专业的同学加盟。

学心理学可以当心理医生？心理学培养的是具备心理学基本理论和技能，在科研部门、学校、企事业单位等从事心理学科学研究、教学工作和管理工作的人才。实际上，中国的心理医生数量很少，许多岗位主要由医学学生承担。

汉语言文学专业毕业后就可以成为作家？喜欢文学的青少年很多，在阅读很多文学书籍之后，不少中学生也都有了自己喜欢的作家，并怀揣着文学梦报考了汉语言文学专业，希望专门学习文学和写作，将来成为一名专职作家。然而实际上，汉语言文学专业和作家这一职业并无对应关系，课程表上除了写作基础这门课外，并无培养职业写作人才的专业训练。此外，多数作家都不是从汉语言文学专业毕业的，与该专业对口的职业主要是语文教学、研究和新闻出版。

行政管理专业毕业后就能做公务员？成为公务员是需要参加国家公务员考试的。如果未通过公务员考试，即使学行政管理，也只能另谋职业。实际上，行政管理专业面向的是所有后勤、行政工作，大到政府、跨国公司，小到个体户、创业型公司都需要有行政部门来支持。不同层次的行政管理专业人才，服务的对象不同，高层次的行政管理人才对于政府政策决策、大企业的内部治理有着很重要的影响，而本科层次的行政管理毕业生从事的主要是基层行政管理工作。

三、大学和专业的权衡

上大学填志愿，考生普遍会遇到一个让人纠结的问题：选学校重要，还是选专业重要？一类观点认为现在不少毕业生就业时专业不对口，毕业院校更值得关注。另外一类观点则认为术业有专攻，专业就是饭碗，因此专业更重要。当专业和学校不能两全其美之时，到底侧重哪个？

观点一：首选专业。从就业市场方面来看，社会上流行一种观点，即填报志愿时选学校不重要，关键要选个好专业，这样将来好就业。他们认为，一个人的发展和成才主要靠专业打天下，而不是依赖学校打天下。专业对人的影响，往往会持续一生。专业选择恰当，就能够充分发挥自己的爱好、兴趣、特长。首选自己喜欢的专业，浓厚的兴趣便会带着自己在这个领域尽情遨游，促使自己更加主动、高效率地学习专业知识，做出更大的成绩，有利于今后的长远发展。

从现实情况看，目前各高校对专业建设十分重视，会配备优良的师资，加大教学设备的资金投入，加强专业的研究力度，推动专业教学质量大幅度提高。可以说，专业建设已经成为各高校的工作重点，现在不仅名牌重点大学有自己的重点和特色专业，而且一些不太出名的地方高校，也有自己的品牌专业。

如果考生不能进入契合自己发展潜能的专业，那么建议尽可能选择相近或相关的专业，这样可以为今后的发展夯实基础。

观点二：首选学校。从人力资本和名校优势等角度来看，不少人对学校的名气更加看重，认为有名的学校学科齐全、师资力量雄厚，培养出来的人更加综合全面。

从现实来看，随着社会的发展、科学与技术的进步、产业结构的调整，社会对人才的需求已由单一专家型人才转变为基础理论扎实、综合能力强的复合型人才。用人单位在挑选毕业生时，已不再像过去计划经济时代那样只强调专业对口了，而更加注重学生的知识结构、综合素质。为了适应这一变化，高等院校在20世纪90年代中期以后，在办学模式上进行了较大的调整，提出了“加强基础、淡化专业、因材施教、分流培养”等新的办学方针。因此，考生、家长在填报志愿时，不少人会首选学校、次选专业。

综合以上两种观点，“为上大学而上大学”或“为学专业而学专业”都不可取。考生在实际选择中，不能绝对地将二者对立起来，而要结合自身实力，通盘考虑学校和专业两方面因素，综合权衡、慎重选择。

【生涯实践】

◎我的生涯探索一

院校 VS 专业，你该如何抉择？

可首选“专业”	可首选“院校”
职业目标明确，优先选择专业	职业目标不明，优先选择院校
对未来职业发展有一定规划，很清楚将来想做什么，能聚焦想报考的专业	对未来职业发展的规划较模糊，职业期待比较泛泛，对专业学习还没有深入探索
“选择专业一定意义上就是选择未来的职业”	“读大学的意义除了在于提升专业技能，更重要的是对一个人精神气质的打磨”

想一想：

1. 结合不同人群的选择策略，面对理想院校和理想专业，你该如何抉择？
2. 你在考虑学校和专业时，分别更看重什么因素？

◎我的生涯探索二

如何根据就业市场变化选择专业
——以自动化相关专业为例

专业和就业一定是紧密联系的。考生和家长一定要在平时多关注就业市场的形势和需求，了解对应行业动态、职位类型、典型公司、公司发展等资讯，只有综合考虑这些因素才能做出适合考生自己的专业选择。比如，你大致感觉和判断自己对自动化专业感兴趣，但是不清楚自动化专业到底适合不适合自己，建议可以按照以下思路探索和决策。

自动化专业涵盖了广泛的知识领域，包括控制理论、电子技术、计算机科学等，可以应用于许多不同的行业和领域。

首先，可以根据自己的专业技能和兴趣来选择。自动化专业涉及的领域非常广泛，比如控制系统设计、工业机器人编程、智能制造等。如果你对某个特定领域感兴趣，可以多关注与该领域相关的专业，如控制工程、机器人、智能制造、机械自动化等，并从中做出选择。

其次，可以关注行业的发展趋势和需求如何。不同的行业对自动化专业的需求不同，一些传统制造业需要自动化生产线和工艺流程的优化，而一些新兴行业如新能源汽车等则需要先进的控制系统和智能制造技术。选择符合行业发展趋势的专业会有更多的发展机会。

再次，可以结合未来可能从事的职位类型来判断。自动化专业的职位类型很多，包括工程师、技术员、销售工程师等。不同的职位类型有不同的职责和要求。如果你喜欢研究新技术并能够独立思考、解决问题，未来可以选择研发类职位；如果你善于沟通协调并有能力与客户打交道，未来可以选择市场营销类职位。考生选择的专业应当与自己倾向的职位类型相匹配。

最后，我们还需要考虑个人发展目标和职业规划。如果希望在专业领域内深入发展并积累更多的经验，可以了解技术研发类的职位；如果希望拓展自己的视野和技能并成为综合性的管理人才，可以了解市场营销或项目管理等职位。无论选择哪种专业，都要使其与自己的未来职业发展建立深度链接。

做一做：

在专业选择中有很多值得考虑的因素，如何结合就业市场和未来发展进行选择，需要家长和考生及时关注。

那么接下来，请罗列自己可能感兴趣的几个专业，按照上述方法对每个专业逐一进行探索了解，最终选定自己中意的那个。

根据就业市场变化选择专业

意向专业：（　　　　　　　　　　）
意向专业内涵：（　　　　　　　　　　）

根据自己的专业技能和兴趣来选择	
关注行业的发展趋势和需求如何	
结合未来可能从事的职位类型来判断	
考虑个人发展目标和职业规划	

【生涯小结】

1. 每个人都期待上“好大学”、读“好专业”，那么其中的“好”该如何界定？评价标准究竟如何？这就需要在日常积累中加深对“好”的准确定位。不能等到临近高考或者分数公布后再去了解和归纳，应尽可能未雨绸缪、从容应对。

2. 面对五花八门的排名和评价，我们要认真研究、仔细鉴别，不能被一些并不靠谱的资讯带偏了节奏。最靠谱的做法是寻求官方平台的权威信息，最好能够在假期空闲中抽出时间到实地了解、找学校的老师和师兄师姐咨询，这些才是最直接、最可靠、最值得参考的信息渠道。

3. 没有什么绝对的“好”与“坏”。挑大学选专业，关键是在现有的分数、能力等条件下寻求相对合适的大学和专业，既不能好高骛远，也不能妄自菲薄。要将当下的选择与未来的发展高度关联，做出既符合当下实际、又为未来铺路的选择。

【生涯展望】

问：你所认为的“好大学”和“好专业”的标准是什么？

答：______

问：你未来的升学目标是哪些高校和专业？为什么会选择这些高校和专业？

答：______

问：报考时，你会首选大学，还是首选专业？大学和专业如何权衡？

答：______

【生涯资讯】

· 图书类

邱均平《大学排名与新高考志愿指南》

推荐理由：

本书延续武汉大学中国科学评价研究中心等单位近20年来对高考分数线、大学评价及学科排名、高考政策的深度解析，汇集考生填报志愿所必须了解的专业介绍及学科排名，结合填报志愿的最新政策，为考生提供系统全面的报考指南。

王明祥《大学专业解读》

推荐理由：

本书是一部对全国普通本科专业进行剖析和解读的报考工具书，重在对本科专业进行通俗易懂、深入浅出、形象生动的解释，使考生及家长一看就明白，就能从现实生活和实际例子中找到答案。书中通过列表的形式对全国普通高校所开设的每个专业进行了剖析，对开设同一专业的不同高校进行了对比。

· 政策类

全国第四轮学科评估结果（https://www.cdgdc.edu.cn/dslxkpgjggb/）

推荐理由：

教育部公布的学科评估结果对高校排名和高考志愿填报具有重要参考价值。第四轮学科评估于 2016 年 4 月启动，于 2017 年 12 月公布评估结果。由于全国第五轮学科评估结果不对外公布，考生和家长可重点以第四轮学科评估结果为参考，同时应密切关注各院校官方网站发布的最新学科建设成效。据此，考生可以对学科专业情况做到心中有数，填报志愿时也能有的放矢。

教育部办公厅关于印发《新农科人才培养引导性专业指南》的通知（2022 年 8 月 31 日）

教育部办公厅关于印发《服务健康事业和健康产业人才培养引导性专业指南》的通知（2023 年 12 月 14 日）

推荐理由：

《新农科人才培养引导性专业指南》设置生物育种科学等 12 个新农科人才培养引导性专业。《服务健康事业和健康产业人才培养引导性专业指南》设置医疗器械与装备工程、老年医学与健康、健康与医疗保障、药物经济与管理、生物医药数据科学等 5 个新医科人才培养引导性专业。感兴趣的考生和家长可以关注这些引导性专业的具体内涵。

· 网站类

教育部阳光高考信息平台《专业解读》栏目（https://gaokao.chsi.com.cn/zyk/zybk/zyjd/listPage）

推荐理由：

该栏目集成了阳光高考陆续推出的 100 多个布点较多、稳定性好、报考热度较高的专业。每一个专业都从专业解析、专业与就业、报考指南等方面深入解读，帮助考生、家长从报考的角度了解专业，从权威的数据中获取信息。该栏目争取为考生选择专业、填报志愿打开一扇大门，帮助考生走出选专业的迷茫。

模块十一

志愿填报——举重若轻的系统工程

【生涯格言】

行是知之始，知是行之成。

——陶行知

【关键词】

高考招生政策解读、志愿方案制定

【思维导图】

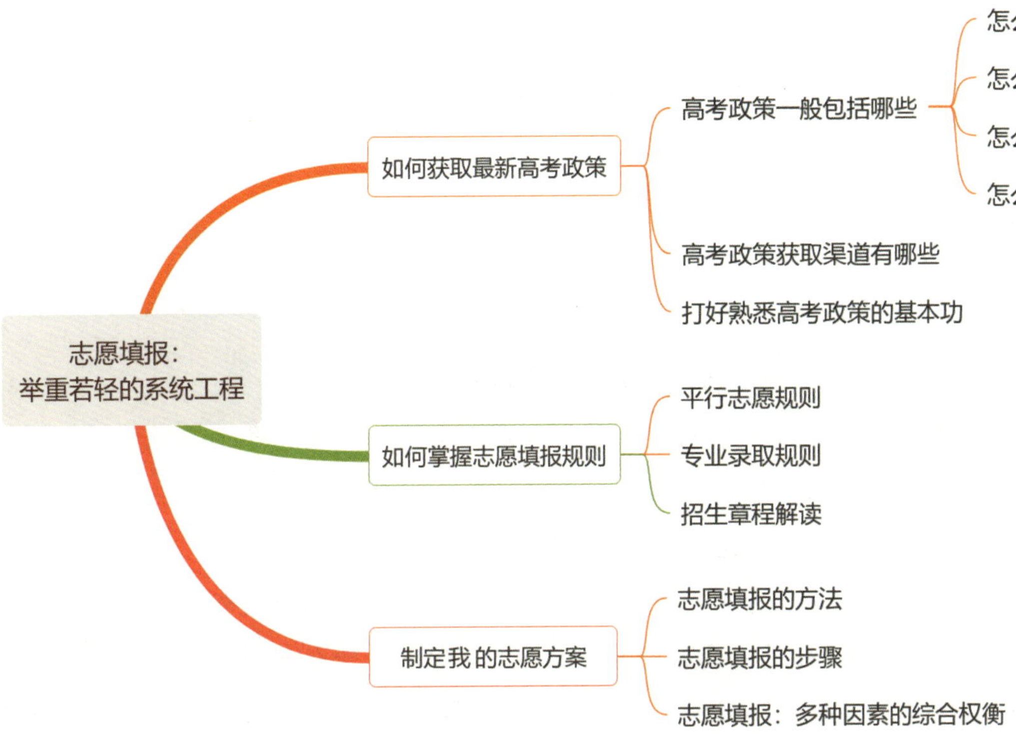

【我的生涯困惑】

在表格中写下你在志愿填报方面遇到的困难、疑惑，或者是你目前遇到的问题、难点。待我们学完本模块课程内容后再来回顾：这些困惑或难题都解决了吗？

序号	我的生涯困惑	紧迫程度
1		☆☆☆☆☆
2		☆☆☆☆☆
3		☆☆☆☆☆
4		☆☆☆☆☆
5		☆☆☆☆☆

紧迫程度：最紧迫程度为五颗星，可以根据实际情况将☆填满颜色。

第一节　如何获取最新高考政策

【生涯故事】

等出分后再研究填志愿，太匆忙！

每年高考招生期间，“等出分后再研究填志愿”这类例子其实非常多。曾有一位家长很焦急地跟辅导老师询问：“孩子是一名理科考生，高考分数还不错，因为志愿没填好，最终只进了一所二本院校，该怎么办？”

高考之前这位考生的家长基本没有了解过志愿填报的相关信息，出分后几天就简单选了几所院校，总以为孩子的分数不低，肯定没什么问题。其实按这个分数，完全可以报考“双一流”高校。“分合适，不见得就是适合你的。”考生和家长越早开始了解志愿填报的相关信息，高考结束后面对志愿表越有底气。

【生涯点拨】

志愿填报是高考录取的关键环节。如何在第一时间了解招录政策和填报规则，如何合理运用这些政策和规则，是考生和家长必备的志愿填报相关技能之一。现如今，各种有关高考政策和志愿填报的资讯层出不穷，信息虚虚实实，我们要研判哪些是有用的信息，了解如何获取准确的信息，从而帮助自己做出精准的选择。

一、高考政策一般包括哪些

高考政策内容丰富，涵盖面广，并且每年都会有新的变化。要想进入理想的大学和专业，有必要提前围绕所有高考相关的政策来一场跟踪研究甚至是专题研究。高考政策一般可以分为“怎么考”“怎么报”“怎么录”“怎么填”等几类。

1. 怎么考

考生对所在省份的高考模式、高考总分、高考时间、合格性考试科目、合格性考试时间、合格性考试成绩等都需要提前了解。以江苏省为例，2021 年开始，江苏高考施行“3+1+2”模式，其中语文、数学、外语采用全国统一命题试卷，选择性考试科目由本省自行组织命题。

江苏高考政策基本内容

项目	具体内容
高考模式	“3+1+2”模式 “3”：指语文、数学、外语 “1”：指在物理和历史两门科目中选择一门参加考试 “2”：指在化学、生物、政治、地理四门科目中选择两门参加考试
高考时间	6 月 7、8、9 号
合格性考试科目	语数外、物化生、政史地、信息技术等 10 门科目，加上艺术、体育与健康、通用技术、理科实验 4 门科目，一共 14 门
合格性考试时间	高一上学期末参加第一次考试，不合格者可在高三上学期末参加第二次考试
合格性考试成绩	以“合格”或者“不合格”呈现

从高考选科和高考总分来看，江苏高考总分值设置为 750 分。考生总分由全国统一高考的语文、数学、外语 3 个科目的成绩和考生选择的 3 门学业水平选择性考试科目的成绩组成。选择性考试科目每门 100 分。其中，物理、历史以原始分计入总分；另外四门科目以等级分计入。

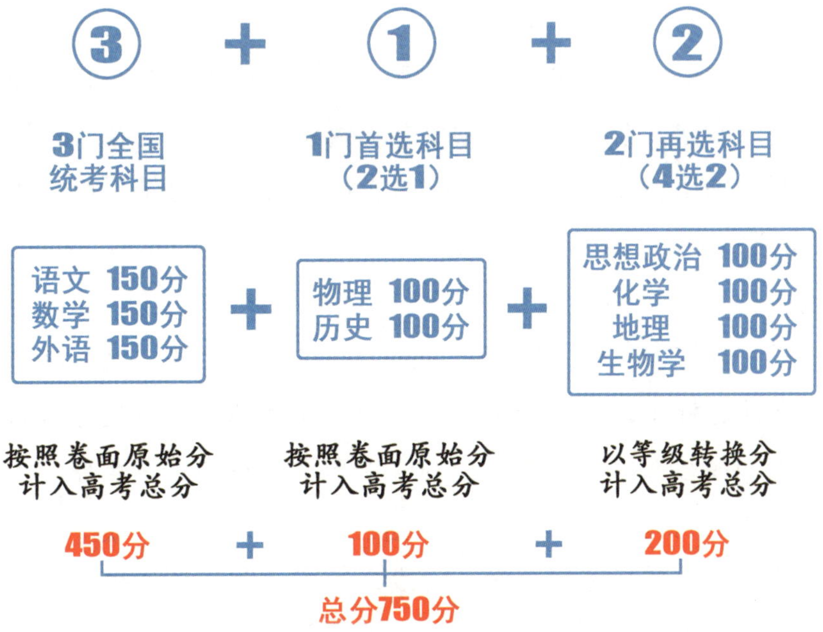

江苏高考选科及分数情况

所谓等级赋分，就是以等级分计入高考总分。考生相应科目的合格性考试成绩达到合格后，转换时赋分起点为30分。首先，按照考生原始分从高到低划定A、B、C、D、E共五个等级，各等级人数所占比例分别约为15%、35%、35%、13%和2%，从而将考生的原始分转换成了等级。其次，将A至E五个等级内的考生原始分，依照等比例转换法则，分别对应转换到100～86、85～71、70～56、55～41和40～30五个分数段，得到考生的转换分，从而将考生的等级转换成了等级分。

江苏高考赋分对照表及赋分规则

等级	A	B	C	D	E
人数比例	约15%	约35%	约35%	约13%	约2%
赋分区间	100～86	85～71	70～56	55～41	40～30

除了了解高考模式，从大的方面把握高考考试相关政策，考生还要对一些特殊升学路径的考试要求提前了解和准备，如保送生、强基计划、综合评价、三大专项计划、体育类、艺术类等。要留意这些项目中哪些需要参加考试，哪些需要考核，具体考试/考核什么内容，这些考试/考核是在高考之前还是在高考之后参加，考试/考核是由国家/省还是由高校组织……如果有意向参加某一升学路径，考生就需要对相关政策进行深入了解，认真做好研究和准备。

需要提醒的是，不少高校招生录取时，对考生在校期间的综合素质评价比较看重，甚至将其作为招生录取的重要参考。比如，江苏省高中生综合素质评价内容分为思想品德、学业水平、身心健康、艺术素养、社会实践、自我认识与生涯规划六个方面。一般来说，招录高校会根据学校办学特色和人才培养要求，制定科学规范的高中学生综合素质评价使用办法，在招生章程中明确，将评价结果作为招生录取的重要参考。有的高校章程明确提出，在考生分数相同时，综合素质评价结果可作为优先录取和优先安排专业的依据。

2. 怎么报

报名环节往往会被家长和考生忽视，因为不少高中会统一组织高考报名并做出及时提醒。但是在此过程中，还是要发挥自身的主观能动性，对高考报名环节给予高度重视。特别对于一些参加特殊升学路径的考生来说，不同升学路径的考试要求不同，报名条件也不相同。

高三上学期，一般是高考集中报名阶段，各省会发布高考报名办法，考生要及时关注并深入了解报名条件、报名方式、注意事项等，提前做好准备。同时，教育部以及各个高校会陆续发布特殊类型招生的基本要求、保送生报考指南、空军/海军/民航招飞报考指南、艺术类/体育类招生报考指南、高水平运动队报考指南等通知文件。高三下学期，强基计划、综合评价、高校专项计划等招生简章将会陆续发布。考生和家长可以结合个人选择的目标，提前谋划并合理安排报考事宜。教育部阳光高考信息平台根据往年高考工作安排，梳理了高三全年需要考生关注的报考事项，可供参考。

高三全年需要考生关注的报考事项

时间	关注事项	具体任务
9—10 月	三大招飞启动、各省高考报名办法陆续发布	空军面向高中生招飞工作一般于 9 月启动。空军招收高中生飞行学员一般要经过初选、复选、定选三级选拔，综合择优录取，具体分为“军事高等教育”和“3+1”军地联合培养两种培养模式。各省具体选拔时间安排，以空军招飞局和省（区）教育招考部门通知为准。海军、民航招飞也将陆续启动，具体可参看各地招飞选拔流程和初检日程安排。 10 月各省一般会发布高考报名办法，考生要及时关注报名政策，提前做好准备
11—12 月	高考报名、艺术类/体育类统考报名、港澳高校内地招生陆续启动	各省高考报名工作一般于 10—11 月陆续开展。申请报名的考生，原则上按户籍所在省（区、市）高校招生委员会规定的时间、地点及方式报名。与高考同期报名的考试还有美术类专业统考、体育专业考试等。 报考艺术类专业的考生，要及时关注所在省市发布的艺术类专业考试招生方案、考试大纲、考试时间等相关信息。 报考体育类专业考试的考生，要及时关注体育类专业统考规定、测试安排等。 香港、澳门高校内地招生咨询活动将陆续启动，部分高校入学申请系统也将开放，考生可及时关注相关招生动态
1—2 月	特殊类型招生信息发布、部分院校艺术类校考报名	从往年情况来看，特殊类型招生简章通常会在年底至第二年初集中发布。有相关报考意愿的考生可重点关注各院校的本科招生网、微信公众号等。 艺术专业能力考试包括省级统考和高校校考，省级统考由各省（区、市）统一组织考试，专业校考报名由各招生学校组织，具体考试时间、地点和要求由招生学校确定。参加校考的考生需及时关注相关政策，仔细阅读报考院校的招生简章。 报考高水平运动队的考生，重点关注报考条件、考试方式、成绩要求等方面的政策变化，密切关注官方发布的考试公告、考试要求和具体考试时间安排
3—4 月	各省高招规定陆续公布、高考体检陆续启动、强基计划和高校专项计划网上报名	3—5 月各省市招生工作规定将陆续发布。部分省市高考体检安排在 3 月进行，考生要在学校（或报名所在地招办）组织下到指定医院参加体检。 3 月下旬开始，强基计划试点高校陆续发布招生简章，高校专项计划招生简章也将陆续发布，4 月启动网上报名

续表

时间	关注事项	具体任务
5—6 月	高校招生章程陆续公布、高招咨询会、高考、查询成绩、填报志愿	5 月起，高校将陆续公布招生章程，部分高校启动高招咨询会，举办校园开放日等活动，为考生和家长提供招生咨询。 高考后，各省将陆续公布当年高考成绩和各批次分数线，考生应及时关注查询。 考后同学们将要填报高考志愿，各省、各高校的咨询活动也进入高峰期。需要提醒的是，本省下发的报考材料中汇总了考生所在省招生院校、专业计划、学校和专业代码等众多内容，是考生填报志愿的重要参考资料。考生在阅读时要看清科类、院校、专业等内容
7—8 月	高招录取、征集志愿、高校寄送录取通知书	7 月，各省市高招录取陆续开始，可关注各批次录取进程，及时查询录取结果。在录取过程中，根据招生录取的实际情况，省级招生考试机构会适时组织征集志愿。在所报批次未被录取的考生，可及时关注征集志愿。具体时间，通过省级招生考试机构网站（或指定渠道）发布。 每批次录取结束后，高校寄发通知书。随录取通知书一同寄给考生的，还有入学报到须知、资助政策办法等相关材料。新生要按要求完成入学准备

3. 怎么录

高考录取不会一蹴而就，每个招生批次或类别从投档录取前的准备到最终录取结束，都有固定的录取环节，且流程环环相扣。各省高考录取一般由省（市）级教育考试院统筹，每个批次的录取都要经过数据准备→模拟投档→正式投档→院校阅档→院校回传分专业录取情况→录取检查→录取（退档）等几个主要环节。各个高校在省（市）级教育考试院的监督下，按规定程序开展提档、阅档、审核、预录、退档等各环节工作。

对思想政治品德考核合格、身体状况符合相关专业培养要求、投档成绩达到同批省录取控制分数线并符合投档要求的考生，省（市）级教育考试院会按照高校提出的调阅考生档案的比例向其投放考生电子档案，调档比例一般控制在 105% 以内。接下来，高校则会根据其公布的招生章程中确定的录取规则对进档考生进行排序，决定考生录取与否及所录取专业，并负责对未录取考生的解释及其他问题的处理。

以江苏省 2024 年高考录取为例，共设录取批次 3 批，其中本科 2 批，专科 1 批，录取过程是分批次依次进行的。一是本科提前批次。包括军队院校等部分普通类本科院校（专业），体育类本科院校，艺术类本科院校。强基计划、综合评价招生（A 类高校）等类型的录取，安排在本科提前批次之前进行。二是本科批次。其中，高校专项计划、综合评价招生（B 类高校）、高水平运动队等特殊类型招生的录取安排在本科提前批次之后、本科批次开始之前进行。三是专科批次。其中，体育类、艺术类、定向培养军士等在普通类批量投档前完成录取。

（1）对于普通类、体育类各批次以及艺术类使用省统考成绩录取的专业来说，实行平行志愿投档方式，分历史等科目类、物理等科目类，按照“按分排序，遵循志愿”的原则进行投档。其中，普通类考生的投档分为高考文化分。体育类、艺术类考生的投档分由高考文化分和专业分按一定比例构成，具体为：

体育类：投档分 =［（高考文化分 ÷ 文化满分）×0.7+（专业分 ÷ 专业满分）×0.3］×750，结果四舍五入取整。

美术类、广播电视编导专业：投档分 =［（高考文化分 ÷ 文化满分）×0.6+（专业分 ÷ 专业满分）×0.4］×750，结果四舍五入取整。

音乐类：投档分为专业分。

在投档过程中，普通类考生投档分相同时，依次按语文数学两科成绩之和、语文或数学单科最高成绩、外语单科成绩、首选科目单科成绩、再选科目单科最高成绩由高到低排序投档；如仍相同，则比较考生志愿顺序，顺序在前者优先投档，志愿顺序相同则全部投档。

体育类、艺术类考生投档分相同时，依次按高考文化分、语文数学两科成绩之和、语文或数学单科最高成绩、外语单科成绩、首选科目单科成绩、再选科目单科最高成绩由高到低排序投档；如仍相同，则比较考生志愿顺序，顺序在前者优先投档，志愿顺序相同则全部投档。

（2）对于报考强基计划的考生，省教育考试院根据高校确定的拟录取考生名单，在本科提前批次投档前，将符合条件的考生直接投档录取；被综合评价招生（A 类高校）确定为入选范围的考生，省教育考试院将在本科提前批次之前，根据高校提供的入选考生排名和考生确认的志愿及顺序进行投档，由高校根据公布的录取规则决定是否录取以及录取的专业。被录取的考生不再参加其他任何批次的录取。

（3）报考空军飞行学员、海军飞行学员的考生，必须为空军或海军招飞体格检查、政治考核等合格的考生。省教育考试院将根据主管部门确定的拟录取考生名单，在本科提前批次投档前，将符合录取条件的考生直接投档录取。

（4）对于报考高校专项计划、综合评价招生（B 类高校）、高水平运动队等特殊类型，以及艺术类使用校考成绩录取志愿的考生，省教育考试院将填报志愿且符合条件的考生按院校要求投档给院校，由院校根据向社会公布的规则进行录取。

（5）对于在第二阶段填报“定向培养军士”志愿且体格检查、政治考核合格的考生，在普通类本科批次录取结束后、专科批次投档前，按照平行志愿投档规则投档，由高校择优录取。

4. 怎么填

随着高考招生改革的持续推进，当前全国存在的高考志愿填报模式共有三种。第一种是“院校 + 专业”模式，属于传统志愿填报方式，一个院校是一个志愿，设置一个或者几个院校志愿，每个院校志愿设置 6 个专业志愿和是否服从专业调剂选项。第二种是“院校专业组 + 专业（类）”模式，适用于新高考省份（“3+1+2”模式），这里的专业组指的是选科组，一个专业组是一个志愿，一所院校可设置一个或多个院校专业组，每个院校专业组内可包含数量不等的专业。举例来说，考生擅长绘画，院校会设置美术学类一个组，设计学类一个组，如果考生选择美术学类这个组，就可以避免选择不喜欢的专业组。实行该模式的省份有江苏、湖南、湖北、广东、北京、天津、上海、海南等。第三种是“专业（类）+ 院校”模式，属于新高考省份填报模式，一个专业就是一个志愿，投档时直接投档到某院校某专业（专业类）。由于此模式取消了专业调剂，考生不必担心被调剂到不喜欢的专业，也不存在“因不服从专业调剂而退档”的问题。实行该模式的省份有河北、辽宁、浙江、山东、重庆等。

此外，艺术类、体育类等类别在填报模式或者填报数量方面与上述三种主要模式存在差异，即便同属某一个批次，填报模式也可能不同，需要考生特别注意。

以 2024 年江苏高考为例，志愿填报采用“院校专业组 + 专业（类）”模式。院校专业组由院校根据不同专业（或专业类）的人才培养需要和选考科目要求设置，是志愿填报的基本单位。考生的学业水平选择性考试科目须符合报考院校专业组的选考科目要求，方可填报相应志愿。

江苏高考录取批次和专业志愿填报分析

<table>
<tr><th>录取批次</th><th>志愿</th><th>专业</th><th>专业服从</th></tr>
<tr><td rowspan="3">提前批次</td><td>艺术类（三小批）</td><td></td><td></td></tr>
<tr><td>体育类</td><td></td><td></td></tr>
<tr><td>本科提前批次
（军队、公安院校等）</td><td>20 个院校专业组志愿
+6 个专业志愿</td><td>1 个专业服从调剂志愿</td></tr>
<tr><td colspan="4">征求平行志愿</td></tr>
<tr><td>特殊批次</td><td>高校专项、综合评价（B 类高校）、高水平运动队等</td><td>1 个院校志愿
+6 个专业志愿</td><td>1 个专业服从调剂志愿</td></tr>
<tr><td rowspan="3">本科批次</td><td>院校专业组 1</td><td>选择 6 个专业志愿</td><td>1 个专业服从调剂志愿</td></tr>
<tr><td>院校专业组 2</td><td>选择 6 个专业志愿</td><td>1 个专业服从调剂志愿</td></tr>
<tr><td>……</td><td>……</td><td>……</td></tr>
</table>

续表

录取批次	志愿	专业	专业服从
本科批次	……	……	……
	……	……	……
	院校专业组 39	选择 6 个专业志愿	1 个专业服从调剂志愿
	院校专业组 40	选择 6 个专业志愿	1 个专业服从调剂志愿
征求平行志愿			
专科批次	同本科批次		

（1）普通类各批次实行平行志愿方式。其中，本科提前批次设置 20 个院校专业组志愿，本科批次和专科批次分别设置 40 个院校专业组志愿。每个院校专业组志愿设置 6 个专业志愿和 1 个专业服从调剂志愿。

高校专项计划、综合评价招生（B 类高校）、高水平运动队等特殊类型志愿分历史等科目类和物理等科目类，设置 1 个院校志愿，包括 6 个专业志愿和 1 个专业服从调剂志愿。

（2）体育类各批次实行平行志愿方式，分别设置 20 个院校专业组志愿，每个院校专业组志愿设置 4 个专业志愿和 1 个专业服从调剂志愿。

（3）艺术类录取批次分为本科提前批次和专科批次，设置传统（顺序）志愿、平行志愿两种方式。

①艺术类本科提前批次下设 2 小批。第 1 小批：使用校考成绩或戏曲类省际联考成绩录取的省内外高校的艺术类本科专业，实行传统（顺序）志愿。第 2 小批：使用省统考成绩录取的省内外高校的艺术类本科专业，实行平行志愿。

②专科批次中，使用戏曲类省际联考成绩录取的专业实行传统（顺序）志愿，使用省统考成绩录取的专业实行平行志愿。

③平行志愿设置 20 个院校专业组志愿，每个院校专业组志愿设置 4 个专业志愿和 1 个专业服从调剂志愿。传统（顺序）志愿设置 1 个院校专业组志愿，包括 4 个专业志愿和 1 个专业服从调剂志愿。

（4）各批次志愿录取结束后，设置征求志愿，征求志愿设置与相应批次志愿设置一致。艺术类本科提前批次第 1 小批不设置征求志愿。

（5）本科提前批次的军队院校、公安政法院校（专业）、航海院校（专业）、地方专项计划、乡村教师定向培养计划、农村订单定向医学生免费培养计划、其他院校、体育类、艺术类等 9 类之间不得兼报。填报本科提前批次的征求志愿时，9 类之间也不得兼报，但可以与平行志愿填报不同类别。例如：符合条件的考生在填报平行志愿时可以选择军队院校，在填报征求志愿时可以改报航海院校(专业)。

体育类、艺术类考生可兼报普通类本科批次和专科批次(定向培养军士除外)志愿。专科批次的体育类、艺术类以及普通类的定向培养军士3类之间不得兼报。

考生在填报使用省统考成绩录取的艺术类专业时，每批次只能在声乐、器乐、舞蹈、表(导)演、播音与主持、美术与设计、书法中选择1类填报；音乐类的音乐表演与音乐教育2个方向可以兼报；表(导)演类的戏剧影视表演、服装表演、戏剧影视导演3个方向可以兼报。考生在填报艺术类专科批次志愿及征求志愿时，只能在平行志愿或传统(顺序)志愿中选择其一填报。

报考高水平运动队的考生须在网上填报相应志愿，参加批量投档录取。高校专项计划、综合评价招生(B类高校)、高水平运动队3类之间不得兼报；符合多项入选资格的考生，只能选择其一填报。

（6）强基计划、综合评价招生(A类高校)等特殊类型招生的志愿填报，按教育部及本省相关文件执行。已被保送或已被运动训练、武术与民族传统体育专业招生、高职院校提前招生等录取的考生，不再参加网上志愿填报。

二、高考政策获取渠道有哪些

一般来说，高考政策及信息会通过官方权威渠道发布，考生和家长应当通过正规渠道获得高考政策及信息。

1. 阳光高考网（https://gaokao.chsi.com.cn）

阳光高考网是教育部高校招生的指定平台，包含高考报考政策、特殊类型招生、强基计划、综合评价、专项计划、专业库等信息，资讯准确且可靠。

2. 教育部官网（http://www.moe.gov.cn）

教育部官网发布有国家有关招生考试的顶层制度设计和文件规范，包括各省、各高校相关高考政策，是考生和家长必须参考的权威资讯平台。考生及家长还可以进行大学真伪的查询，只要能在该网站上查到的大学，就是教育部认可的大学，这有助于准确识别假冒的“骗子”大学。

3. 各省（市）级教育考试院网站

高校录取是以省（市）级为单位展开的，教育考试院网站会实时发布最重要的各类招考信息、政策文件、本省（市）的征集志愿政策、往年各批次院校专业组投档线的结果、逐分段表、军警院校考核政策流程等资讯。

4. 目标院校官网及其招生网

具有招生资格的高校所建立的官方网站及其招生网，是考生了解高校办学情况、招生章程、专业介绍、往年录取分数、特殊类型招生要求等信息的重要途径。通过官方网站，考生可以更多地了解目标大学，包括大学实力、设置专业、录取分数、转专业、保研、培养方案、就业去向等。网站一般留有高校咨询热线电话可供联系。

5. 目标院校招生章程

招生章程是一所高校关于本校招生的最权威、最详细的文件。所有有关这所高校招生的细节，如院校录取规则、录取流程、特殊专业特殊要求、中外合作、学费等问题，都可以在招生章程中找到答案。考生和家长一定要仔细研究招生章程，避免报考时出现低级错误而留下遗憾。

6. 考生所在中学

在招生考试的工作系统中，高考报名、填报志愿、体检、政审、照顾资格申报公示、考试组织等大部分基础工作都以高中为单位组织实施；招生政策宣讲、填报志愿指导也大都由高中具体负责。考生和家长可以及时关注中学的相关通知。

7. 各省（市）教育考试院发布的《普通高校招生录取资料汇编》

有的地方将招生录取资料称为“大厚本”，因为其中有关招生录取的信息量极大，收录了最近三年内各高校、各院校专业组、各专业在本省（市）招生的最高投档分和最低投档分，资料翔实而权威，是志愿填报时的重要参考。

8. 各省（市）教育考试院发布的《招生考试招生计划专刊》

该资料在有的地方俗称“计划专刊”。分上下册，上册是本科招生计划，下册是专科招生计划。全省（市）及每所高校、每个院校专业组的招生计划，每年都会有变动。列入当年招生计划专刊上的招生专业、人数，其信息肯定是权威的。

9. 过来人的大学就读经验或在校大学生的现身说法

可以充分发挥网络和熟人作用，审慎运用网络和熟人信息，在各大社交网站上搜索想了解的信息，也可以选择与过来人或者师长朋友面对面交流，以此了解直接经验和实际情况，如校园环境、师资力量、优势学科、保研考研、就业质量等。需要注意的是，咨询对象所读专业最好与个人意向专业相同，至少也要是“相关专业”才有参考价值，否则“隔行如隔山”，有的信息并不一定可信、可取。

10. 亲自去校园里参观感受

百闻不如一见。亲自去校园里走一走、看一看、聊一聊，对接下来几年生活和学习的地方会有更切身的感受，如食堂、宿舍、教学楼、校史馆、实验室、图书馆，还有校园周边环境及主要交通等。有的高校会有多个不同校区（甚至在不同城市、不同省份），需要重点关注目标专业在哪个校区并实地加以了解。

三、打好熟悉高考政策的基本功

熟悉高考政策是开展志愿填报工作的前提，更是实现高考梦想的基础工作。如果连一些基本的概念和定义都不甚了解，那么不仅影响志愿填报的效率，而且会造成麻烦和损失。以下总结了一些常用的有关招生录取的概念，考生和家长可以重点了解和把握。

1. 什么是批次录取控制分数线?

批次录取控制分数线又称省控线或批次线，是由省级招生考试机构根据当年全省考生高考成绩和招生计划，按一定比例分批次分别划定录取考生的最低投档分数标准。招生院校只能在本院校所在批次录取控制分数线以上录取考生，只有高考成绩达到或超过批次线的考生（通常称“上线考生”）的档案，才有可能被投档到高校，由高校选择录取。

2. 什么是院校调档分数线?

院校调档分数线又称投档线，是省级招生考试机构以招生院校为单位，按招生院校同一科类招生计划数的一定比例（如 105% 或 120%），在对第一志愿投档过程（平行志愿的第一轮正式投档）中自然形成的投档给院校的最低投档分数。省教育考试院根据普通高校在本省的招生计划数和投档比例计算出应投档数，按相应规则投档后，向院校所投考生档案的最低投档分数就是学校的调档分数线。

3. 什么是专业级差?

所谓“专业级差”是院校在安排考生专业时，按招生章程中公布的一个或几个分数值，来确定选报不同专业志愿考生的录取专业，这种分数值就是“专业级差”。也就是院校在录取考生第一专业志愿和非第一专业志愿时的分数差额，各专业志愿间级差分数，如 3 分、2 分、1 分等。例如，某高校对进档考生的专业安排，级差分为“3、1、0、0”。也就是说，该校第一、二专业志愿之间分数级差为 3 分，第二、三专业志愿之间级差为 1 分，其余专业志愿之间级差为 0 分。

4. 不予录取与不宜就读有什么区别?

不予录取——表示不能录取。考生即使分数再高，填报了此部分专业也不会被录取。不宜就读——表示此部分内容供考生在报考专业志愿时参考。即使考生报考了“不宜就读”的专业，学校也不得以此为依据，拒绝录取达到相关要求的考生。但需要提醒考生的是，填报志愿时，要注意查看高校招生章程，高校对有的专业会有具体的要求，考生应避开不能录取和不适宜报考的专业，结合考生体检表上体检医师给予的体检结论，合理选报志愿，增加录取机会。

5. 平行志愿学校如果按 105% 提档，多出的 5% 是否存在掉档风险？

存在退档风险。如果院校调档比例在 105%，且在招生章程中承诺“当考生所填报的所有专业不能满足时，服从专业调剂，身体合格，符合录取条件，进档不退档”，那么只要考生符合院校的此规定，就不会被退档。如果院校没有这种承诺，那么考生即使填了服从专业调剂，在无计划余额、无法调剂时，也会被退档。高校招生遵循的是择优录取的原则，因此，考生在填报志愿时，一定要认真研读高校招生章程。

6. 如果服从调剂了，但是专业都满了会不会被退档？

如果院校在招生章程中承诺“当考生所填报的所有专业不能满足时，服从专业调剂，身体合格，符合录取条件，进档不退档”，那么只要考生符合院校的此规定，就不会被退档。否则即使填了服从专业调剂，因无计划无法调剂时，多余的比例会被退档。

7. 什么叫“只招有专业志愿考生”？

“只招有专业志愿考生”是指学校某一专业只招收填报该专业志愿的考生，不招收未填该专业志愿的考生。即使考生“服从专业调剂”，也不会被调剂到这些专业。

8. 我的分数（610 分）高于我的同学（607 分），报的志愿相同，平行志愿我报 A 校，他报 B 校，我被 A 校退档，为什么我的同学低于我的分数被 B 校录取，而我不能，公平吗？

按照描述，此录取是公平的。平行志愿按照“分数优先，遵循志愿，一轮投档”的原则进行投档。你虽然分数比他高，按照平行志愿的投档规则投进 A 校，但被退档，由于平行志愿的录取规则是实行一轮投档，因此，退档后不可能再向其他院校投档。换句话说，当你的档案投进院校的同时，这一轮投档已经结束，只能参加征集志愿或下一批次的录取。填报志愿前，一定要认真研读录取规则。

9. 我被一所大学录取，但不想去，可以退档参加下一批次录取吗？不去会怎样？

（1）不可以。按规定，每位考生只参加一次录取且不得换录。你已被大学录取，就不可再参加后续录取。

（2）考生所填报的志愿是对高校的认可，是根据自己的意愿进行的选择，同时也是自我承诺与高校的约定。如果不去应不填此院校，将机会留给其他考生。作为高中生应懂得遵守承诺。目前有的省份对不守承诺、录取不报到的考生有惩罚规定，想了解考生所在省是否有此规定，可以直接咨询省招办或地方招办。

10. 色弱、色盲考生适宜选报哪些专业？

除《普通高等学校招生体检工作指导意见》和高校招生章程规定限制报考的专业外，色弱、色盲者都可以报考，如哲学、法律、社会学、社会工作、文秘、数学、历史、教育学、英语、新闻、汉语言等。具体选报专业可咨询有意报考的高校。

【生涯实践】

◎我的生涯探索一

高考政策早知道

（一）政策信息

1. 什么是高校招生章程？

2. 高校招生章程包含哪些内容？在哪里查阅？

3. 什么是“双一流”？

4. 本省有哪些高校入选“双一流”？

5. 考生报考强基计划的基本流程是什么？

6. 本科高校综合评价招生的考生综合成绩是怎样形成的？如何填报本科高校综合评价志愿？

7. 什么是独立设置的民办高校？什么是独立学院？

8. 什么是中外合作办学（项目）？

9. 有哪些高校在本省招收少年班？有什么相关规定？

10. 高校专项计划的报考条件是什么？

11. 地方专项计划的报考条件是什么？

12. 高职院校专项计划的报考条件是什么？

13. 公费生有哪几种类型？报考条件和照顾政策有哪些？

14. 高水平运动员如何填报志愿？

15. 招生院校对选考科目的要求主要是什么？

16. 填报志愿时怎样进一步查询了解招生录取政策？

17. 怎样理解高考考生位次？

18. 考生的位次是如何确定的？

19. 本省志愿填报的模式是什么？

20. 拟报考军队、公安类院校的考生在体检方面需注意哪些规定？

（二）志愿填报

21. 志愿填报总体思路是什么？

22. 志愿填报前，考生需要做哪些准备？

23. 考生填报志愿应该了解哪些信息？查询渠道分别是什么？

24. 考生如何充分使用各类参考信息?
25. 高考志愿填报一般需要综合考虑哪些因素?
26. 考生如何选择专业和院校?
27. 如何正确理解体检结论,选报相关专业?
28. 如何查询招生计划?
29. 考生在查阅招生计划时要注意哪些问题?
30. 志愿填报采用什么方式?基本操作流程是什么?
31. 志愿填报系统是什么?
32. 考生网上填报志愿时需要注意哪些事项?
33. 填报志愿时需要关注哪些重要系统提醒?
34. 填报志愿时间是怎么安排的?
35. 考生在填报志愿规定时间内有几次修改志愿的机会?
36. 考生是否需要现场签字确认网上填报的志愿信息?
37. 志愿填报时间截止后还可以补报志愿吗?
38. 能否用手机或平板电脑填报志愿?
39. 填报志愿系统对设置密码有什么要求?
40. 忘记登录密码怎么办?

(三)投档与录取

41. 考生怎么查询录取结果?
42. 什么是普通高校招生网上录取?
43. 普通高校招生网上录取的流程是什么?
44. 高校录取分几个批次进行?
45. 普通类各批次省录取控制分数线是如何划定的?
46. 什么是特殊类型招生控制线?
47. 特殊类型招生控制线上考生获得什么志愿填报资格?
48. 平行志愿的投档原则是什么?
49. 平行志愿具体的投档过程是怎样的?
50. 平行志愿有几次投档机会?
51. 院校专业组的投档录取方式有何优势?
52. 实行平行志愿的专业,高考总成绩相同时,如何确定投档顺序?
53. 考生投档后有退档风险吗?什么样的情况会导致退档风险?

54. 什么是征求（平行）院校志愿？
55. 考生如何获知院校征求志愿计划？
56. 院校在什么情况下可以降分录取？对降分录取考生如何投档？
57. 什么是政策性降分投档？
58. 此前已被录取的考生，还有机会参加后续的院校专业录取吗？
59. 对填报民族院校预科班志愿的少数民族考生如何投档？
60. 考生接到录取通知书后，如何办理纸质档案移交手续？

查一查：

1. 以上仅仅列举了与高考有关的比较重要而且常见的问题，涉及政策信息、志愿填报、投档与录取等方面，考生和家长可以对照列出的问题逐个了解。

2. 如果对相关问题有不清楚或者模糊的，建议通过前文介绍的信息获取渠道进一步查阅并获得相应问题的解答。

3. 有关高考政策的内容非常丰富，其他没有提及的问题也需要考生和家长及早关注、及早解惑，为高考志愿填报打下坚实的基础。

◎我的生涯探索二

“三分考、七分报”

有人说，考大学是“三分考、七分报”。

“人生的扣子，从一开始就要扣好”，第一步没有选对，可能直接影响个人的未来发展。

高考志愿填报时对目标院校、专业的选择也是一样，某个选择偏差，可能会造就截然不同的命运！

想一想：

1. 你是否认同“三分考、七分报”的说法？为什么？
2. 截至目前，你在了解高考政策、志愿填报等方面做了哪些准备？
3. 你是否会与家长一同搜集和分享高考政策相关信息呢？

第二节　如何掌握志愿填报规则

【生涯故事】

高分滑档进入征求志愿环节

每年高考志愿填报时，都会有考生因为不了解填报规则而出现填报失误的情况。比如，在2023年江苏省物理等科目普通类本科批次征求志愿中，南京医科大学07专业组征求志愿投档线为643分，而该专业组在平行志愿的投档线仅为603分。这说明有考生在平行志愿填报时出现滑档或退档，只能填报征求志愿。

2023年江苏省普通类本科批次征求志愿投档线（物理等科目类）

院校代号	院校、专业组（再选科目要求）	投档最低分
1112	南京医科大学04专业组（不限）	572
1112	南京医科大学05专业组（化学）	555
1112	南京医科大学07专业组（化学或生物）	643

2023年江苏省普通类本科批次平行志愿投档线（物理等科目类）

院校代号	院校、专业组（再选科目要求）	投档最低分
1103	南京航空航天大学07专业组（不限）	643
1104	南京理工大学07专业组（不限）	632
1105	河海大学06专业组（不限）	613
1107	南京农业大学03专业组（不限）	601
1108	南京师范大学22专业组（不限）	583
1109	中国药科大学04专业组（化学或生物）	616
1112	南京医科大学07专业组（化学或生物）	603
7201	兰州大学05专业组（不限）	632
7141	西北农林科技大学03专业组（不限）	606

进一步分析同年物理等科目普通类本科批次平行志愿投档线可知，643分本可以投档不少“双一流”高校的专业组，但由于填报失误，该同学最终只能填报征求志愿，着实可惜。

【生涯点拨】

在高考志愿填报过程中，经常有一些耳熟能详的专业名词出现，如“平行志愿”“专业级差”“专业清”“分数清”等。这些内容听起来让人觉得似乎很熟悉，而真正内涵和关键信息却有可能不被考生和家长理解。要想在志愿填报时多一些淡定从容，少一些“本领恐慌”“知识恐慌”，不如当下尽早花一些时间去研究。

一、平行志愿规则

平行志愿，是指高考招生同一类别、同一投档段次中若干具有相对平行关系的志愿。平行志愿投档原则是“分数优先、遵循志愿、一轮投档”，先从最高分考生开始，依次检索和投档，当轮到检索某一考生时，遵循该考生所填报的志愿顺序检索，当符合投档条件且院校有计划余额时，即被投档。

1. 平行志愿的内涵有哪些？

关键词：分数优先

在检索考生的院校志愿前，首先要将所有考生分科类、按分数从高到低进行位次排列。投档检索时，先从最高位次考生志愿开始检索，再依次检索之后位次的考生志愿，当总分相同的时候，按照辅助排序分确定检索先后顺序。

关键词：遵循志愿

考生所填报的多个平行志愿仍有自然顺序。排在前面的院校志愿优先被检索，一旦符合高校投档条件，则该生即投到该院校，后续院校志愿将不再被检索。

关键词：一轮投档

考生在同一批次填报的志愿只有一次投档的机会。如果考生档案投到某院校专业组后，因故被退出，将不再补投到该批次平行志愿的其他后续院校专业组。

2. 平行志愿填报是否没有风险？

相对于顺序志愿填报方式而言，平行志愿在一定程度上降低了志愿填报风险，但平行志愿同样存在一定的风险。其一，按照平行志愿投档的批次，提档比例原则上控制在 105% 以内，投档人数多于录取人数。如某高校招生计划为 100 人，提档比例为 102%，则被提档的 102 名考生中，肯定有 2 人面临退档风险，分数越接近投档线的考生风险越大。有的省份试行平行志愿 100% 投档，还有一些高校承诺提档不退档，这些做法都降低了考生被退档的风险。其二，如果考生对自身实力估计过高，高考成绩未能达到填报的所有平行志愿高校的投档线，那么根本不会被投档，录取与否也就无从谈起。其三，如果考生达到了学校的投档分，却没有达到所报专业的专业分数线，而又不服从专业调剂，那么也会被退档。其四，如果各平行志愿高校间没有梯度，投档成功率会下降。

平行志愿考生投档后被退档的常见原因，主要是高考总分不够、专业不服从调剂、单科成绩不符合要求、体检不合格等。退档后，考生只能参加征集志愿或下一批次的录取。

这些退档原因，志愿填报时一定要避免！

1. 对录取政策和流程不熟悉。大部分高校招生实行按比例投档，分数越接近投档线的考生风险越大。

2. 考生定位不准，所报院校“扁平”，没有形成梯度。有的考生甚至将分数要求更高的高校列为后续志愿，形成志愿倒挂（即无效志愿）。

3. 高估自身实力，只选“三热”。有的考生只重视对热门地区的重点院校与热门专业的选择，而忽视或放弃对一般院校的填报。

4. 过分重视专业，不服从调剂。考生在专业上目标较高且不服从调剂（或不填写），可能造成进档后被退档的风险。

5. 身体条件不符合所报院校或专业的招生标准，如身高、听力、视力、肢体、性别等。

6. 政治面貌和应往届要求不符合。如陆军工程大学和海军军医大学要求考生须为普通高中应届毕业生，且政治面貌须为中共党员或共青团员。

3. 平行志愿填报有哪些参考策略？

一是准确定位，注意梯度。志愿填报是否合理，把握好定位和志愿梯度非常重要。考生应根据自己所在省份的位次和分数段统计表、各高校往年录取分数等资料，选择不同梯次的院校专业组、专业类（专业＋院校），坚持“冲、稳、保”的原则。如果实力不够，不建议再进行“冲高”，填报比较稳妥的院校专业组、专业类（专业＋院校）即可，确保得到心仪志愿的录取。

二是根据个人意愿，综合考虑院校性质、地域以及对专业的兴趣程度等因素，从高到低排列，正式确定志愿。考生在填报志愿时一定要特别重视院校的招生章程，确保符合报考条件。

三是尽量填报服从专业调剂。由于平行志愿的录取投档规则是进行一轮投档，如果考生不能满足所填报专业的录取条件且不服从专业调剂时，会被退档，只得参加征集志愿或下一批次的录取。服从专业调剂可增加录取机会，但也要考虑，是否可以接受专业组内的所有专业。

四是认真研读高校招生章程。高校对于招生的具体要求都会在章程中明确，例如录取规则是分数优先还是志愿优先、有没有专业级差，专业对于单科成绩、身体条件等有哪些特殊要求，等等。注意结合个人体检结论以及《普通高校招生体检工作指导意见》，避开受限专业，减少退档概率。

二、专业录取规则

高考填报志愿是一项技术性工作，有其明确的要求，每届考生都需要花时间和精力弄清楚所有的录取规则和高考数据。对于考生投档进校后的专业录取规则，各高校均会在当年高考录取之前以招生章程的形式向社会公布。考生和家长要准确了解规则，并在规则允许的范围内尽可能地争取优势最大化。

各高校的录取规则不尽相同，主要有以下几种：

1. 志愿优先

专业志愿优先原则也叫“专业清”原则，它与院校的顺序志愿投档相类似。在专业志愿优先原则下，首先进行第一专业志愿的处理，将本校进档的考生，按照第一专业志愿分成不同的专业队列，第一专业志愿填报同一专业的考生在同一个队列，按分数从高到低排队，按各专业的招生计划数从高分到低分依次录取。当某个考生的第一专业志愿出现分数无法满足专业分数要求的情况时，则需要等待，准备参加第二专业志愿的排队。当所有考生的第一专业志愿的录取全部处理完，再进行第二专业志愿的录取。以此类推，直至第六专业志愿处理完成。

从专业志愿优先原则的流程中可以看到，考生填报专业志愿顺序的重要性。第一专业志愿的优先权最大，越往后的优先级越低。对于某个专业来说，优先满足第一专业志愿填报的考生。只有第一专业志愿报考不足的情况下，才有第二专业志愿以及后续专业志愿的录取可能。所以，考生填报时要结合自身的条件，注重自身的专业意愿，把最想上的、最适合的专业放在第一专业志愿。如果填的专业志愿顺序不当，即使高分考生，也不一定能进入自己选报的志向专业。

2. 分数优先

分数优先原则也叫“分数清”原则，它与院校的平行志愿投档相类似。在分数优先原则下，首先将本校进档的全部考生，按照总分从高到低进行排队，按该队列顺序，依次来处理考生的专业分配，显然排队在前的考生优先处理。其中具体到某位考生的专业分配的处理过程如下：根据该考生所填报的专业志愿的顺序，依次检索符合条件的专业志愿，即先检索该考生的第一专业志愿是否未满额，如果第一专业志愿未满额，则分配录取到第一专业，该考生处理结束；如果第一专业志愿已满额，则继续检索第二专业志愿。如果第二专业志愿未满额，则分配录取到该专业，该考生处理结束，否则继续检索第三专业志愿。以此类推，直至第六专业志愿。如果6个专业志愿均已满额，则该生进入调剂处理程序，或者进入不服从专业调剂退档程序。

分数优先原则，注重优先满足高分考生的专业志愿，可以保障高分进档考生的专业志愿满足率，而对于中低分进档的考生来说则志愿满足率不占优势。建议考生在选报专业志愿时要注意将专业志愿拉开梯度，保证既要有冲高的专业，也要有兜底的专业。

3. 专业级差

专业级差也叫“分数级差”。它指在分数优先原则的基础上，为尊重考生的专业志愿顺序，在专业志愿之间设置一定的专业分数差。一般来说，专业级差由各院校录取时自己掌握，并不是每个学校都有专业级差，而且各学校规定的级差不尽相同：有的高校在专业志愿之间设置1～5分的级差，有的高校只在前几个专业志愿之间设有级差，后面的专业级差为0。大家要对照招生章程详细了解。

专业级差原则的实施流程一般是将本校进档考生按总分排队，由高到低依次录取，如果第一专业志愿无法满足的，则降一个分数级差到第二专业志愿排队；如果第二专业志愿仍未满足，再降一个级差到第三专业志愿排队。以此类推，直到最后第六专业志愿。如果第六专业志愿仍未满足，则该生进入调剂处理程序，或者进入不服从专业调剂退档程序。

专业级差原则提示我们，选报专业时要理性对待专业志愿顺序。对于中低分进档的考生来说，如果填报合理，被第一专业志愿录取的可能性就大多了。对于高分考生来说，如果填报顺序不当，专业分数会被一降再降，直接影响到理想专业的录取，甚至有可能进入调剂专业。

对于以上介绍的三种院校专业分配原则，考生要充分了解。考生在填报前还要仔细阅读省（市）教育考试院发布的招生专业目录和招生院校发布的招生章程，了解意向高校的录取规则、条件。

三、招生章程解读

每个年度，教育部和各省份都会发布有关招生工作的相关规定，这是国家和省（市）关于高考的指导性文件，对考试组织、照顾政策、志愿填报、录取管理等方面做出了详细要求。各个高校则会按照上级要求，发布本校有关招生的政策性文件，即招生章程。高校的招生章程经主管部门依据国家有关法律和招生政策规定进行审核备案后方能向社会公布，是考生了解高校招生信息、招生办法、录取规则的重要途径之一。

招生章程主要包括高校全称、校址（分校、校区等须注明），层次（本科、高职或专科），办学类型（如普通或成人高校、公办或民办高校或独立学院、高等专科学校或高等职业技术学校等），预留计划数及使用原则，专业培养对外语的要求，身体健康状况要求，录取规则（如有无相关科目成绩或加试要求、对加分或降低分数要求投档及投档成绩相同考生的处理、进档考生的专业安排办法等），学费标准，颁发学历证书的学校名称及证书种类，联系电话、网址，以及其他须知事项等。

解读招生章程时，有六个方面的内容需要重点关注。

1. 高校情况。包括隶属关系、院校性质及层次、办学规模、收费标准、奖助学措施等内容。对于设有分校及多个校区的院校，还要关注考生所选专业在哪个校区就读，其毕业证书、学位证书的印章是否带有分校或校区的字样。

2. 加分政策。一般来说，各省招生部门确定的政策加分，只适用于本地区的高校，外地高校认可与否由学校审查决定。所以，为了确认考生的加分是否管用，一定要仔细阅读各高校招生章程中的加分条款，特别是提档、录取等环节的加分情况说明。

3. 投档比例。教育部规定，按照顺序志愿投档的批次，高校调阅考生档案的比例原则上控制在120%以内。按照平行志愿投档的批次，调档比例原则上控制在105%以内。如考生不服从调剂，就会有被退档的风险。

4. 专业录取规则。专业录取主要有志愿优先、分数优先、专业级差三种规则。高校具体使用什么规则，会在招生章程中明确写出。

5. 单科成绩要求。高考录取时，有些高校对已投档的考生在安排专业时有单科成绩的要求，尤其是英语相关的专业或者中外合作的专业。

6. 身体条件及其他要求。一种是招生院校直接以《普通高等学校招生体检工作指导意见》为依据；另一种是招生院校参照《指导意见》的要求，根据学校（专业）的性质、特点，对考生身体素质、生理条件作出补充规定。

招生章程是广大考生和家长必须认真研读的重要参考文件，只有深入理解规则，才真正有可能在规则允许的范围内让孩子的高考优势最大化。各高校在制定招生章程时，都会围绕教育部明确要求的上述几大关键内容，再结合高校自身的情况各有表述：有的学校招生章程简洁、明了，有的高校招生章程篇幅很大，对各个细节问题均详细说明。其中也不乏一些高校在章程的部分内容中表述晦涩。遇到难以理解或者是理解有分歧的地方，大家一定不要简单地想当然，应当多方咨询或直接给学校招生办打电话，准确了解高校招生规则。

【生涯实践】

◎我的生涯探索一

理想大学的招生章程分析

选择你想考上的一所大学，登录学校官网或学校招生网，查询最近一年的招生章程。

查一查：

1. 该大学是不是“双一流”大学？“双一流”建设学科有哪几个？你感兴趣的是什么学科和专业？

2. 该大学有哪些招生类别？你对该校哪些招生类别有兴趣？

3. 该大学的录取规则如何？是分数优先，还是志愿优先，有没有分数级差？

4. 如果报考时不选择服从调剂，可以吗？可能会产生什么结果？

5. 该校有几个校区？感兴趣的专业在哪个校区？

6. 该校的不同专业学费如何？如果经济困难，学校会有哪些帮扶政策？

◎我的生涯探索二

平行志愿投档录取过程示意图

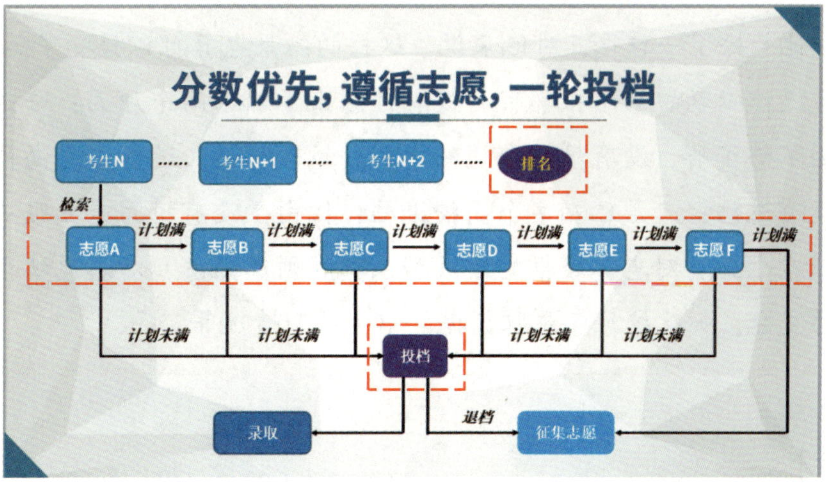

说一说：

1. 请根据你对高考录取流程和规则的了解，结合上图简要说说平行志愿投档录取的过程。

2. 平行志愿录取方式有哪些优势和不足？如何避免可能存在的风险？

第三节　制定我的志愿方案

【生涯故事】

惊心动魄的志愿填报

小黄是一名江苏复读生，这次高考成绩超一本线40分，按理说应该能够上一所相对可以的本科院校。根据录取日程安排，眼看着已经到了查询录取结果的时间点，身边的同学都陆陆续续查到了录取通知，但是他一直没有查询到录取结果，心里非常着急。

突然，他意识到可能是自己志愿填报出问题了，这让他内心非常紧张。目前摆在面前的唯一机会就是征求志愿环节了。于是，他赶紧查询往年的征求志愿通告，了解征求志愿的具体要求和日程安排。一般来说，志愿征集从发公告到公布投档线也就三天的时间，节奏非常之快。第一天发布征求志愿公告；第二天发布征求志愿招生计划并且网上填报，填报时间从9：00到15：00，仅仅6个小时；第三天一般就会公布投档线；随后就能查到录取结果。小黄按照征求志愿的流程，对照志愿征集的招生计划和要求，选定了六所院校。最后，小黄终于被一所普通院校录取。他长松了一口气，对他来说，这样的结果也算可以接受了。

小黄遭遇惊心动魄的填报环节，极有可能出于以下两个原因：一是对于平行志愿的规则不够了解，没有填报合适的学校并拉开梯度，造成志愿高校的投档线够不上而没有进档；二是已在某个高校进档，但由于没有填写专业服从调剂而退档。其根源在于小黄对志愿填报的政策和录取规则不熟悉，对志愿填报相关的数据分析不够充分，如院校往年录取数据、招生计划情况等。

【生涯点拨】

高考，是一场排名卡位赛，更是一种有精确区分度的排位赛。每年高考后的志愿填报过程中，考生和家长面对人生大事，有的如临“大敌”，如履薄冰；有的颇有“大将之风”，运筹帷幄；还有的诚惶诚恐，举棋不定。这些不同状态的背后反映了什么？

准备充分与否。那么，如何制定适合个人的志愿填报方案？

一、志愿填报的方法

1. 用好高考志愿大数据

高考志愿填报具有系统、复杂、多变等特点，不少人不到最后提交志愿环节都没法确定下来。这主要是因为影响考生和家长选择学校、专业的因素非常多，并且各因素对于不同的家庭来说，所占的选择权重并不相同。但是在志愿决策和填报过程中，有一个共性而且关键的要素，所有的考生和家长都绕不开，那就是往年的高考志愿大数据。高考志愿大数据一般包括院校数据、专业数据、分数线数据、录取位次数据、招生计划数据等。

（1）院校数据。简单说就是院校库，包括全国高校信息和院校详细介绍。一是学校基础数据，包括学校名称、所在省份、城市、所在区域、建校时间、隶属关系、占地面积、院校类型、办学类型、办学性质、地址、官方网址等。二是学校实力数据，包括学科评估结果、“双一流”建设学科情况、国家重点学科情况、国家重点专业情况、是否为“双一流”高校、各大排行榜的排名位置、往年的推免率或保研率、国家级科研平台情况、硕士点/博士点建设情况等。三是学校就业数据，包括毕业生就业行业情况、地区去向、单位去向、单位性质、岗位情况、薪资待遇、毕业生发展情况等。

（2）专业数据。可以理解为专业库，包括专业相关数据、专业录取情况和发展动向。一是专业基础数据，包括考生类别、录取批次、招生类型、学科门类、专业类、专业名称、学制、授予学位、培养层次、选科建议、性别比例、就业率等。二是专业解读数据，包括专业是什么、专业学什么、专业干什么。三是专业就业数据，包括专业就业去向、专业就业地区分布、专业就业行业分布、专业就业岗位分布等。

（3）分数线数据。一是所在省（市）分数线，包括不同录取年份、不同批次、不同类型专业（组）的分数控制线。二是大学分数线，包括不同大学每年的录取分数情况。三是专业（组）分数线，包括各个大学中不同专业（组）的录取分数情况。

（4）录取位次数据。一是大学录取最低位次数据，如大学不同批次的录取位次等，可通过个人位次分析过往几年的院校录取情况，判断自己是否可进行填报。二是专业（组）录取最低位次数据，需对比过往几年专业（组）录取的最低位次，筛选适合自己的专业（组）。

（5）招生计划数据。包括每年不同院校不同专业的招生情况，分析了解招生计划的增加和减少情况，判断专业的竞争力度等。

客观的数据是高考志愿填报决策的重要参考依据，考生和家长一定要对其做好分析，因为数据会告诉你为什么填报这个院校被录取的概率比较大，为什么填报那个专业不会被录取。一般在志愿填报的时候，省（市）教育考试院会统一为考生准备一些有关高考大数据的官方志愿填报参考用书，如往年录取数据、当年招生计划，也有的地方称之为报考指南，或者录取分数分布统计等。不管名称如何，这些官方资料包含了近年来最为真实的高校录取数据，反映了考生填报的真实情况，值得我们认真深入研究。

2. 用好“高考成绩逐分段统计表”

江苏省 2024 年普通高考普通类（物理等科目类）逐分段统计表（部分）

注：本次公布的统计表为符合第一阶段志愿填报条件考生的普通类（物理等科目类）总分逐分段统计。

分数段	同分人数	累计人数	分数段	同分人数	累计人数	分数段	同分人数	累计人数
689 及以上	107	107	649	289	5059	609	704	24205
688	15	122	648	263	5322	608	699	24904
687	21	143	647	321	5643	607	701	25605
686	23	166	646	302	5945	606	682	26287
685	27	193	645	330	6275	605	747	27034
684	33	226	644	329	6604	604	730	27764
683	30	256	643	346	6950	603	721	28485
682	42	298	642	326	7276	602	721	29206
681	36	334	641	357	7633	601	776	29982
680	37	371	640	381	8014	600	786	30768
679	52	423	639	365	8379	599	759	31527
678	60	483	638	400	8779	598	814	32341
677	47	530	637	365	9144	597	846	33187
676	66	596	636	377	9521	596	793	33980
675	66	662	635	419	9940	595	839	34819
674	65	727	634	382	10322	594	837	35656
673	85	812	633	436	10758	593	846	36502
672	75	887	632	430	11188	592	855	37357
671	90	977	631	441	11629	591	853	38210
670	90	1067	630	496	12125	590	899	39109
669	105	1172	629	452	12577	589	840	39949

续表

分数段	同分人数	累计人数	分数段	同分人数	累计人数	分数段	同分人数	累计人数
668	112	1284	628	459	13036	588	867	40816
667	121	1405	627	514	13550	587	874	41690
666	135	1540	626	547	14097	586	903	42593
665	129	1669	625	496	14593	585	969	43562
664	154	1823	624	524	15117	584	899	44461
663	164	1987	623	552	15669	583	928	45389
662	150	2137	622	558	16227	582	898	46287
661	159	2296	621	540	16767	581	990	47277
660	179	2475	620	575	17342	580	992	48269
659	187	2662	619	587	17929	579	949	49218
658	180	2842	618	561	18490	578	999	50217
657	184	3026	617	585	19075	577	973	51190
656	202	3228	616	618	19693	576	1019	52209
655	248	3476	615	621	20314	575	994	53203
654	270	3746	614	676	20990	574	1060	54263
653	241	3987	613	598	21588	573	995	55258
652	241	4228	612	633	22221	572	1065	56323
651	271	4499	611	621	22842	571	1075	57398
650	271	4770	610	659	23501	570	1019	58417

“高考成绩逐分段统计表”在有的省份又称为“高考成绩一分一段表”，是由省（市）教育考试院公布的全省高考每一分的考生分布统计表。“一分一段表”包含三种信息：分数段、同分人数、累计人数。具体统计方法就是将全省同科类考生的总分从高到低排列（分数相同的则为并列）列出“分数段”，再按一分一段统计“同分数人数”或“本段人数”；从本段向上一直到最高分段的所有“段位人数”相加，就是“累计人数”，累计人数也是这一分数考生的最低位次。

“一分一段表”将不同类型考生分开排名，每一个分数段上有多少人一目了然。以江苏省 2024 年普通高考逐分段统计表为例，普通类（物理等科目类）680 分及以上有 371 人，670 分及以上有 1067 人，660 分及以上有 2475 人，650 分及以上有 4770 人，640 分及以上有 8014 人……有了“一分一段表”的帮助，考生不仅知道各批次的分数线，同时还能了解自己在全省考生中的排位，更有利于考生对自己进行合理的定位。

为什么说“一分一段表”对考生来说至关重要？它在志愿填报时如何发挥巨大作

用？简单来说，“一分一段表”指导志愿填报的原理就是，考生通过“一分一段表”可以准确地知道自己的高考成绩在今年全省同科类考生中的位次，然后对比拟填报院校及专业（组）往年分数线所对应的位次，如果两个位次一致和相当，填报后录取的可能性就大；如果两者相差过大，落选的可能性就大。

如何通过“一分一段表”填报志愿？

第一步，在“一分一段表”中找准位置。查找与自己成绩相对应的分数排名和这一位次成绩共有多少考生，以确定个人成绩在全省的位置。

第二步，查看高校近三年的录取情况。对比一下近三年来的“一分一段表”，看看想要填报的大学及专业（组）连续三年的校线在哪个段位（即高出所在批次多少分），若自己的分数比至少两年的段位高，那么报考该校则把握较大。

比如，去年某大学物理等科目类考生在某省录取最低分数线为 590 分，今年一名考生考了 590 分，并不代表他今年报考就能“踩线录取”。因为去年 590 分对应的考生人数为 4000 人；而今年因该省 600 分以上的考生普遍较多，物理等科目类 590 分对应的考生人数多达 20000 人，今年的 590 分显然没那么高位次了。

因此，志愿填报时，考生不能仅凭分数填报志愿，而应充分利用“一分一段表”，以成绩排名作为填报参考。若所在位次高于往年该校在本省录取分数位次，则说明报考有希望。

以考生位次为 4500 为例，假如某所大学的历年招生位次区间是 4000 ~ 10000，那么考生的位次处于这所大学位次区间的上部，这所大学可以作为保底院校。

假如某所大学的历年招生位次区间是 2000 ~ 8000，那么考生的位次处于这所大学位次区间的中间，这所大学可以作为比较稳妥的院校填报。

假如某所大学的历年招生位次区间是 1000 ~ 5000，那么考生的位次处于这所大学位次区间的下部，这所大学的录取可能性就比较低了，可以作为冲一冲的院校填报。当然考生也可以冲刺大学招生最低位次在 4000 左右的院校。

简单来说，如果考生的位次与院校或者专业以往连续几年录取考生的位次大致相当，或者就在录取考生位次范围以内，则报考这些院校或者专业把握较大。

第三步，多渠道了解和把握其他考生填报意向。因为看“一分一段表”，同一分数段内少则数十名考生，多则有数百上千名。考生填报志愿时尽量多通过高校招办、老师、同学了解其他考生志愿填报意向，慎重选择历年报考较热、今年在本省投放招生计划数少的院校，以避免因志愿“扎堆”而落档的风险。

第四步，用“一分一段表”分析志愿梯度。由于高校招生是从高分到低分提档，所以考生对自己的定位非常关键。考生可以根据自己的分数对照“一分一段表”，再参照今年各类高校各批次招生计划数，确定自己该如何填报志愿。

如果成绩所在的某一分数段上其他考生过于集中，那么在填报志愿时就更应注意保持各院校、各专业的志愿填报梯度。每所院校都要根据招生计划和生源情况，划定不同的提档分数线，有的还设有不同分值的专业级差，填报时应考虑到这些因素。另外，考生还要关注高考分数与当年一本线的分差。假定去年超一本线 50 分的考生能上某所学校，再看今年自己的分数超过一本线多少分。如果超过了 50 分，报这所学校，被录取的希望就比较大。

二、志愿填报的步骤

科学的志愿填报是一个综合决策的过程，它包含信息收集、数据分析、权衡对比等步骤。

第一步，熟悉政策。考生和家长对于本省的高考政策要有一个整体的把握，明白哪些政策非常重要，哪些和自己切身利益相关，重要政策当年是否有变化。起码要知道所在省份有几个批次志愿，每个批次需要填报几所志愿学校，可以报考几个专业，对选考科目有什么要求，等等。

第二步，收集信息。可以选择的渠道包括阳光高考信息平台，当地教育考试院及高校官网、官方微博、微信公众号，高考高招类报纸、广播电视节目等。还可以参考一些相关博客、论坛、家长圈，相互交流，获得专业知识。

志愿填报，哪些参考材料是必需的？

首先，仔细查阅省招办下发的高校招生计划。认真研读报考院校当年招生章程，特别是其中各专业对考生的要求，如体检、外语语种、单科成绩等。其次，参考省（市）教育考试院发布的填报志愿手册或录取分数分布统计等资料，结合考生成绩位次和各类别总分（或综合分）一分一段表，认真分析近三年招生院校和专业的录取信息。最后，了解报考批次的招生录取办法和规定，知晓自己所在类别的志愿设置和投档录取规则。搜集分析多种信息，做好志愿填报功课。

第三步，准确定位。定位是填报志愿中最重要的一步。无论是报考大学还是专业，都需要建立在对自我的客观认识上，包括个人兴趣、能力、性格分别属于什么类型，究竟适合什么样的专业和职业，如何在志愿填报中扬长避短等。

第四步，知己知彼。做好了定位，即“知己”工作，还要做好“知彼”的工作。“知彼”就是除了政策法规，还要弄清各个招生院校的基本情况，如学校当年的招生章程、招生计划，往年在本省的提档线、专业线，师资力量、专业设置、学科特长，毕业生就业及深造情况，等等。

知己知彼方能百战不殆

小张今年刚读大学，就读的是金融工程专业。她现在的困境主要在学习方面，因为她对数学学科不是很擅长，但在报考志愿的时候，并不知道金融工程专业要学习很多的数学课程。大学刚入学，“高等数学”的学习就让她感觉难度较大、自信心受到打击。小张为此还专门询问了高年级学长，了解到金融工程专业对数学要求很高，以后还要学习更多的数学专业课程。小张同学一时无法接受，更不知道未来在专业课学习中会遇到什么样的困难。

从生涯规划和志愿填报的角度来说，出现这种困局的主要原因还是在于志愿填报时，对大学和专业了解不够。如果小张在报考志愿之前，对专业做好深入的了解，就会发现金融工程专业课程设置的特点，特别是对数学能力的要求，那么就不会这样选择。因此，考生只有做好大学和专业有关招录要求、志愿填报等方面的深入学习研究，才能做出符合自身实际和未来发展的选择。

第五步，初选志愿。结合自己的成绩定位，确定目标院校。完成第三、四两步，考生和家长对高考志愿应该已有大致方向。接下来，可以划定一些在本省有招生计划的院校，并认真阅读招生章程，比较各院校之间专业的招生人数、录取分数等数据，选择和自己兴趣、分数、批次相符合的院校。

平行志愿填报保持适当“梯度”

平行志愿填报时应当注意志愿之间梯度的问题，建议高、中、低搭配填报，形成“冲一冲、稳一稳、保一保”的志愿组合，既要敢于填报理想院校，又要填报稳妥又中意的学校，还要有“保底”院校，防止进档后被退档。

一般来说，A 院校专业组志愿应高于 B 院校专业组志愿，B 院校专业组志愿应高于 C 院校专业组志愿……以此类推，从 A 院校专业组志愿到最后一个院校专业组志愿理论上要呈下降的梯度，最后几个院校专业组则为保底志愿。如果 A 院校专业组志愿到最后一个院校专业组志愿间缺乏下降的梯度，则该生被投出的概率将减小；假如从 A 院校专业组志愿到最后一个院校专业组志愿呈上升的态势，A 填得过低，一投即中，就不能最大限度地发挥平行志愿的优势，考生也无法进入自己最满意的院校。

总之，考生需要根据个人排位来定位志愿，并使 A 院校专业组志愿至最后一个院校专业组志愿具有一定的覆盖面，保持适当的梯度，形成“冲、稳、保”的合理态势，以提高投档命中率，降低填报志愿的风险。

第六步，模拟填报。将高考志愿草表完整地呈现出来，在志愿填报系统中模拟一遍。每年在志愿填报过程出现的操作失误、丢失密码等问题屡见不鲜，提前模拟方可有备无患。

第七步，正式填报。根据模拟确定的志愿填报顺序，严格按照志愿填报流程和操作要求，在志愿填报系统中填报个人志愿信息。切记要在规定时间内完成填报，最好适时提前提交，以避免遇到网络拥堵或系统问题。

三、志愿填报：多种因素的综合权衡

填报志愿时为什么有很多人举棋不定、纠结万分？因为挑大学选专业，要考虑的因素实在太多了。有的考生可填报的学校名气很大，在专业上却没有多大的选择空间；有的考生可选的专业很好，但是学校层次让自己又不甘心。每年高考后，都会有这样的场景，考生被家长、亲戚朋友甚至是招生宣传老师的各种意见包围，只能用一句“我好难”来形容考生的心情。当然，不管多难，志愿都是要填的，院校和专业也是要选的。在此，我们不妨把复杂的问题简单化，找到最为核心的两个问题：第一，什么是我最看重的？我们很难面面俱到，要尽量聚焦最重要、最关键的因素。第二，有没有什么科学的决策方法让我们的选择更便捷一些？

针对“什么是我最看重的”这个问题，前面模块和章节已有所介绍，建议回顾相应章节的详细内容。这里简单概括高考志愿填报需要考虑的四类因素。一是高考成绩。这是考生被录取的基础因素，很大程度上决定了可选择的院校和专业去向。二是院校情况。这是考生选择志愿的重要因素，涉及选择与哪些人在一起学习、到哪里去学习、学习什么等问题。考生在选择时，既要看院校的历史、地域，也要看院校的综合办学实力。三是兴趣爱好、专业就业等。专业是考生志愿选择的核心因素，一般关系到学生的学习兴趣和职业趋向。重点大学有优势专业，普通院校也有特色专业，是院校优先还是专业优先，不能一概而论；考生要选出自己喜欢、契合个性特长的专业，还要考虑选考科目范围等因素。注意专业选择与经济社会发展的趋势有关，有的专业当下是报考热门，就业却遇冷，考生需要做出理性判断。四是附加条件。部分专业对身体状况有特定要求，比如视力、色觉、器质性健康状况等方面；部分院校按专业学习要求，会对单科成绩和外语口语等方面提出规定。还有一些中外合作专业、民办院校收费较高，选报时应考虑家庭经济状况。

院校选择决策平衡单

考虑因素（示例）	权重（1~5）	院校 A（1~5 分）		院校 B（1~5 分）		院校 C（1~5 分）	
		分数	加权分	分数	加权分	分数	加权分
地域	2	5	10	4	8	3	6
院校实力	5	4	20	5	25	2	10
专业实力	3	4	12	4	12	4	12
深造条件	5	3	15	4	20	4	20
未来规划	4	4	16	3	12	3	12
校园生活环境	2	3	6	3	6	3	6
总分		—	79	—	83	—	66

专业（组）选择决策平衡单

考虑因素（示例）	权重（1~5）	专业（组）A（1~5 分）		专业（组）B（1~5 分）		专业（组）C（1~5 分）	
		分数	加权分	分数	加权分	分数	加权分
兴趣性格							
深造难度							
未来就业							
行业前景							
家庭因素							
专业实力							
总分		—		—		—	

针对“决策方法”这个问题，建议在综合分析志愿填报影响因素的基础上，形成自己对于院校与专业选择的思路，运用“院校/专业（组）决策平衡单”进行科学决策。具体步骤如下：

第一步，罗列个人考虑因素。列出看重的考虑因素，如选择院校时一般会考虑地域、院校实力、专业实力、深造条件、未来规划、校园生活环境等因素；选择专业（组）时可能会考虑兴趣性格、深造难度、未来就业、行业前景、家庭因素、专业实力等因素。

确定考虑因素时，可以综合家长、老师等方面的意见，让自己的选择更加客观、合理、周全。

第二步，评估因素重要程度。确定考虑因素的重要程度，分别赋予相应的权重（1～5），数值越大代表重视程度越高。如在选择院校时比较看重院校实力，就可以赋予其权重“5”；对地域要求不高，就可以赋予其低于“5”的权重如“2”；其他因素以此类推。

第三步，选择意向院校或专业（组）。针对院校或专业（组），选择2～3个最有意向的填入表格，如院校A、院校B、院校C。可以根据需要增减院校或专业（组）的数量。

第四步，评估每一个备选方案。为每个院校或专业（组）在各因素维度的满意度打分（选项分，1～5分），并计算加权分（加权分 = 权重 × 选项分）。如在“地域”这个因素维度，因对三个院校的满意程度不同，故分别赋予院校A 5分，院校B 4分，院校C 3分。分别计算各个院校在“地域”方面的加权分，依次为10分（2×5），8分（2×4），6分（2×3）。

第五步，确定最佳方案。计算每个院校或专业（组）的加权总分，如院校A、B、C的总分分别为79分、83分、66分。仅从计算结果分析，相对较优的方案为院校B。

第六步，做好决策复盘。对院校或专业（组）决策流程进行复盘，检查考虑因素、因素权重等细节，并与家长和老师进行讨论，对方案做最终确认。

【生涯实践】

◎我的生涯探索一

我的院校/专业（组）决策

做一做：

运用决策平衡单确定个人意向的院校/专业（组）。可以适量加入更多考虑因素，根据实际情况调整每个因素的权重，让个人选择更有说服力。

院校选择决策平衡单

考虑因素	权重（1~5）	院校 A（1~5 分）		院校 B（1~5 分）		院校 C（1~5 分）	
		分数	加权分	分数	加权分	分数	加权分
总分		—		—		—	

1. 根据决策平衡单结果，第一选择是（　　　　），第二选择是（　　　　），第三选择是（　　　　）。

2. 上述选择顺序与你之前预测的顺序一致吗？如果不一致，有哪些不同？

3. 你会不会觉得可能遗漏了哪些因素，或者对于因素的权重设置存在偏差？检查并做出调整，看看结果有没有变化。

专业（组）选择决策平衡单

考虑因素	权重（1~5）	专业（组）A（1~5 分）		专业（组）B（1~5 分）		专业（组）C（1~5 分）	
		分数	加权分	分数	加权分	分数	加权分
总分		—		—		—	

1. 根据决策平衡单结果，第一选择是（　　　　），第二选择是（　　　　），第三选择是（　　　　）。

2. 上述选择顺序与你之前预测的顺序一致吗？如果不一致，有哪些不同？

3. 你会不会觉得可能遗漏了哪些因素，或者对于因素的权重设置存在偏差？检查并做出调整，看看结果有没有变化。

◎我的生涯探索二

我的志愿方案

做一做：

结合所在省份具体的高考志愿填报要求以及个人实际情况，填写个人高考志愿草表。

普通高校招生考生志愿草表（样本）

<table>
<tr><th colspan="2">院校专业组代号</th><th>院校专业组名称</th><th colspan="2">专业代号</th><th>专业名称</th><th>是否服从其他专业</th></tr>
<tr><td rowspan="6">1</td><td></td><td></td><td>1</td><td></td><td></td><td></td></tr>
<tr><td></td><td></td><td>2</td><td></td><td></td><td></td></tr>
<tr><td></td><td></td><td>3</td><td></td><td></td><td></td></tr>
<tr><td></td><td></td><td>4</td><td></td><td></td><td></td></tr>
<tr><td></td><td></td><td>5</td><td></td><td></td><td></td></tr>
<tr><td></td><td></td><td>6</td><td></td><td></td><td></td></tr>
<tr><td rowspan="6">2</td><td></td><td></td><td>1</td><td></td><td></td><td></td></tr>
<tr><td></td><td></td><td>2</td><td></td><td></td><td></td></tr>
<tr><td></td><td></td><td>3</td><td></td><td></td><td></td></tr>
<tr><td></td><td></td><td>4</td><td></td><td></td><td></td></tr>
<tr><td></td><td></td><td>5</td><td></td><td></td><td></td></tr>
<tr><td></td><td></td><td>6</td><td></td><td></td><td></td></tr>
<tr><td rowspan="6">3</td><td></td><td></td><td>1</td><td></td><td></td><td></td></tr>
<tr><td></td><td></td><td>2</td><td></td><td></td><td></td></tr>
<tr><td></td><td></td><td>3</td><td></td><td></td><td></td></tr>
<tr><td></td><td></td><td>4</td><td></td><td></td><td></td></tr>
<tr><td></td><td></td><td>5</td><td></td><td></td><td></td></tr>
<tr><td></td><td></td><td>6</td><td></td><td></td><td></td></tr>
<tr><td rowspan="6">……</td><td></td><td></td><td>1</td><td></td><td></td><td></td></tr>
<tr><td></td><td></td><td>2</td><td></td><td></td><td></td></tr>
<tr><td></td><td></td><td>3</td><td></td><td></td><td></td></tr>
<tr><td></td><td></td><td>4</td><td></td><td></td><td></td></tr>
<tr><td></td><td></td><td>5</td><td></td><td></td><td></td></tr>
<tr><td></td><td></td><td>6</td><td></td><td></td><td></td></tr>
</table>

注：不同省份、不同批次、不同类别考生所填的志愿表格并不相同，一定要结合报考批次、类别以及个人情况进行填报。院校和专业数量也应根据实际情况进行填写。本表仅呈现院校专业（组）模式的志愿草表样本。

【生涯小结】

1. 高考志愿填报是一个非常复杂而又深奥的过程。说它“复杂”，是因为志愿填报涉及的相关因素、环节、条件有很多，无论哪个因素都不能忽略，无论哪个环节都不能缺少，无论哪个条件都需要具备。说它“深奥”，是因为志愿填报既存在许多难以捉摸的“变数”，又有着内在的客观规律可以遵循，并由此能够产生行之有效的方法与技巧。总的来说，高考志愿填报是一项系统综合的决策工程，需要我们掌握科学的决策方法和规范的操作流程。

2. 在不少人眼里，高考志愿填报是一项“技术活儿”，因为它有很多值得深入研究的政策、概念、规则、数据、方法和技巧。实际上，考生填报志愿时需要秉持实事求是、认真仔细的态度，从自身实际和未来发展等维度认真思考、审慎决策，而不是好高骛远地追求力所不及的目标。在成长的道路上，“态度”远比“技巧”更重要。

3. 在每年的高考志愿填报期间，有很多考生和家长都会出现焦虑、茫然、懊恼、沉重等情绪，甚至是攀比、盲从等心理。他们有的因为没有提前准备和积累而感到焦虑、茫然，有的因为对高考成绩不满而沉浸在懊恼、沉重的心绪之中，有的因为心有不甘、想在志愿填报时“扳回一局”而陷入没有意义的攀比，也有的考生被所谓的家族权威或者志愿填报机构专家引导而一味盲从、失去了自己的基本判断……这些都是需要我们第一时间摒弃的“心魔”，千万不能因为它们而影响个人的关键抉择。

【生涯展望】

问：你开过关于如何挑大学选专业的家庭讨论会议吗？不妨尝试一下吧！

答：____

问：你是否会根据平时成绩给自己做志愿方案？你最看重的志愿选择因素是哪些？

答：____

问：经过系统的学习，你期待做一份怎样的高考志愿填报方案呢？

答：____

【生涯资讯】

· 影视类

歌曲《红日》

推荐理由：

这是一首十分经典的歌曲，歌词激励人心，鲜明的旋律和时代的气息融为一体，让很多人重回青春岁月。它表达了对幸福生活的向往、对远大理想的追求，成为一个时代的艺术见证，也代表了那一代人的人生价值观。即使现在再听这首歌曲，人们仍能感受到它的魅力。

· 政策类

2024年高考志愿填报十问十答

推荐理由：

为更好地帮助广大考生和家长了解高考志愿填报相关事项，教育部整理了一些常见问题，供考生和家长参考。教育部提醒，已经会同有关部门协调互联网平台对省级招生考试机构和高校的官方网站、微信公众号等进行了权威标识，考生和家长在信息查询时应该认准官方权威渠道，切勿轻信网络不实信息。

第七篇

生涯启航

（大学启航、职业发展）

模块十二

大学启航——未来已来，你准备好了吗？

【生涯格言】

我知道，
未来的路也不会比过去更笔直，更平坦，
但是我并不恐惧，我眼前还闪动着野百合和野蔷薇的影子。

——季羡林

【关键词】

大学认知

【思维导图】

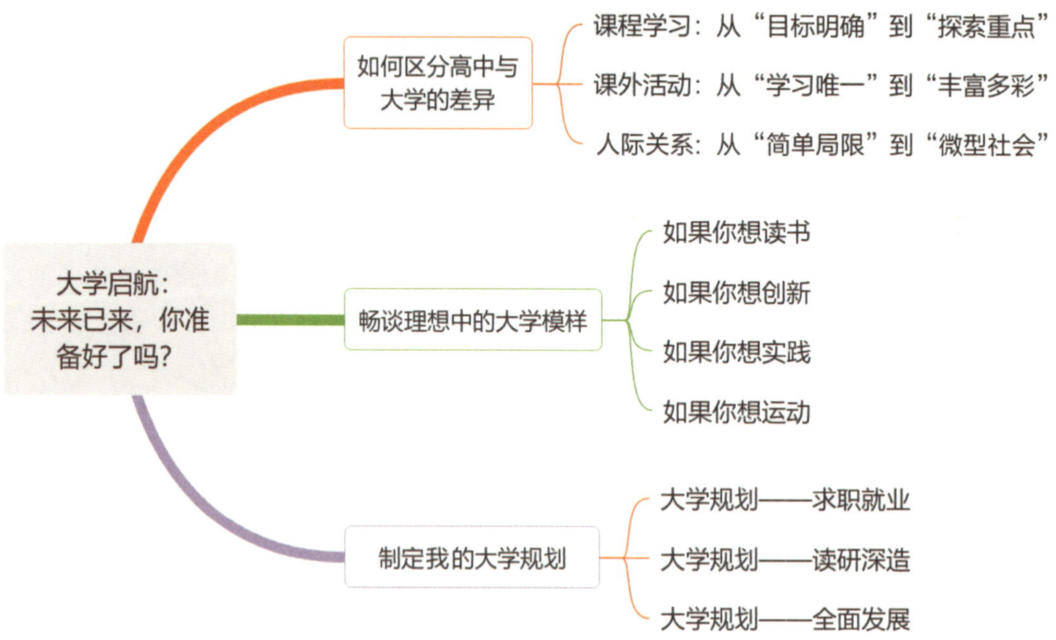

【我的生涯困惑】

在表格中写下你在大学认知方面遇到的困难、疑惑，或者是你目前遇到的问题、难点。待我们学完本模块课程内容后再来回顾：这些困惑或难题都解决了吗？

序号	我的生涯困惑	紧迫程度
1		☆☆☆☆☆
2		☆☆☆☆☆
3		☆☆☆☆☆
4		☆☆☆☆☆
5		☆☆☆☆☆

紧迫程度：最紧迫程度为五颗星，可以根据实际情况将☆填满颜色。

第一节 如何区分高中与大学的差异

【生涯故事】

大学生活初适应

小玲：进入大学已经将近一个学期了，我觉得大学生活过得真是太快了。在之前的学习生活中，上天仿佛给我们安排好了一切，小学考初中，初中考高中，高中考大学，这一切都顺理成章。但是，大学以后呢？我茫然了！“茫然”是我在开学后长时间以来一直的感受。

小华：大学生活没有想象中那么潇洒，也不像高中老师说的那样悠闲、轻松。我发现，在大学如果想要学得很好，必须付出相当多的努力。你可以在周末实实在在地睡一个大懒觉，也可以早起去图书馆与专业课大战三百回合。我真切地感受到做很多事情都是为自己，做得好与不好也是自己的事。

小军：升入大学后，感觉焕然一新，一切都是新的开始。回想高中，所有的日程都围绕着学习，所有的娱乐活动都要在学习面前让步，每天就是家和学校两点一线循环，有着苦中作乐的惬意。而到了大学，有一种久旱逢甘霖似的轻松，社团活动、学院活动丰富而有趣，给大学的学习生活点缀了许多快乐的瞬间。

【生涯点拨】

大学生活如同令人眼花缭乱的万花筒，又似待人深入探索的藏宝地，充满了惊喜，也存在着挑战。许多人在大学生活中往往会经历“迷茫无措—逐步适应—如鱼得水”的过程，适应的前提是了解大学与高中的差异。那么，大学生活在哪些方面与高中存在不同呢？以下从课程学习、课外活动、人际关系三个方面简要分析。

一、课程学习：从“目标明确”到“探索重点”

高中时期，学生们通常是在家长和老师的监督下进行学习的，有比较严格的纪律要求，有着共同的目标——考上大学。而到了大学阶段，老师不会过度干涉学生的学习生活，这就要求学生有较强的自律性和自主性，结合自身专业与兴趣爱好进行重点探索。

大学与高中的学习差异

类别	具体内容
学习方式	高中阶段的学习场所和学习方式相对固定，学生聚焦所选科目和课程的学习，为进入理想大学而努力。大学学习更强调开放、自主、多元，学生可以根据个人兴趣选修不同主题、丰富多样的理论和实践课程，也可以在图书馆、实验室甚至是企业学习探索，还可以在科技创新、社会实践、下厂实习、竞赛活动等环节锻炼个人综合素质能力，提高未来职业发展竞争力
教学管理	高中是学年制，学籍处理以“年”为单位；大学是学分制，学籍处理以“学分”为单位，课程设置及学习进程使得学生可以提前或推迟毕业。在大学还可以攻读第二学位或辅修第二专业。这看上去要比高中有趣得多，自由得多，但学生并不轻松，甚至会感觉大学学业比高中更繁重
学习内容	高中生主要学习一般性的基础课程，十门左右；大学里每个学生则要学习数十门的课程，课程的容量、广度及深度大大超过高中。大学里除了知识的学习，还强调各种技能的学习和锻炼，强调知识的运用和综合素质的提高

二、课外活动：从“学习唯一”到“丰富多彩”

大学不同于高中，学习不再是唯一的主题，课外活动也是大学生活的重要组成部分，包括院系活动、社团活动、各类竞赛以及社会实践等。每个组织、部门都会有很多相关的用人需求，进校的大一新生可以根据自己的兴趣爱好及特长报名。只要愿意为老师同学服务，总会有机会举办各种类型的活动，参与其中可以锻炼自己的组织、协调、执行、沟通等能力，提升综合素质。

大学的社团类别丰富多样，有英语协会、数学建模等学习类社团，舞蹈协会、相声协会等兴趣类社团，篮球、乒乓球等体育类社团，以及志愿者协会、天文协会等公益类社团……社团的活动各具特色，丰富多彩。

除此之外，辩论比赛、演讲比赛、摄影比赛、征文比赛、与专业相结合的科技创新比赛也比比皆是。学生可以根据自己的兴趣和能力自行选择参加，如果在一些校级、省级、国家级比赛获奖，还可将其作为评奖评优的加分项。社会实践需要大学生利用课余时间，步入社会进行社会接触，开展各类实践活动；学生在活动中可以提高个人能力，触发创作灵感，完成课题研究，发挥聪明才智以求为社会做出贡献。

三、人际关系：从“简单局限”到“微型社会”

就同学关系而言，大学又是一片崭新的领域。尤其对于高中没有住校经历的同学来说，与寝室同学每天生活在同一个空间，将多拥有一种友情——室友间的感情。四年时光的朝夕相处，这种情谊弥足珍贵，将会是大学毕业多年后永远的回忆。当然，由于室友都来自五湖四海，不同的方言、不同的成长环境、不同的生活习惯以及不同的性格都会给人际关系带来挑战，这些问题都需要自己去适应和解决。大学里结识的老师、学长、同学、校外人员形成了一个微型社会。与不同的人打交道，处理纷繁的人际关系，积极寻求他人帮助和主动帮助他人等都是全新的课题。在大学里，你必须学会思考，学会理解，学会包容，学会妥协，学会跟性格、成长环境、生活习惯、认识水平不同的人打交道。

大学和高中的最大区别在于学习方式和社交环境的不同。高中以学习知识为主，学习、生活都比较单一。而大学学习、生活环境比较开放，学生更注重增强独立思考能力和批判性思维能力，以及在各类综合实践中提升自己。大学时期是接触社会、扩展人脉的好时机，需要学生主动参与社交活动并找到自己的兴趣和目标。

【生涯实践】

◎我的生涯探索一

进入大学就轻松了？

进入大学前，所有人为了高考这一目标而奋斗。在紧张的学习氛围下，每个人都沉浸在集体式的赛跑中。有部分老师和家长会说“过了高考就轻松了”，这句话是真的吗？

高中阶段，老师“盯”得很紧，还不时地有这个测验那个考试，不想努力都难。但进了大学，作业不多，老师也很少来督促学生的学习。大学老师不像中学老师那样一直在教室陪伴，需要同学们自己去找老师答疑，而有的同学却觉得不好意思找老师，久而久之也就得过且过了。在高中，每天时间被安排得满满的。上了大学，时间一下子宽裕很多，“宽松”的学习环境让人有些手足无措。在“轻松”的状态下，不少人平时就只顾“享受”生活，上课经常睡觉、开小差，下了课没有作业时就绝不温习。到了期末考试，他们就真的像高数（高等数学）一样——“高高地挂在了树上”。

想一想：

1. 进入大学，真的会像不少人说的那样“轻松”了？

2. 畅想一下你的理想大学，你会以怎样的方式去度过大学时光？有哪些打算？

◎我的生涯探索二

我为什么要上大学？

1. 更高的教育，给了我们脱离原生家庭的影响，建立自己价值观的可能。

2. 为了去更远的地方，见更好的人，看更广的世界，完成更大的追求。

3. 读不读大学的区别是：

你可以因为我上了大学却和你一样而嘲笑我；

我不会因为你没念过大学产生的不一样而去嘲笑你。

4. 因为上大学才能读研究生，才能做科研，火箭才能上天，水稻才能增产，房屋才能美观实用又安全，军事才会强大，国家才会繁荣富强！

5. 你可以拓展自己的世界，看到和其他人完全不一样的东西。

同样是在工地上，工人看到的只是水泥和砖，设计师却看见高楼刺破苍穹，钢桥腾起如龙。

6. 上大学于我而言是人生中最重要的一步，没有之一。大学里的专业也许并不重要，但是就当时的中国大学而言，那是唯一一个可以让你博览群书、塑造三观、磨炼意志、结交志同道合的好友、培养为人处世方法的重要熔炉。

7. 上大学的意义就如今的我来看有以下几点：

（1）认识志同道合的朋友，结交终生的朋友；

（2）学习专业知识，获得文凭，提高就业竞争力；

（3）有充足的自由时间去做自己喜欢和想做的事情，去探索和发现。

8. 上大学之前，我以为上大学能够使口袋富足。上大学之后，我才知道上大学更重要的是能够使精神富足。

想一想：

1. 上述各种理由中，你印象最深的是哪一条？为什么？

2. 你上大学的理由是什么？

3. 大学能够为实现你的理想提供哪些助力？

第二节 畅谈理想中的大学模样

【生涯故事】

你理想的大学生活是什么样子？南京大学告诉你答案！

·什么是你理想的大学生活？

是知识与理想的双向奔赴，还是美景与美食的奇妙碰撞？

是下课后窗边的落日黄昏，还是操场上肆意挥洒的青春汗水？

在南大，理想的校园生活或许是杜厦图书馆浩瀚无垠的知识宝库和黑匣子流转的艺术光影；

又或许是苏浙运动场上奋力奔跑的身影与两江路摇曳起舞的秋叶。

·在南大读书学习，是一种怎样的体验？

领略浩如烟海的知识财富，穿梭于人类精神文明的宝库；

迎着朝阳赴一场与理想的约定，到夜色浓时与星空道别；

从这里走向更广阔的天地。

·住在南大，是一种怎样的体验？

一间小屋，沉淀四年时光，二三室友，共话一生情长；

当新校区遇到新时代，当新“南大人”遇到新专业；

金陵姑苏，双城逐梦。

·你将收获怎样的青春记忆？

默契配合的每一场比赛，观众席上传来的每一次呐喊与喝彩；

旋律在炜华的草地上温柔流淌，歌声在鼓楼的夜晚缤纷开唱；

都将成为独一无二的南大记忆。

·云程发轫，万里可期；步履不停，逐梦向南。

心之所向，素履以往，向南的道路正缓缓铺开。

理想中的大学生活终会如约而至，奔赴而来！

（摘选自“南大招生小蓝鲸”）

【生涯点拨】

闭上眼，让我们一起畅想理想中的大学生活。

也许是在图书馆、教学楼里畅游知识海洋，享受思想的碰撞，采摘人类智慧的果实；

也许是在体育馆、操场上挥洒汗水，在奋力奔跑的脚步中丈量青春，在高高跃起的身影中绽放激情；

也许是在实验室、研讨间里创新实践，在冥思苦想中争做创新先锋，在同伴讨论中展现科研担当；

也许是在各类活动、街头巷尾志愿服务，播种礼貌时传递一份份真切的爱心，传递爱心中收获一声声衷心的感谢；

也许是在食堂里、小吃街打卡美食，蒸汽氤氲中浮现心安的味道，煎炒烹炸中留下餍足的笑影……

大学之“大”，体现在大学生活的方方面面。你会选择怎样的大学生活呢？

一、如果你想读书

大学会为你提供安静的读书学习场所、丰富的线上线下资源、广阔的交流研讨空间。你可以在数万平方米的图书馆中遨游书海，沉迷于安静的阅览室或自习室，饱览数以万计的各学科图书资料；也可以通过学校的线上资源库研读最前沿电子书籍、学术期刊，获得各类数据库的使用权限，在各领域、多领域、跨领域阅读中拥抱人类思想结晶；还可以参加阅读俱乐部或读书小组讨论最近的读书感悟，在交流中感受思维的碰撞，收获志同道合之友。

二、如果你想创新

大学会为你提供高精尖的实验设备、严谨负责的指导教师、世界前沿的讲座培训、充足有益的项目支持。通过大学生创新创业训练项目，你可以结合兴趣自由探索，或着手解决实践问题，或挑战攻克学科难关；通过“互联网 +”“挑战杯”等竞赛，你可以追求真知、锐意创新，在教师指导下、团队合作中提升自己的综合素质；通过全国大学生机器人大赛、全国大学生数学建模竞赛等挑战，你可以培养和开发自身创新精神，提高动手能力与高新技术应用水平。

三、如果你想实践

大学会为你提供丰富的社团组织、志愿服务、社会实践等提高综合素养和实践能力的机会。学生社团是大学校园实践中不可或缺的一部分，它不仅可以为大学生提供各种丰富多彩的课外活动，还可以帮助学生锻炼自己的组织能力、领导能力和团队合作能力。志愿服务则是通过开展爱心助学、生活照料、文化娱乐、知识普及、技术培训、医疗卫生等活动，帮助需要帮助的群体，弘扬友爱互助的志愿精神。此外，大学生还可以在寒暑假走出校园开展参观访问、调查研学、科普宣传、就业实习等社会实践活动，在广阔的社会天地中受教育、长才干、做贡献。

四、如果你想运动

大学会为你提供高质量的运动场地、高度活跃的运动氛围、高度自由的运动选择、高度专业的教学指导。操场、游泳馆、羽毛球馆、网球场等各类运动场馆有专人维护，免费向所有学生开放；学校的运动会、越野跑、马拉松等项目定期举办，以趣味活泼的方式鼓励所有感兴趣的学生参与；足球篮球、游泳瑜伽、拳击击剑……各类课程随你选择；体育课上专业的教师、项目训练中专业的教练、运动竞技时专业的裁判、运动场地旁专业的救助人员，都为你挥洒青春汗水提供了坚实的保障。

一位在高校工作多年的校长曾说："学生在这里自由成长，收获着知识、自信和强国理想；教授们学术至上，追逐着科学和教育的梦想；师生的自由讨论常常碰撞出智慧的火花。这里，有人物，有故事，有书香，有回忆，还有爱……这或许就是我理想中大学的模样。"

你理想中的大学模样又该如何描绘？

【生涯实践】

◎我的生涯探索一

目标的设定和实现

目标是个人发展的动力。不少人在努力拼搏的道路上容易迷茫，原因很可能是失去了目标的引领。对于大学生来说，不同层次的目标会帮助自己明确发展的阶段、明晰学习生活的进展，从而快速摆脱迷茫。

实现目标的过程是由现在到将来、由小目标到大目标，一步一步前进的；设定目标的方法则与实现目标的过程正好相反，即由将来到现在，由大目标到小目标层层分解。

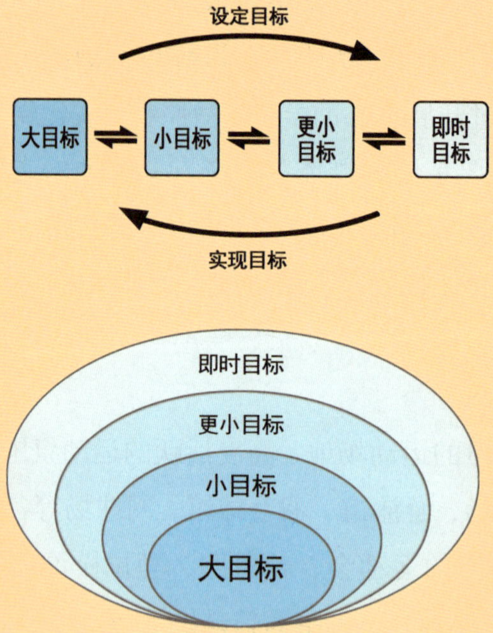

试一试：

选择一个大目标，如“进入理想大学”“成为一名航空航天领域专家”“成为一名外交官”等，按照大目标、小目标、更小目标、即时目标进行分解。

说说我的未来目标

大目标	进入理想大学	成为一名航空航天领域专家	成为一名外交官			
小目标						
更小目标						
即时目标						

◎我的生涯探索二

积累我的成长资源清单

如果没有资源，目标的实现将会非常困难。那么资源清单如何制定？其实非常简单，社会和大学都提供了很多资源，学生可以通过各种方式去了解它们。比如学校图书馆拥有哪些书籍？学校共计拥有多少社团，都是哪些类型的？学校可以提供的奖学金有多少种，怎么申请，有哪些条件？社会上有哪些实习实践的机会？

在网络技术高速发展的现在，想了解这些问题只需要登录相关网站即可获得资讯，关键在于本人是否真的有心想要去了解。一份完整的资源清单会让大学生活变得更加多彩、更加轻松，会帮助自己快速实现目标。

做一做：

1. 你的身边有哪些可以利用的资源？
2. 这些资源对你人生的不同阶段可能会有什么帮助？
3. 如何维护（更新、跟进）这些成长资源？

我的成长资源清单

资源分类	举例	资源作用	维护方法
人脉资源	任课老师		
	辅导员		
	班主任		
	师兄师姐、学长学姐		
行业资源	实习实践单位		
	行业协会		
	主管部门		
	就业机构		
竞赛资源	实验室		
	图书馆		
	网络教程		
物质资源	奖学金		
	比赛获奖		
	助学贷款		
其他			

第三节　制定我的大学规划

【生涯故事】

小航的迷茫

大三学生小航，正在面临未来继续升学还是直接就业的抉择，他感到困惑和迷茫。家里提出了出国留学的建议，但他没有语言成绩，也不知道该如何开始准备。身边的同学们有的选择考研并确定了目标院校和专业，有的已经开始实习，准备找工作。看到同学们都已经确定了未来目标和努力方向，而自己却还在迷茫中，小航日益感到压力，就业、出国、考研，到底该何去何从呢？

【生涯点拨】

对于高中生来说，大学规划看起来遥远，但实则不然。高中三年、大学四年（或七年）转瞬即逝，每个关键时期的抉择，并不是“桥到船头自然直”般轻松容易，而是需要在人生目标的指引下，提前谋划、及早定位。只有这样，方能从容应对。

大学规划的制定同样是一个比较系统的过程。从本质上说，大学生涯规划和高中生涯规划目标一致、联系紧密：从高中生涯规划开始就要把握未来规划的大致方向，为大学规划奠定基础；大学规划要在高中生涯规划的基础上，针对求职就业、读研深造以及多元发展等方面，为未来发展指明更加具体的方向。

一、大学规划——求职就业

大学求职就业规划主要包括两大方面的内容：一是未来就业想进入什么行业，选择什么地区，目标企业是什么，具体干什么；二是如何实现自己的就业目标，大学阶段需要做哪些准备，如何培养能力素质、积累相关经验等。

关于未来就业方面，学生需要结合自身兴趣特长以及职业世界探索的结果，选定未来有意向进入的行业和企业，明确这些行业和企业最基本的“进入门槛”是什么。这些在前述章节都已经有详细介绍。需要强调的重点是，高中生要充分将大学求职就业规划与高中的选科选课、挑大学选专业相结合。

关于大学能力素质提升方面，一般来说，除了将专业知识作为进入职场的门槛，用人单位非常看重的还有职业技能，只有拥有了一定的职业技能，才可能获得好的入职及晋升发展机会。大学是提升技能的重要阶段，学校愿意提供平台，学院愿意提供机会，老师愿意提供知识基础，同学们愿意与你一同体验能力提升的过程。

进入大学之后怎样提升自我？首先，各种类型的学生社团、学生组织都会伸出橄榄枝，你可以根据兴趣爱好、特长专业等，有选择地进入相应社团组织，锻炼自己的沟通能力、策划能力、组织能力、危机处理能力、文字撰写能力以及总结归纳能力等。其次，通过参加各种讲座、活动等渠道，与职场人士沟通交往，与校友加强联系，从而更加深入地了解职场、积累人脉。再次，大学里要经常思考和丰富自己的"求职简历"，通过对比师兄师姐的简历，看到自身的不足之处，进而规划设计自己的大学生活。最后，还要积极参加招聘会，争取实习机会，体验真实职场。在准备求职阶段，要围绕求职定位、简历撰写、职场礼仪、面试技巧等加紧演练，提升求职面试的核心竞争力。

二、大学规划——读研深造

本科毕业生升学的途径主要包括国内读研和国（境）外留学两类。其中，国内读研主要有两类渠道：一是参加每年 12 月下旬举办的全国硕士研究生招生考试（也称"考研"），二是获得推荐免试研究生资格（也称"保研"）。

1. 国内考研。大学阶段，要特别注重学术能力、自主学习能力、实践能力等方面的提升。通过合理规划和实践锻炼，为将来考研打下坚实基础。

能力类型	行动
学术能力	根据自己的实际情况制订合理的学习计划，并坚持执行
	掌握科学的学习方法，如归纳总结、演绎推理等，提高学习效率和学习成绩
实践能力	利用课余时间积极参加社会实践活动
	参加各种学科竞赛和科研项目

2. 申请保研。需要具备学习能力、学术能力、自控能力，明确保研目标，追求全面发展。保持多年如一日的精进状态，方可敲开保研的大门。

能力类型	行动
学术能力	从大一起认真对待每一门课程及考试，保持绩点排名位居前列
	坚定目标，培养学习内驱力，主动学、快乐学、高效学，以应对各门考试的要求

续表

能力类型	行动
实践能力	利用课余时间积极参加社会实践活动，如国际组织实习、学术交流、志愿服务等
	参加各种学科竞赛和科研项目，如建模大赛、科创能力大赛或者专业性质的国际大赛等，并努力产出创新成果

3. 出国（境）留学。有意向出国的同学，一定要提前准备，打好提前量。对照硬件条件和软件条件要求，准备好相关的申请材料。

条件类型	行动
硬件条件	努力学好各门课程，获得高 GPA，为申请出国提供学习成绩基础
	不断提高英语能力，提前准备 GRE、托福或雅思等考试。若申请国家公派，可参加留学基金委组织的英语培训
软件条件	进入相关领域公司进行寒暑假实习，提高自己在该领域的实践能力，并取得一定证明材料
	参加学科竞赛和科研项目，努力产出创新成果，体现科创能力
	有一定特长爱好，体现各方面素质的全面发展及积极的生活态度
	参与公益活动和实践项目，如社会实践、志愿服务、组织实习等
申请材料	通过学长、导师推荐等途径了解国外大学、导师、专业的信息，选择与自己最适配的国家、院校、项目
	准备个人简历、申请书、推荐信、个人研究计划等。通过这些材料，体现个人综合素质水平

为了实现对未来的规划，千万要从当下就开始准备。例如计划出国留学，学生要考虑到不少国家和大学对语言有明确要求，对于语言能力、成绩证书等应当尽可能早地着手准备。

三、大学规划——全面发展

大学是一个人成长的分水岭。大学之前，考生和家长最关注的通常是学习成绩，成绩关系着学生能否考上好的大学，好的大学意味着好的发展平台。大学之后，社会对于大学生的关注点集中在能力素质上，因为能力素质代表了未来发展的潜力。对于大学来讲，人才培养始终是大学的根本任务，为社会培养出什么样的人，是一所大学需要给出的答案。成绩显然不能完全代表能力，社会需要的是综合素质高、全面发展的人才。

小叶的困惑

小叶在高中时期品学兼优，成绩名列前茅，为人活泼热情，广交好友，做事认真负责。她也没有辜负众人的期望，高考后被一所“双一流”高校录取，不但选择了最喜欢的专业，还直接获得了本硕连读机会。

进入大学，刚好遇到社团招新，小叶因为能力突出被很多社团招纳。秉持着提升自己和多认识些朋友的想法，她选择加入了4个社团。社团工作繁忙，她投入了大量的时间和精力，在工作中也得到了老师和社团成员的认可。可是大一上学期结束时，她的学业成绩有点刺眼，让她感到很难过。她困惑了，不是说上大学就应该多方面发展的吗？可是到底该如何平衡学习和工作？

对接未来职业发展，大学生至少需要在专业知识技能、可迁移技能和自我管理技能这三项能力上不断提升，达到胜任职场的水平。

1. 专业知识技能。即相关知识储备，包括个人所学习的科目、所懂得的知识，通常以名词来表达，如科学、宇宙、民航、自动化、蓝图等。测试标准：学习成绩单。俗话说，“基础不牢，地动山摇”。大学的知识累积就是职业发展的地基。学生是否能够进行有效的学习，是否能够在短时间内迅速掌握专业知识，是否已经建立了完备的知识体系，这些都是现今社会所关注的。

2. 可迁移技能。即通用技能，重点在于“可迁移”，就是可以应用到很多领域的能力，通常以动词来表示，如设计、管理、维修、调查等。测试标准：实践、项目、竞赛。举个例子，计算机操作能力就是典型的可迁移技能，可以用来办公，可以用来打游戏，可以用来写作，也可以用来看电影。其他比较重要的可迁移性技能包括交流和表达技能（口头、书面和图解）、团队工作和人际能力、组织管理和计划能力、思维能力和创造能力等。

3. 自我管理技能。简而言之就是自控的能力，通常是指一个人做事的风格和特点，以形容词或副词来表示，如负责的、坚强的、认真的、自信的等。测试标准：言谈举止。大学是培养自我管理能力的最重要时期。如何处理好人际交往，如何捋顺社会关系，如何把控生活学习，如何安排空闲时间……特别是如何在这个过程中形成自己的风格和特点，都值得大家在实践锻炼中不断思考和积累。

三种技能中，专业知识技能为基础，是职业发展中最基本的技能。但事实上，可迁移技能和自我管理技能对于大学生来说更重要，更能体现一个人的发展潜力。

【生涯实践】

◎我的生涯探索一

从研究生考试报名情况看大学规划

根据教育部发布的考研数据，近年来全国硕士研究生招生考试（初试）报考人数总体增幅明显，2015—2023 年从 160 余万增长至近 480 万，约增长 2 倍。有 3 个年度的报考人数较上年增长超过 50 万，尤其是 2022 年报考人数比上一年增加了 80 万。从当前形势来看，考研已经成为不少同学的首选。

近 10 年全国硕士研究生招生考试（初试）报名情况

序号	年份	报名人数	较上年增加人数	增长率
1	2024	438 万	–36 万	–7.60%
2	2023	474 万	17 万	3.72%
3	2022	457 万	80 万	21.22%
4	2021	377 万	36 万	10.56%
5	2020	341 万	51 万	17.59%
6	2019	290 万	52 万	21.85%
7	2018	238 万	37 万	18.41%
8	2017	201 万	24 万	13.56%
9	2016	177 万	12 万	7.27%
10	2015	165 万	–7 万	–4.07%
11	2014	172 万	—	—

（根据教育部发布的考研数据整理）

想一想：

1. 报考研究生人数为何持续增长？是什么原因让大学生们在就业和升学之间选择了后者？

2. 你对大学规划有什么思考？面对求职就业和读研深造，你更倾向于哪种路径？

◎我的生涯探索二

盘点我的技能/能力优势

第一步：列出自己的5～10项专业知识技能。

我的专业知识技能（通常是名词）

第二步：评估自己的可迁移技能，找到强项与弱项。

我的可迁移技能（通常是动词）

表达沟通	问题解决	组织管理	持续学习	人际关系
撰写材料	分析问题	制订计划	保持好奇、积极探索	领导团队
公众演讲、辩论、做报告	寻找关键症结	组织人员	主动收集信息、吸收新信息	处理人际冲突或矛盾
倾听理解	找出有效解决方案	分配任务	愿意虚心请教	结识新朋友
让别人接受你的观点	从不同角度考虑问	把握任务进度	善用数据形成结论	鼓励和支持他人
翻译、校对	提出创造性方案	寻找资源	从实践中反思	维持长期亲密友谊
解释信息	总结经验	评估和改进	探索适宜的学习策略	寻求支持帮助、积极合作

我的其他可迁移技能：________________________________

第三步：评估自己的自我管理技能。

第四步：整合、勾勒个人能力地图，找到优劣势。

技能	优势	劣势
专业知识技能		
可迁移技能		
自我管理技能		

第五步：根据评估结果，思考如何在未来发展中扬长避短。

【生涯小结】

1. 了解大学和高中的区别，其意义不仅在于为将来上大学、找工作做准备，更重要的是以大学和职场的要求反观高中阶段的学习和规划。职场和社会的需求就是当下专业选择的重点考虑方向。

2. 进入理想的大学，是高中生当下的阶段性目标，更是高中生学习和规划的动力源泉。畅想未来大学生活的背后应该包含对“为什么要上大学”“为了上大学现在需要做什么准备”“上大学后我需要做什么”这些问题的基本思考，哪怕是初步设想也可以。

3. 职业生涯规划应该是贯通高中和大学阶段甚至是面向未来职场的。通过生涯规划的启蒙教育，大家要充分了解生涯规划的方法、流程和重点，并且有意识地思考自己喜欢的、自己擅长的、自己愿意为之奋斗的目标是什么，从而明晰未来的努力方向和实现路径。

【生涯展望】

问：你梦想中的大学生活是什么样的？为了实现这个梦想，当下可以做些什么？

答：______

问：回想刚进高中时，学习、生活、人际等方面较初中有哪些变化？你是如何适应的？这对适应大学生活有何启发？

答：______

问：在高中阶段，为了了解大学生活和大学规划，我们身边有哪些资源可以利用？

答：____

问：畅想一下，本科毕业或者研究生毕业、即将离开大学校园时的你会是什么样的？与现在的你相比，会在哪些方面有所不同？

答：____

【生涯资讯】

· 图书类

比尔·博内特、戴夫·伊万斯《斯坦福大学人生设计课》

推荐理由：

如何才能找到一份自己喜欢的甚至是热爱的工作？如何才能创立一番伟大的事业，过上美好的生活？如何才能平衡好生活和工作之间的关系？如何才能实现自己的人生价值？

以上问题我们都可以在这本书中找到答案。博内特教授和伊万斯教授认为，人生并不存在唯一的最优解，人生也不可能被完美规划。正如设计师不会一味思考未来而会主动去创造未来一样，你需要利用设计思维模式，找到自己的生活目标，集中精力，为自己创造更多的可能性，大胆尝试，这样才有可能改变命运。

· 影视类

视频《奔涌吧，后浪》

推荐理由：

视频是Bilibili网站在五四青年节之际献给新一代的演讲，犹如给青年们的一封信，激荡起青春之声。这是一场不同代际间的平等对话，每一代人都不需要活成别人想象中的样子，要学会认同“年轻”的价值观。时代的馈赠、个人的探索，汇聚成青春的蓬勃、生命的旺盛。对话启示我们沉思青春的价值、成长的意义，学会在新时代下实现自我的成长与提升，去创造属于新一代的光明未来。

模块十三

职业发展——小我融入大我

【生涯格言】

无尽的远方，无数的人们，都与我有关。

——鲁迅

【关键词】

职业发展与“两种价值”

【思维导图】

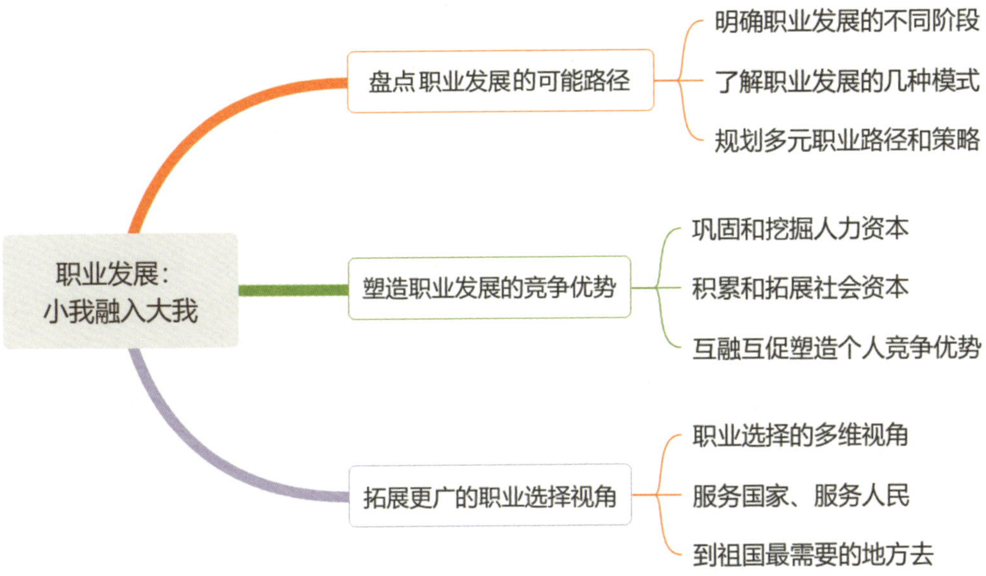

【我的生涯困惑】

在表格中写下你在未来职业发展方面遇到的困难、疑惑，或者是你目前遇到的问题、难点。待我们学完本模块课程内容后再来回顾：这些困惑或难题都解决了吗？

序号	我的生涯困惑	紧迫程度
1		☆☆☆☆☆
2		☆☆☆☆☆
3		☆☆☆☆☆
4		☆☆☆☆☆
5		☆☆☆☆☆

紧迫程度：最紧迫程度为五颗星，可以根据实际情况将☆填满颜色。

第一节　盘点职业发展的可能路径

【生涯故事】

几位年轻人的职业发展路径

赵强、李慧杰和徐伟在本科阶段学习的均是经济学专业，本科毕业 15 年后，三个老朋友聚在一起，发现三个人经历了完全不同的职业发展路径。

赵强聪明上进、能力突出，本科毕业后进入一家外资公司。从管理培训生开始，他先后担任人力资源部培训专员、市场销售绩效考核专员、总经理文字秘书等职位；晋升行政部业务主管、华东分公司销售部门经理。积累了丰富的管理经验后，他跳槽到一家大型公司，担任高级副总裁，薪酬近百万。

李慧杰为人沉稳、踏实好学，本科毕业后考取产业经济学专业研究生，主要从事企业战略管理方面的研究。他硕士毕业后应聘到一家管理咨询公司做咨询顾问工作，参与很多项目，了解企业管理实际；后来回到高校进一步攻读博士研究生，毕业后留校任教。现在他已成为一位知名青年学者，经济学副教授，同时作为政府政策顾问、管理咨询顾问，经常参与一系列的实践咨询工作。

徐伟头脑灵活、敢想敢干，本科毕业后自行创业。他与人合伙开过超市、餐厅和酒吧等，后来依托多年积累的财富和经验，开办了一家针对青年人的特色时装店。服装店生意一直不错，知名度越来越高。随着电子商务崛起，他又开起了自己的网店。至今，他已开了 4 家门店，把网店运营得十分红火，成为一名颇有影响的企业家。

【生涯点拨】

从高中到大学阶段，除了学习相应的学科知识、增长能力见识，还有更为重要的任务——探索未来的职业发展方向并为未来的职业发展做好知识和能力积累。即便是同一学科、同一专业的学生，其未来的职业选择也有多种可能性。

一、明确职业发展的不同阶段

尽管每个人职业生涯发展的道路不尽相同、各有特点，但不少人的职业发展还是有迹可循的。在考虑未来职业发展时，有必要对意向领域可能的、具有典型特征的职业发展路径有所了解。了解过程可以分为三步：一是选定个人的意向职业及其发展目标，作为我们的研究对象。二是针对个人定位的主要职业发展方向，借助家长、学校和相关就业服务机构的力量，开展调研，收集信息，详细了解职业相关信息和典型的职业发展路径。三是对收集的信息进行系统梳理和深入分析。

从大学开始，个人职业发展大致可分为四个阶段，各阶段关注重点如下。

1. 大学学习阶段。主要关注职业目标与专业方向的关系，了解职业目标对学历层次的要求，明确专业能力发展思路和考研发展规划，同时关注和适应目标职业，明晰个人需要积累的主要能力要素有哪些。

2. 求职择业阶段。重点分析毕业初期的择业思路问题。职业方向不同，毕业初期的择业思路就可能不同，如以“建筑设计师”为方向，初始就业就需要找到相关的设计类岗位，“曲线就业”的方法并不适合；相较而言，“人力资源管理师”并不一定要求初次就业必须在对应职位上，积累一定行业经验和技术经验后转型可能更有优势。此外，还要关注所选职业方向在目标就业区域的择业空间和主要用人单位情况等。

3. 入职初始阶段。重点是从内职业生涯视角，关注从事某种职业需要积累的知识、技能、态度等，要始终重视个人能力提升及从业经验积累，不断提升核心竞争力。初入职阶段尽量避免过多关注工作内容、工作环境、工作职务、工资待遇等外职业生涯，因为内职业生涯的提升才是外职业生涯发展的基础和前提。

4. 稳步发展阶段。重点考虑职业发展模式的优化，对该职业方向可能的发展路径进行梳理，弄清楚组织层级发展路径、专业能力发展路径、业务规模发展路径等职业发展模式的动力和过程，明确个人可能的职业发展方向、其内在要求和竞争发展机制如何。

职业发展的不同阶段及其关注重点

职业发展阶段	关注重点
大学学习阶段	了解目标职业要求；关注能力发展
求职择业阶段	分析择业思路；关注择业空间
入职初始阶段	关注内职业生涯和职业竞争力发展
稳步发展阶段	优化职业发展路径

二、了解职业发展的几种模式

概括而言，职业发展主要有三种典型模式，即组织层级发展模式、专业能力发展模式和业务规模发展模式。

1. 组织层级发展模式。很多政府部门和大型企业的年轻人，其职业发展过程多是从基层科员逐步升到科长、处长、局长……这种层级分明、路径清晰的发展模式，即组织层级发展模式。这种模式中，职业发展的核心表现为在组织内岗位层级获得晋升。与层级晋升相伴，从业者也将能够掌控更多的组织资源，在组织内具备更大的影响力。如前述案例中赵强的职业发展历程，尽管他经历了多家单位，但其发展模式主要为组织层级型。

2. 专业能力发展模式。以此模式实现职业发展，靠的是个人的内在工作能力的提高，尤其是某一特定领域内专业能力的提升。如前述案例中的李慧杰，从一名硕士研究生发展到了经济学副教授、政府政策顾问、管理咨询顾问，这样的过程就属于典型的专业能力发展模式。对于这类职场人而言，随着能力层面不断实现自我超越和提升，需要关注如何为社会创造更多价值。

3. 业务规模发展模式。此类发展模式一般适用于从事商务经营工作的企业家、个体工商户、销售业务人员、自由职业者和从事文化传媒行业的歌手、作家、演员等，主要表现在从业者业务规模的扩大或影响力的提升。前面介绍的徐伟，从一位名不见经传的小老板，到拥有多家连锁门店的知名企业家，其业务规模（包括店面数量、产品种类、营业额、利润等各方面）有了显著的提升，这就是典型的业务规模发展模式。

选择职业发展模式、规划职业发展路径的过程，是进一步总结和明确自身特点和优势的过程。大部分时候，职业发展关注的是个人自身的核心竞争力，依托的是每个人自身的长处，只有依托相应的优势才能在竞争中获得更多的发展机会。那么对你来说，什么是你想要的职业发展路径呢？

三、规划多元职业路径和策略

1. 规划多元职业发展路径

高中阶段，考虑个人职业理想和生涯目标时，一方面，要根据自己的兴趣、性格、能力特点和职业期望，探索适合自己的职业方向；另一方面，还要从社会环境、经济发展的视角去思考，哪些行业领域更有可能在未来给自己一个良好的事业发展空间。换言之，就是为将来规划一个多元化、适应性强的职业发展路径。

多元职业发展路径规划

张小明是一位聪明、开朗的高中生。通过职业测评结果分析并与生涯老师沟通，他认为：基于兴趣、性格和职业期待，自己在未来既能够适应一些以动脑思维为主的专业技术、研发和服务类的工作，也能够做好那些需要复杂人际交往才能应对的商务经营和管理类的工作。同时，经过与父母、老师的交流和分析，他将信息技术行业、汽车行业和教育行业确定为自己重点关注的行业领域。

在信息技术行业，由于自己的数学能力一直不错，他将软件设计工程师作为主要职业发展目标。他了解到，除专业技术工作以外，依托自己较好的人际交往能力，一些专业化的服务性工作会很适合自己，如做售前技术顾问，与客户交流，了解客户需求，为客户解释技术设计方案；或做售后客服工程师，了解客户在产品使用中遇到的问题，指导客户学习软件使用方法，为他们解决技术问题。他相信自己在将来能够胜任该行业的许多专业管理类工作，并且倾向于希望在入职一段时间后，有机会从事软件设计项目经理等管理类职位。

在汽车行业，他确定了以专业技术为基础的发展目标，将汽车设计和制造领域的专业技术工程师确定为主要目标方向。由于在美术方面没有任何优势和兴趣可言，他对汽车外形设计方向就暂不关注了。此外，经调查发现，汽车电子设备设计现在越发受到厂家和客户的重视，而这一领域人才则既需要具备汽车专业知识，也需要掌握电子和信息技术专业知识，正好符合他两个方面的兴趣所在，因此他特别重视汽车电子工程师这个发展方向。

在教育行业，由于多年来受到家庭熏陶，他对从师任教认同度很高，家里也比较支持。针对教师职业，他目前的学习优势在数学、物理等学科。经了解，如果未来大学选学计算机、信息技术、汽车制造等专业，那么主修课程也多与数学、物理、工程、信息技术相关。所以，基于未来自己可能具有的专业背景和学科优势，他把在中学或大学从事物理、数学、计算机或其他一些工科类学科的教学工作列为一个目标方向。

社会环境在不断变化，未来职业发展会有各种机会和可能。因此，中学阶段考虑职业生涯发展目标，可以明确大致方向或者3～5个相关的职业目标，比如案例中提到的，信息技术行业的专业技术和服务人员，汽车设计和制造领域的专业技术工程师，教育行业中与所学专业相关联的教师等。至于更深入、细致的技术领域方向，则可待大学专业学习后再做详细区分和选择定向。

总之，为了应对生涯发展的不确定性，高中生要充分考虑未来职业发展的多元适应性，提前思考备选策略。实际上，这几个相关的职业目标，就是彼此间的一种备选和替代，并且其中的每一个发展目标，也不一定是具体的职业岗位，而是相对宽泛的职业领域，包括多个相关职业岗位。这一系列岗位对从业者在专业、能力、资源等职业竞争力要素上的要求存在着内在一致性。这样规划的意义就在于，永远能为生涯发展中的变化做好准备，考虑好各种情景下的备选策略。比如，高考志愿填报时，有很多因素可能会导致不能顺利进入理想的学校或专业。为了更好地应对变数，考生和家长就要想清楚：高考志愿填报的策略是什么？如何调整策略以应对各种可能？有没有“曲线救国”的渠道和方法？如果理想计划难以实现时，相应的备选策略又是什么？

2. 思考不同职业路径的发展策略

个人在未来可以选择什么样的职业发展通道，在职业发展过程中采取怎样的策略去实现自己的职业目标？这对高中生来说，也是非常值得深思的问题。这个问题看起来很“遥远”，但是与当下的联系十分紧密。前面我们已经知道了职业发展的不同阶段，不同阶段关注的重点，职业发展中可以选择的不同模式……现在，我们结合“软件工程师”职业，一起看看如何将上述要素综合考虑，并最终探索形成适合自己的职业发展策略。

“软件工程师”职业发展路径和发展策略

发展阶段	关注内容	对应发展策略
大学学习阶段	了解目标职业要求	关注与“软件工程师”相关的专业和职业发展，包括在专业方向方面关注信息技术类、数学类、信息管理类、电子工程类等相关专业，在行业职业方面关注与电子信息技术、计算机软件等相关的行业领域和岗位，提升个人专业胜任能力
	关注能力发展	
求职择业阶段	分析择业思路	一般是先从事软件设计研发等相关技术岗位，奠定好专业技术发展基础，为未来职业发展提供可能。如果从事其他非技术岗位，忽视专业能力的发展，那么将来发展空间可能会受到一定限制
	关注择业空间	
入职初始阶段	关注内职业生涯和职业竞争力发展	从初级技术类职位开始做起，经过一系列项目训练、实践学习和经验积累，努力发展自己的专业专长
稳步发展阶段	优化职业发展路径	1. 沿专业发展路径，晋升更高层级的技术类职级 2. 沿组织 + 专业发展路径，在专业发展的同时，进一步担任项目经理等管理职务 3. 沿专业 + 业务发展路径，在专业发展达到一定高度、行业资源得到一定积累之后，成立独立的公司 4. 沿组织路径发展，转岗从事非专业技术类的行政职务

职业分析既要面向未来，又要立足当下，兼顾将来的职业发展和当下的重要抉择。通过“软件工程师”职业发展路径和发展策略分析，高中生不妨回顾职业探索相关章节内容，尝试围绕某一个特定的职业目标，分析形成属于自己的职业发展阶段、发展模式和发展策略。

生涯之学乃应变之学。职业生涯发展是一个充满机遇性、随机性的变化过程。面向未来，高中生和家长要树立多元并重、适应变化的生涯规划理念，不仅聚焦自身特点优势和发展实际，也将求职就业和职业发展融入高中选科、大学专业选择的过程。

【生涯实践】

◎我的生涯探索一

“财务会计”相关职业发展路径选择

赵勇是一位外向开朗、表达能力强的高中生。通过一系列的自我评估与发展分析，他将“财务会计”定位为个人职业发展方向。随后，他又结合如何成为一名优秀的“财务会计”进行梳理，了解未来可能的职业发展路径。

通过老师、家人的介绍和自己的调研，他了解到：财务会计作为一个典型的专业管理型职业，通常要求从业者对现代财务管理、会计和相关经济、法律、管理学知识有较深了解，最适合学习财务管理、会计学等专业的高校毕业生。不过，尽管财务会计职业专业壁垒相对较高，但相关的经济、管理、法律、金融类专业毕业生积累较多会计财务知识后，也是能够胜任的。此外，由于这些专业招生数量都较多，未来求职竞争压力还是不小的。

为此，在大学阶段，选学会计、财务管理相关专业是最佳选择。如果没有学习对应专业，而是学与之关联的经济、管理、法律、金融类专业，以后也可以转向财务类职位；这就需要在大学期间通过选学相关课程、阅读相关书籍、考取相关资格证书或考取财务相关专业硕士研究生等方式进行补偿。

在求职择业阶段，要尽量谋求财务管理、会计等相关职业岗位；如初始职位非对应职位，未来也有转岗进入相关职位的机会，但如果脱离对应专业时间较长，就会有困难了。不过，如果学习工程技术或管理专业，又对财务管理类工作有兴趣，那么也有可能在对应行业领域中获得从技术职位转岗到财务职位的机会。

在入职初始阶段，要踏实工作，熟悉业务流程，深入学习相关专业知识。在积累一定从业经验和工作业绩后，有可能通过四种渠道实现职业发展。

1. 在部门内部晋升，成为业务主管、部门经理。个人岗位层级获得晋升，专业能力也需要有所提高。这属于组织与专业相结合的职业发展模式。

2. 当本单位晋升空间有限时，依托财务管理普适性优势，跳槽到其他单位，并谋求更高层的财务管理职位。这同样属于组织与专业相结合的职业发展模式。

3. 在本单位内部，谋求转岗晋升机会，转岗到审计、金融资产管理、战略规划管理等部门，从事更高层级的管理职位。或者走单纯行政职务晋升路线。这属于典型的组织层级发展模式。

4. 谋求专业能力发展，如转岗到管理咨询公司、高校等，从事人力资源相关的管理咨询、制度设计或者教学、科研等工作。这属于典型的专业能力发展模式。

想一想：

1. 赵勇的“财务会计”相关职业发展路径选择是否合理？为什么？

2. 你从赵勇的职业发展路径规划中有什么启发？

◎我的生涯探索二

我的职业发展路径和发展策略

目标职业：（　　　　　　　　　　）

发展阶段	关注内容	发展路径和发展策略
大学学习阶段	了解目标职业要求	
	关注能力发展	
求职择业阶段	分析择业思路	
	关注择业空间	
入职初始阶段	关注内职业生涯和职业竞争力发展	
稳步发展阶段	优化职业发展路径	

做一做：

1. 你未来的目标职业是什么？

2. 请在表格中填写你在不同发展阶段的职业发展路径和发展策略，并思考你的备选策略是什么。

第二节 塑造职业发展的竞争优势

【生涯故事】

向下扎根，打造竞争优势

春天到了，轻柔的风吹拂着睡眼惺忪的大地，万物开始复苏。这个时候，两颗种子也醒了，它俩正躺在一片肥沃的土壤里憧憬着各自的未来。

第一颗种子说："我一定要努力生长！我要向下扎根，让生命在土壤里变得坚强！我要'出人头地'，让茎叶随风摇摆，歌颂春天的到来！我还要开出美丽的花朵，结出丰硕的果实，给这个大地增添些许沁人的花香，为人们提供醉人的果实。这样我既可以感受春晖照耀脸庞的温暖，也可以体味晨露滴落花瓣的喜悦和生命成熟的欢欣！"

第二颗种子听后皱着眉头颤抖地说："我可没有你那么勇敢！我若向下扎根，也许会碰到坚硬的石块；我若用力往上钻，可能会伤到我脆弱的茎；我若长出幼芽，难保不会被蜗牛吃掉；我若开出美丽的花，只怕小孩看了会将我连根拔起；我若结出果实，只怕还会被不劳而获的家伙偷偷摘去。我还是等情况安全些再做打算吧！"于是它继续瑟缩在那一片它自认为十分安全的土壤里。

几天后，一只母鸡在庭院里觅食，第二颗种子就这样无声无息地进了母鸡的肚子。而第一颗种子一直在努力生长着，它始终没有忘记自己的梦想。终于有一天，它长大了，开出了娇妍的花，结出了累累的果实。

【生涯点拨】

机会总是留给有准备的人的。这是大家耳熟能详的一句话，可是我们有没有想过，机会究竟是如何被把握的？所谓的"准备"需要怎么做？未来的职业发展中，我们面对瞬息万变的世界，如何塑造个人竞争优势以便更好地把握生涯机遇？

一般来说，一个人的职业成功因素包括两类：一种是人力资本，简单说就是个人具备的能力；另外一种是社会资本，即个人社会关系所带来的资源。这两种"资本"

不断积累，形成了职业发展中的竞争优势。

一、巩固和挖掘人力资本

人力资本，亦称非物质资本，与物质资本相对，是体现在劳动者身上的资本，如劳动者的知识技能、文化技术水平与健康状况等。其主要特点在于，与物质资本相比，人力资本具有更大的增值空间和潜力，因为作为“活资本”的人力资本，具有较强的创新性、创造性和巨大的贡献率。

假如你是一位医生，在工作中你需要依靠自己扎实的医学知识，为别人诊疗治病，去除病痛；假如你是一位裁缝，你需要依靠自己精湛的裁剪技艺，为别人量体裁衣，缝制出合体的衣裳；假如你是一位歌手，实现自我价值的基础则是你拥有的不凡嗓音和歌声，它带给听众美妙的音乐享受……对于这些职业的从业者而言，专业能力，即某一特定专业领域相关的专门知识、技能和经验，是保证能够创造职业价值、具备职业竞争力的基础。专业能力一般与大学专业方向相关联，比如医学专业能力、计算机专业能力、财务管理专业能力、钢琴演奏专业能力等。专业能力的特点是，这类能力需要经过长时间学习和专业训练才能掌握。

与之相对，假如你是一位房地产公司的售楼业务员，每天面向不同客户去推介你们的楼盘，期望通过自己的才华和努力取得更好的销售业绩；假如你是一位才华横溢、幽默诙谐的婚庆主持人，不断地为有情男女带去美满的婚礼；再或者，假如你成为一位小说作家、影视编剧，依靠你的灵感创意和美妙文笔，撰写出扣人心弦的小说、剧本……这些职业的从业者会意识到，通用能力决定了你所创造的职业价值。通用能力指专业之外的，内化于个人身心之中的各类素质的集合。对于销售业务员来讲，人际关系处理能力、表达能力和影响力对工作业绩影响最大；对于婚庆司仪而言，语言表达能力则是核心；对于小说作家和编剧来说，创意、灵感和文字写作能力是关键。一直以来，我们都在积累“专业”之外的通用能力和基础知识。这些能力每个人都具备，但优势方向不同。通用能力对于完成各类工作任务很重要，但不同职业对其在结构有不同要求。

美国心理学家麦克利兰将个人能力用冰山模型进行分类。就比如在冰山上面的部分，人们能一眼望见、可以测量，这属于显性能力，相对来说更容易改变和提升。还有一部分冰山拥有更大的体积，却隐藏在海面以下，难以观测和测量，这可以归类为隐性能力，相对来说较难影响和改变。

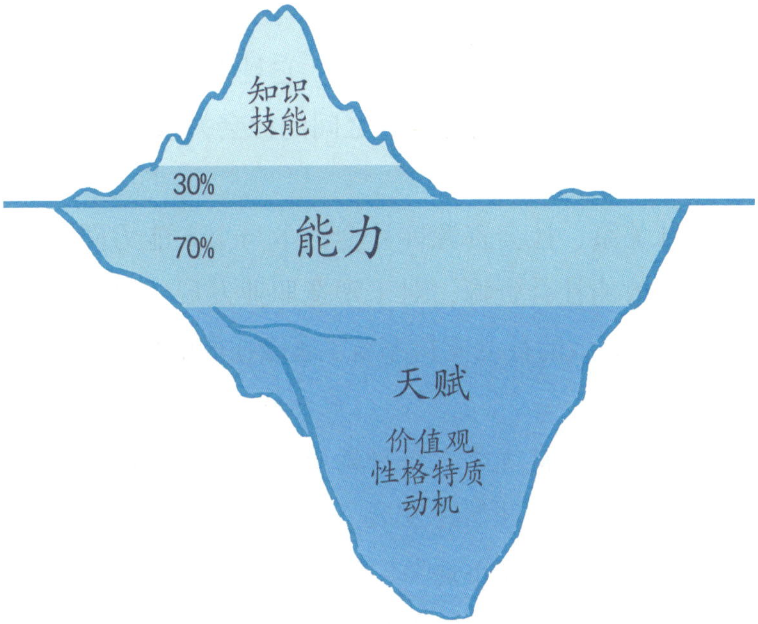

冰山模型

冰山模型告诉我们，一个人的核心竞争力无外乎三类。

1. 知识与技能：一个人的知识和技能是可以通过后天学习获得的。以设计师为例，设计理论是知识，绘图是技能，并且它们非常明显、容易展示出来。所以这个部分处于“冰山”的水面以上部分。

2. 能力：能力相对于知识和技能来讲，需要耗费更多的时间与精力才能获得，并且能力的大小高低并不是一眼就可以看出来的，比如学习能力、思维能力、人际交往能力等。一般来说，能力处于“冰山”中间部分。能力与天赋中的“潜在能力”紧密相关。比如，有些人对数字异常敏感，这是潜在能力，如果未经开发，就发挥不了太大效果；但如果合理开发，这种潜在能力就会显性化，表现为很强的数据分析能力。

3. 天赋：包括潜在能力、性格特质、动机、价值观等。在性格特质方面，比如一个外向的人在从事与人打交道的工作时，会比内向型的人轻松很多；内向的人则在自我探索和专注程度上有明显优势。在动机方面，比如一个成就动机强的人，做志愿实践、服务他人时可能会感受到更多快乐。在价值观方面，如果一个人把工作视为实现人生价值的一种途径，而不只是赚钱的工具，就更容易坚持下去，也容易有更好的结果。

无论是在高中还是在大学，获得学历和技能、获取证书和经历，这些都是可以量化展现的，也是我们走向职场的敲门砖。但内心的自我意识、个人的性格特征、成长的自我动机，这些个性化特质是决定未来职业发展的重要因素，需要长期培养提升。

二、积累和拓展社会资本

社会资本，是社会中的一种非物质性资源。它是人们在日常生活中形成的一种社会关系，也被称为社会网络资本，指的是人们之间的社会关系，包括友谊、信任和依赖等。这些关系能提供社会支持。

在当今社会，人脉关系、社会资源等社会资本与个人能力同样重要；建立自己的职业人脉网络，拓展有效的社会资源，对于塑造职业发展优势至关重要。因为丰富的社会资源不仅能帮助构建有效的社会支持系统，还能在职业发展的关键时刻给予助力，让你突破瓶颈、获得腾飞。

日常生活中，有不少人非常优秀，自身素质过硬，具有良好的专业基础、通用能力和自我管理能力，但其职业生涯始终发展平平、没有什么起色，于是就产生了怀才不遇的心境。其实，什么是“怀才不遇”？说到底就是没有遇到合适的契机，比如一个慧眼识才的“伯乐”，抑或是某一个“风口”。只是“当局者”必须明白，“伯乐”也好，“风口”也罢，能否遇到这些契机的关键是有没有积累到足够的社会资源，并且将社会资源转化成职业发展的机会。

应该如何拓展社会资源呢？美国学者马克·格兰诺维特（Mark Granovetter）根据人与人之间的互动频率、情感程度、密切程度以及互惠交换四个维度，将社会关系划分为强弱两种。互动次数多、情感较深、关系亲密、互惠交换多的称为强社会关系，反之则为弱社会关系。如果说我们出生开始带出来的亲缘关系和用心维持的朋友关系是“强关系”，那么相对地，那些朋友的朋友或者聊过几次，甚至只有一面之缘的人就是“弱关系”。弱关系理论提示我们，那些与你不那么密切的人，很有可能是你最有效的人际网络。

在当下这个信息爆炸又飞速发展的时代，等到你发现了机遇再想方设法与相关人员获得密切交流机会时，别人往往已经捷足先登了。这里面可能有本来就拥有强关系的人，也不乏善于运用弱关系的人。弱关系理论想告诉我们这样的道理：与个人工作和事业关系密切的社会关系除了强关系，还有一些弱关系；在维护强关系巩固我们的社会资源时，千万不要忘记用好弱关系，因为弱关系也能帮你成大事。

“弱关系”让信息的传递更有效

20世纪70年代，美国心理学家、社会学家格兰诺维特在波士顿近郊区域调查了100名不同职业的人。其中有54人是通过个人关系找到的工作，但是这些个人关系中，只有16.7%是每周至少能见两次面的强关系，其他全都是很少见面，甚至一年也见不了一次面的弱关系。

“在获取新信息的时候，弱关系比强关系更有效。”在人们实际找工作的过程中，真正有用的大多数是弱关系。他们是那些你不经常见到的人，他们不在你最频繁接触的社会圈子里。通过他们找工作，与通过强关系找工作相比，不乏薪水更多、职位更好、工作满意度也更高的选择机会。

经常见面、经常交流的亲戚朋友是强关系的典型代表。因为经常交流，所以从强关系了解到的信息高度同质化：你知道的我也知道，我不知道的，你也不知道。强关系下的人际交往常常体现出高度的趋同，你和你的亲戚、家人，往往在性格和价值观上比较一致，久而久之形成了无形的“社交茧房”，很难从强关系中发现新的信息链条。

弱关系下，人们虽然很少交流，但是获取的信息大部分是全新的，它打破了强关系形成的信息壁垒。此外，根据二八法则，20%是强关系，80%是弱关系，弱关系从数量上就占有优势。

善用弱关系不仅是一种交往模式，更是一种新型人际思维方式。弱关系不仅仅是让你的通讯录增加了人数，更为重要的意义是让你的关系网呈现网格化的衍射传播。在这个关系网中，你可以把关系扩展到不同领域，可能办成意想不到的事。从积累和拓展社会资本的角度来说，我们一方面要加强与日常接触频繁的亲人、朋友、同学等强关系的互动交流和情感链接，另一方面，要对一些弱关系给予充分重视，比如高中阶段的优秀学长、学校生涯指导中心的辅导老师、科技创新中心的专业指导老师，再如大学阶段的同专业优秀校友、给自己上过课但是交流不深入的任课老师、学校社团组织的指导老师……这些弱关系可能会在专业学习、职业发展等方面给予自己意想不到的帮助。

三、互融互促塑造个人竞争优势

人力资本和社会资本的概念值得我们好好体会和运用。对每一个个体而言，这两者如鸟之两翼、车之两轮，相互依存、缺一不可。它们相互作用、相互促进，共同推动个人的职业发展和自身进步。一方面，人力资本效用的充分发挥需要社会资本的支持。例如，一个拥有很高学历和很多证书的毕业生，如果缺乏必要社会人际网络，没有积累丰富的社会资源，很可能在寻找理想职业的过程中屡屡碰壁、不能如愿。另一方面，社会资本作用的发挥需要人力资本作为前提。试想，一个拥有广泛社会网络和丰富资源的人，如果没有较高的素质能力作为支撑，他能达到的发展高度是否很可能会受到限制？

塑造职业发展的竞争优势，离不开人力资本和社会资本的“双向奔赴”。优秀的能力会让你更容易结识到社会资源，而优质的社会资源会衬托出你的能力，加速你的成长。对于高中生来说，人力资本的积累通常会受到高度重视，个人的全面发展、学习成绩和能力素质的提升是其最主要的任务。与之相对应，社会资本的积累往往容易被忽视，因为一般来说，高中老师和家长很少会提及个人成长需要的社会资源、人际关系等社会资本；高中阶段的学习时间紧、任务重、压力大，作为学生很难有机会去与外界接触和交流。

陆游诗云：“汝果欲学诗，功夫在诗外。”这就提醒我们，一定要在紧张的学习之余，为自己创造更多的与外界社会接触的机会，尤其要关注有关行业前沿、职业发展、就业形势等方面的社会资源和资讯，充分发挥弱关系的力量；要在丰富的社会资源和众多的新鲜资讯中“兼听则明”，提高自己的信息辨别和资源整合能力，进而做出对自己未来成长和发展最有利的生涯决策。

【生涯实践】

◎我的生涯探索一

管理个人人脉

网络上曾流行过“牛人通讯录管理”，在“牛人”的通讯录当中，会按照固定的格式来添加关键信息，并按照相应的分类方法进行分组，设置不同的标签。在遇到需要求助的时刻，能够根据相应的标签快速匹配到需要的人脉资源。

在日常生活中，我们也可以效仿这种方法，将自己熟悉或者不甚熟悉的人群纳入自己的“人脉库”，从中整理和筛选出相应的人脉资源，助力职业选择和个人发展。

做一做：

Step1：将“人脉库”中的人按照不同的标签分类。

（例如学科专业、行业、职位；或者与我的关系、认识的方式、共处的团体……）

序号	分类标签	人物姓名	备注
1	按学科专业		
2	按行业		
3	按职位		
4			
5			

Step2：分别选出你认为最有可能对选科选课、专业选择、志愿填报、求职就业等有帮助的3位人士，并进行排序。

序号	人物类别	可能有帮助的人物姓名	如何帮助
1	选科选课		
2	专业选择		
3	志愿填报		
4	求职就业		
5			

Step3：选定至少3位对自己职业发展有帮助的关键人物，与他们开展交流。听取他们对高中选科选课、志愿填报等的意见或建议，并记录他们的主要观点。

◎我的生涯探索二

塑造个人职业竞争优势

打造个人职业发展竞争优势可以从多方入手。但总体来说，职业竞争优势包含内外两个方面：“内”即人力资本，“外”即社会资本。个人职业竞争优势的打造，离不开“内”“外”维度的“双向奔赴”。

做一做：

1. 从“内”“外”维度分别评估个人目前具备的优势与特长。

2. 在优势评估的基础上，提出个人未来的努力方向，并列出相关的提升举措。

维度	内容	优势评估	努力方向和提升举措
巩固和挖掘人力资本	知识与技能	☆☆☆☆☆	
	能力	☆☆☆☆☆	
	天赋	☆☆☆☆☆	
积累和拓展社会资本	人脉关系	☆☆☆☆☆	
	社会资源	☆☆☆☆☆	
	维护拓展	☆☆☆☆☆	

第三节　拓展更广的职业选择视角

【生涯故事】

你在干什么工作?

一天，一位记者到建筑工地采访，分别问了3个工人同一个问题：“你在干什么工作？”

建筑工人甲头也不抬地回答：“我在砌砖。”

建筑工人乙回答：“我在赚钱。”

建筑工人丙回答：“我在建造一个美丽的家园。”

记者觉得3个人的回答都很有趣，于是就写进了自己的报道。

10年过去了，记者在整理自己过往采访记录时，突然看到这三个回答。三个不同的回答让他想去了解这三位建筑工人现在的生活。等他找到时，结果令他大吃一惊。

当年的工人甲还是一位建筑工人，仍然在砌墙。

在现场拿着图纸的工程师竟然是当年的工人乙。

而当年的工人丙，现在是一家建筑公司的老板，前面两位都在他旗下的公司。

【生涯点拨】

对于家长来说，他们大都希望孩子将来能有一份稳定体面的工作。对于学生来说，现如今不少毕业生似乎觉得有一份工作养活自己就行，对未来的规划并不十分明确。事实上，若从长远的角度出发，个体看待职业的态度便直接决定了这个人能否走得更远。

一、职业选择的多维视角

职业源于社会生产过程的不同分工，丰富多样的职业分类支撑了经济社会的顺利运行，每个人都是社会大生产上不可或缺的链条。职业人的本分就是做好“链条”、不掉“链子”，这是社会对其最基本的要求。除此之外，职业体现了对他人的帮助，当然我们每个人也通过职业获得了他人对自己的帮助。就个人而言，如果想在职业生涯中发挥更大的社会价值、收获更多的成就感，应该从何处入手?

1. 职业认知的三个层次：工作—职业—使命

回顾三位建筑工人对“你在干什么工作”的回答，第一名工人认为自己的工作就是“砌砖”，其实就是为工作而工作；第二名工人认为工作就是“赚钱”，很明显他是为了赚钱而工作；第三名工人认为自己“在建造一个美丽的家园”，可以看出，他明确了更宏远的目标，是为了创造美好生活而工作。三个人简简单单的回答，却让每个人的职业理想和工作态度跃然纸上。可以说，人们对于职业认知的不同决定了个人今后的职业发展。

认识职业可以从三个层次展开。第一个层次是工作（job），即就业目的是领薪水过日子；第二个层次是职业（career），即在领薪水的同时考虑个人发展、升迁前景；最高的层次是使命（calling），考虑的不仅是薪水和升迁，更重要的是个人的价值追求和人生定位。

认识职业的三个层次

序号	内容	说明
1	工作（job）	这是一种基本的劳动途径，能够满足生活的基本需求。许多人是为自己的生计而努力工作。个人可能很难感到满足，或者对工作没有明显的热情
2	职业（career）	这是一种更长期和稳定的选择，意味着一个人对自己的工作有一定的承诺，并且希望在某个领域获得专业发展和成长。对于职业，人们通常有明确的目标和规划，并且可能会在该领域寻求提升和晋升机会
3	使命（calling）	这是最高级别的工作类型，也是最具满足感和意义的。个人将天赋、热情与社会的需要结合起来，通过工作来实现自己的价值观和目标。有使命感的人们认为自己在工作中有机会影响并改善他人的生活，并且愿意为了这个目标付出更多的努力

高中生如何立足未来职业发展，进行当下专业的选择？首先，要明确当下选择的专业将来能够对应什么样的职业，这些职业能否让自己有一份独立、稳定的工作，这是实现最基础的“找工作”的目标。随后，要考虑这些职业能为自己个人职业发展提供什么样的培训提升和岗位晋升的机会，是否能够发挥自己的能力优势和专业特长。更重要的是长远来看，这些职业能否与社会需求相契合而获得更多服务他人、服务社会的机遇，这些职业和工作能否上升到——自己愿意始终热爱并长期坚守的事业。

无论是高中生立足职业选专业或者是大学生立足专业选工作，都需要对职业的三个层次有一个清晰的认识，尽可能地去寻找体现个人价值感和使命感的职业，而不仅仅满足于简单的谋生和生存手段。

2. 职业发展的两种价值：自我价值和社会价值

关于什么是职业发展，不同人的理解并不完全一致，但它有一些本质特征。概括起来，个人职业发展须满足两点要求：一是获得发展，即个人要能够在其所承担的职业角色上为社会创造更多的价值，产生更大的社会影响，这是职业发展的社会意义；二是个体满足，即个体也要能够随着职业发展而获得更多的收益，让自身需求特别是自我价值得到更好的实现，这是职业发展的个体意义。所以总结而言，职业发展就是实现自我价值与社会价值的统一。

具体到职业选择，不妨为自己建立一个“选择坐标”。这个坐标的原点是我们每个人自己。坐标的横轴是“物质—精神”，纵轴是“现在—未来”。回顾职业（专业）选择过程，不少人似乎仅仅围绕原点，关注自身的各种要素，比如兴趣、收入、升迁以及由此带来的成就感。与此同时，可能还关注能否给家庭带来经济上的支持、生活条件的改善，等等。这当然无可厚非，不过静心思考一个人的一生，物质需求是否绝

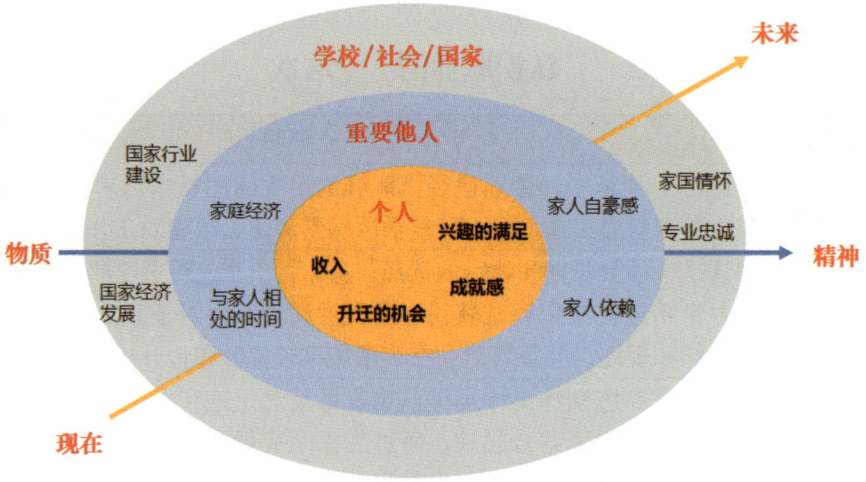

以更广的视角选择职业方向

对是最为重要的？随着年龄的增长和收入的提升，不少人对精神的需求越来越强烈。往往越是精神境界高的人，对物质的要求越低，如老一辈无产阶级革命家，生活都非常俭朴，又如著名的数学家陈景润，一心扑在科学研究上，对物质要求少之又少。

人们常说，“国是千万家，家是最小国”。家和国是紧密相连、无法分割的。只有国家发展好了，每个人才能够在和平、宁静、繁荣、向善的社会环境中发展自己；只有每个人心系国家，为这个国家的进步、富强贡献自己的力量，这个国家才能为个体提供更多的发展机会。因此，不管是高中生还是大学生，都要从国家经济社会发展中寻找职业发展的机会，在国家急需的行业和职业中找到契合自己兴趣、能力、性格特点的专业。这样既能够发挥个人所长，又能够满足国家社会所需，做到将个人选择与祖国需要相结合，实现长远、可持续的职业发展。

小安的职业选择

小安是南京航空航天大学本科毕业生，去年他正式入职自己梦寐以求的中航西安飞机工业集团股份有限公司。这份工作是他儿时的梦想。从小在甘肃酒泉长大的他，家附近就有军用机场，每天站在戈壁滩上放眼四望，看到战机伫立，一种豪情壮志就从心中油然而生。航空报国是他高考时选择航空高等院校、选择航空相关专业的动力。大三时，小安和很多同学一样选择了考研，但由于竞争激烈，考研没有成功，于是他决定直接就业。一方面，他觉得父母培养自己多年很不容易，尽快工作能更快地纾解家庭经济压力。另外一方面，西安是航空、国防事业发展的重地，能够有机会回到西部工作并且进入航空企业，是他投身国防和建设家乡两全其美的选择。未来，他想成为飞机制造领域的专业技术人员，见证国产飞机鲲鹏展翅、翱翔蓝天。

如果在职业选择的时候不甚明了，不妨看看“职业发展的选择坐标”。或许经过一番对照和思考，我们的选择思路就开阔了。其实，每个人的未来职业路径与人生选择都不是孤立的个体行为。首先，从细微处着眼，它可能关系着个人的兴趣喜好、经济收入、精神生活、未来发展。其次，向外界维度和因素考虑，我们会发现职业选择和家庭密切相关，一个人的职业选择关乎一个家庭的兴旺传承，它与家庭经济情况、家人的想法、家庭的生活方式也有很大的关系。最后，每个高中生和大学生未来的专业选择、升学就业越来越受到国家形势、行业趋势的影响，因为每个人的发展前途已经与国家、社会的需求和期待紧密连接在了一起。

二、服务国家、服务人民

就业不仅关乎个人未来的生活和发展，也关乎一个国家民族的未来发展。还记得经典儿歌《上学歌》里的歌词吗？“……我去上学校，天天不迟到。爱学习，爱劳动，长大要为人民立功劳……”这首陪伴许多孩子成长的儿歌，其实早就教给大家职业选择的方法，那就是要将服务国家、服务人民作为自己的远大志向，作为职业选择的根本目标。

中国科学院院士、机械工程专家赵淳生教授1992年在国外做访问学者时，一次偶然的报告会为他敞开了超声电机科研之门。他敏锐地察觉到，超声电机在我国航天事业中一定能发挥作用。于是，已经在其他领域取得丰硕成果的他决定改变方向，开始研究超声电机。两年后，学有所成的赵淳生放弃国外优厚待遇回到南航任教，并且为超声电机技术应用做出了重要贡献。他说：“我学习知识是要为祖国服务，科学没有国界，但科学家有祖国。”

“人民科学家”叶培建学生时代的理想是做外交家，他一度想报考外语学院。但经历过抗美援朝战争的父亲给他提了一个忠告：一个国家最重要的还是经济实力和国防实力。叶培建觉得父亲说得有理，在填报大学志愿时，报考了北京航空学院和南京航空学院，却意外被浙大无线电系录取了。而1968年毕业分配时，他又意外地被分配到当时航天部的卫星总装厂当技术员，从此进入航天领域发展。命运总是垂青于热爱事业的人，叶培建最终实现了父子两代人为国防事业作贡献的夙愿。他说：“虽然不是航空，但也是国防，所以我是非常安心、非常高兴的，这就是缘分。”

敦煌研究院名誉院长樊锦诗先生年轻时因为热爱历史，所以选择报考了北大历史系考古专业。1963年北大毕业时，她在书中读到敦煌的美丽，决定去敦煌实习。也就是这趟行程，让面对北京与上海这两个选择的她，毅然选择了千里之外的西部小镇，在敦煌研究所坚持工作40余年。回忆起当时的抉择，樊锦诗把它归因于一次“偶然”。她说：“我从北大考古专业毕业的时候，报效祖国、服从分配、到最艰苦的地方去都是影响青年人人生走向的主流价值观。”

怀着“确保中国人的饭碗要牢牢端在自己手中”的梦想，“杂交水稻之父”袁隆平院士深入田间地头，十年磨一剑，把论文写在祖国大地上，用毕生心血换来华夏大地万顷良田。用一生扎根杂交水稻育种栽培专业领域，这是袁隆平院士做出的职业选择。

固体燃料发动机火药药面精度的最大误差标准仅为0.5毫米，是否贴合设计形状和尺寸，直接决定导弹能否在预定轨道达到精准射程。航天科技四院徐立平，三十年如一日天天与火药打交道，从事发动机固体燃料微整形工作，在导弹和火箭上“雕刻”火药。战略导弹、载人航天，每一件大国利器都离不开他。这是大国工匠徐立平所做的职业选择。

…………

虽说樊锦诗先生将自己的职业抉择归因为“偶然”，但是这些不同行业的模范大家，都瞄准了国家在航天科技、国防事业、传统文化、农业农村等不同领域的关键技术、重要课题、重大任务，选择自己热爱的行业领域潜心研究，选择在国家和民族最需要的时候挺身而出，最终为国家兴盛、人民安康做出了重要而突出的贡献。其实，他们用自己的个人选择和职业发展告诉我们，一个人职业生涯的成功绝非偶然，其成功的背后蕴藏着重要因素：将自己的职业兴趣、职业选择与国家的需要相结合，内心饱含着对祖国、人民的无限热爱。

三、到祖国最需要的地方去

到祖国最需要的地方去

2020 年 6 月，中国石油大学（北京）克拉玛依校区送别了首批来自全国 16 个省份的 435 名应届毕业生，总体就业率接近 85%。在已签约学生中，有 123 人选择疆内就业，93 人在克拉玛依工作，分别占就业学生总数的 54%和 41%。

资源勘查工程专业 2020 届毕业生丁贵阳说，他曾聆听过 1957 年北京石油学院的首届钻井专业毕业生奔赴克拉玛依油田奉献青春的励志故事，故事带给他很深的触动，让他萌生了将青春奉献给边疆的想法。他至今还记得大学期间第一次前往龙脊谷参与地质勘探时的实习经历。“路途遥远，高温酷暑，自然条件恶劣。”他第一次感受到野外地质勘探的艰辛，尽管如此，他还是喜欢上了这个专业。毕业后，丁贵阳选择到中国石油塔里木油田分公司参加工作。

“我们 118 名同学中有选择去国企、民企中石油生产一线工作的，也有前往南疆的选调生。”来自黑龙江哈尔滨的李庚桐即将奔赴新疆农村基层工作。“我的父亲就是喀什大学的一名援疆干部，父亲的经历对我影响很深。其实祖国的西部发展潜力很大，克拉玛依又是‘一带一路’的‘桥头堡’，我相信可以在这里实现自己的人生价值。”李庚桐说。

王怡凝将奔赴新疆油田公司，工作地点在沙漠周边。“一线的条件肯定会比较艰苦，一切充满未知。”但在她看来，到祖国最需要的地方，在祖国最需要的能源领域成就自己的事业是一件幸福的事，吃点苦也不算什么。“就像校歌中唱的那样，哪里有石油就要去哪里。”

2020年，习近平总书记在给中国石油大学（北京）克拉玛依校区毕业生的回信中说道："得知你们118名同学毕业后将奔赴新疆基层工作，立志同各族群众一起奋斗，努力成为可堪大用、能担重任的西部建设者，我支持你们做出的这个人生选择……前进的道路从不会一帆风顺，实现中华民族伟大复兴的中国梦需要一代一代青年矢志奋斗。同学们生逢其时，肩负重任。希望全国广大高校毕业生志存高远、脚踏实地，不畏艰难险阻，勇担时代使命，把个人的理想追求融入党和国家事业之中，为党、为祖国、为人民多作贡献。"

近年来，越来越多的大学生在做出自己的职业发展选择时，与习近平总书记在贺信中提及的中国石油大学（北京）118名赴新疆基层工作的毕业生一样，主动将人生理想融入国家和民族的事业中。他们之中，有的扎根海岛教书育人，有的步入军营勇担使命，有的锤炼过硬本领、实现技能报国……越来越多的毕业生选择参军入伍、"特岗计划""三支一扶""西部计划""城乡社区专项计划""大学生乡村医生专项计划"等基层就业项目。

马依情是浙江师范大学计算机科学与技术专业毕业生，教师是她很早就喜爱并确认的职业方向。"小时候家乡的教育资源相对匮乏，但我遇到了许多好老师。当时，县里小学教师大部分具有的是中学或中专学历，我的语文老师从本科毕业却选择扎根山乡。初中物理老师也是知名大学毕业生，同样选择来到山区从教。"为什么志在基层？为什么去条件相对艰苦的地方从教？谈及自己的就业选择，她很坚定："小时候，我接触不到计算机。直到初中毕业那年，学校才刚刚完善机房建设。我想通过自身所学，为海岛的孩子讲授信息技术这门课，让他们了解计算机科学知识，看到更广阔的世界。"①

"青春有很多色彩，但让我念念不忘的，还是那抹军绿色。"大学毕业，再次站在人生的十字路口，遵义医科大学本科毕业生吴华佐还是选择回到军营，淬炼青春。大一时，他主动报名参军入伍，经过考核，穿上了向往已久的军装。两年后，他退伍返校，继续学业。回到学校的他不忘军人本色，积极投入征兵宣传、入伍政策讲解、组建国旗护卫队、筹建橄榄绿军事爱好者协会等工作中去。回到学校，部队的号角声仍时常萦绕心头。于是，毕业时他再次应征、重回军营，来到驻蓉某综合训练基地。有人不解，当兵那么苦，为什么还要去？他的回答十分坚定："为了祖国的和平安定，为了人民的幸福安康。"

成为一名高素质技能型人才，一直是卢琬的心愿。"大一刚入学，班主任向同学们介绍了高分子材料加工技术专业老师们的研究方向。一下课，我就冲到讲台前毛遂

① 《人民日报》2023年7月2日第5版。

自荐：‘老师，我想参加科研项目！’”抱着多学知识的想法，她加入了专业老师的课题组，围绕可降解包装材料的科研项目阅读了大量文献。“大二整个暑假，我都‘泡’在实训楼里。”经过一次次产品制备、工艺优化，最终，在老师指导下，她和团队的同学们研发出具有耐高温等性能的生物可降解包装薄膜，并获得了“挑战杯”中国大学生创业计划竞赛银奖。就在那时，她也顺利接到心仪工作的邀约。谈及未来，她说：“我希望将来在工作中充分发挥所学，成为一名技术骨干。现在我懂得，作为一名高职院校的学生，有宏大的志向，有过硬的本领，就有可期的未来。”

像这样鲜活的例子还有很多，高中生和家长不妨通过网络和媒体搜集更多有关大学生择业就业的故事。这些真实的、接地气的故事，背后呈现的是大学生对未来职业发展的理性思考与抉择。在他们的身上，真正体现了“青春是用来奋斗的”，体现了当代青年将个人奋斗与国家发展融为一体的精神境界。他们把个人的小目标融入国家富强、民族振兴的大格局，将在祖国最需要的地方磨炼本领、发光发热，实现火热青春的绚丽价值，拓展无限宽广的职业空间。

【生涯实践】

◎我的生涯探索一

职业发展的两种价值

1. 挣更多的钱。
2. 晋升到更高的职位，拥有更高的权力。
3. 有更多的下属听你调遣。
4. 更被他人所尊重。
5. 能掌控更多资源。
6. 工作自主性更强，更能体现自我意识。
7. 创造更大的职业价值。
8. 对工作的自我满足感更强。
9. 拥有更大的知名度和影响力。
10. 自己的才华和能力获得提升。

试一试：

1. 从以上描述中挑出最能体现“职业发展的两种价值”的描述，并说明理由。

2. 在未来的职业发展过程中，你想追求、想获得的是什么？目前你自身擅长的技能/能力以及优势特点有哪些？比较一下，你所擅长的与你想追求的有什么关联？

◎我的生涯探索二

职业发展九宫格

探索个人职业发展路径，整合职业发展优势，将职业发展与国家社会发展相融相促，是职业发展的必然路径。“职业发展九宫格”可以清晰呈现我们自身的职业优势、职业能力等，同时帮助我们进一步明确和评估个人的职业选择。

做一做：

在九宫格中填写个人品牌 & 职业优势、工作胜任力、知识 & 经验、工作价值观、能力倾向、职业兴趣、行业、职业、职业选择评估等内容。

我的职业发展九宫格

<table>
<tr><td colspan="3">个人品牌 & 职业优势（我希望在职场留给他人什么印象？我有什么职业优势？）</td></tr>
<tr><td rowspan="2">工作胜任力（为了在工作中表现出色，我应该培养哪些能力素质？）</td><td>工作价值观（我工作是为了什么？有什么愿景和抱负？）</td><td rowspan="2">行业（哪些行业既受到国家重点关注、具有发展前景，又是我容易进入的？）</td></tr>
<tr><td rowspan="2">能力倾向（我想在工作中发挥哪些能力？）</td></tr>
<tr><td rowspan="2">知识 & 经验（为了在工作中表现出色，我应该积累哪些知识和经验？）</td><td rowspan="2">职业（有哪些具有发展潜力并且适合我的职业方向？）</td></tr>
<tr><td>职业兴趣（我喜欢什么类型的工作？）</td></tr>
<tr><td colspan="3">职业选择评估（如何更好地将个人选择与社会所需紧密结合？我的备选方案和策略是什么？为了实现上述目标，我应该做什么？）</td></tr>
</table>

【生涯小结】

1. 每个人的职业选择阶段、模式和相应的策略不尽相同。即便大家学习同一学科、同一专业，未来的职业选择也有多种可能性。为了能够有效应对生涯发展的不确定性，高中生和大学生都需要充分考虑未来发展的多元性、适应性，为自己提前规划多个可供备选或实现转换的职业路径和发展策略。

2. 人力资本和社会资本，其实就好似一个人成长发展所必备的智商和情商，两者互相促进、缺一不可。优秀的能力能让你更容易结识到社会资源，而优质的社会资源会衬托出你的能力。总之，要将人力资本和社会资本转化成个人职业发展的竞争优势，加速个人职业生涯发展水平的全面提升。

3. 职业发展看起来离高中生很远，但其实非常近。许多人的成长过程都是从找到一份工作、做好一份职业到坚持一份使命螺旋上升的。当把职业看作使命的时候，我们一定能更好地实现人生的意义和价值。

4. 高中生选科选课、专业选择等重要决策过程，离不开更为广阔的职业选择视角。那就是从满足国家和社会发展需要、实现自我价值和社会价值的维度着眼，让个人的成长始终与时代发展同向同行，在服务国家和人民的过程中，在祖国最需要的地方，大展拳脚、砥砺前行。

【生涯展望】

问：你考虑过未来的职业发展吗？适合自己的“多元职业发展路径”以及职业发展策略该如何规划？

答：____

问：你的职业发展竞争优势有哪些？如何从人力资本和社会资本两方面塑造和提升自己的竞争优势？

答：____

问：你是否了解当前国家战略需求以及行业、地区的重要发展方向？在考虑职业选择和发展时，如何将这些重要需求、方向与自身发展相结合？

答：____

问：如何在职业选择和发展中更好地服务国家、服务人民？你会响应“到祖国最需要的地方去”的号召吗？

答：____

【生涯资讯】

· 图书类

乔志宏《大学生职业生涯与发展规划教程》

推荐理由：

本书着眼于新时代就业形势和大学生特点，立足职业生涯发展与规划，通过个人发展道路、了解当代职场、国家发展战略、职业生涯发展内驱力、探索生涯主题、创建个人优势、培育积极心态和创建生涯蓝图这八个章节的内容，展现当代中国大学生典型的职业发展方向，指导学生在了解职业世界和国家发展战略的基础上探索个人职业机遇，树立积极的生涯发展观，明确生涯目标、做好职业规划。

· 影视类

电视节目《初入职场的我们》

推荐理由：

节目选取进入家电行业和影视行业的职场新人作为主角，记录了他们从求职到入职的转变。面试中管理者关注的重点、工作中事无巨细的考量、身后家人的鼓励支持等细节被逐一刻画，在丰富职业主题的同时也突显了真实的职场温度。

· 文献类

马克思《青年在选择职业时的考虑》

推荐理由：

1835年秋天，马克思在中学毕业时写了这篇主题作文，发表了一些重要见解，表达了为人类服务的崇高理想。马克思认为：“在选择职业时必须考虑的最重要的原则，是生活和工作的目标。一个人如果仅仅从利己主义的原则出发，只考虑如何满足个人的欲望，虽然也有可能成为出色的诗人、聪明的学者、显赫一时的哲学家；可是，他绝不能成为伟大的人物，也不能得到真正的幸福。他的事业是渺小的，他的幸福是自私的。一个人只有选择为人类服务的职业，只有为人类最大多数人的幸福而工作，才是高尚的人，才能得到真正的幸福，才有不可摧毁的精神力量。”这篇作文反映了马克思有关“选择职业”的主要思想，可供高中生和大学生在考虑未来职业选择和职业发展时借鉴参考。